Taller de LECTURA y REDACCIÓN 1

GRUPO EDITORIAL PATRIA

Primera Edición, 2009

Taller de LECTURA y REDACCIÓN 1

Carlos Zarzar Charur

GRUPO EDITORIAL PATRIA

Para establecer comunicación con nosotros puede utilizar estos medios:

correo:

Renacimiento 180,
Col.San Juan Tlihuaca,
Azcapotzalco, 02400,
México, D.F.

e-Mail:

info@editorialpatria.com.mx

Fax pedidos:

(0155) 5354 9109 • 5354 9102

sitio web:

www.editorialpatria.com.mx

teléfono:

(0155) 53 54 91 00

Grupo Editorial Patria®

División Bachillerato, Universitario y Profesional

Dirección editorial: Javier Enrique Callejas
Coordinación editorial: Ma. Del Carmen Paniagua Gómez
Asesoría y revisión pedagógica: Laura Frade Rubio
Diseño de interiores y portada: Juan Bernardo Rosado Solís
Supervisión de producción: Miguel Ángel Morales Verdugo
Coordinación de lecturas: Ivonne Arciniega Torres
Diagramación: Perla Alejandra López Romo
Ilustraciones y fotografía: Jorge González Rodríguez, Perla Alejandra López Romo, José Eugenio Contreras Femat, Juan José Morín, Jupiter Images Corp.

Taller de Lectura y Redacción 1
Serie integral por competencias

ISBN: 978-607-438-111-5

Renacimiento 180, Col. San Juan Tlihuaca,
Delegación Azcapotzalco, Código Postal 02400, México, D.F.
Miembro de la Cámara Nacional de la Industria Editorial Mexicana
Registro núm. 43

Impreso en México / Printed in Mexico

Primera edición: 2009

Contenido

BLOQUE 7

Léxico y semántica (2)

BLOQUE 8

Situación comunicativa del texto expositivo

BLOQUE 9

Clasificación de los textos expositivos

BLOQUE 10

Léxico y semántica (3)

Introducción

Taller de Lectura y redacción 1

El presente libro es el **primero** de una serie de dos, titulada Taller de Lectura y Redacción. Esta serie está orientada al nivel del bachillerato, y ha sido diseñada para utilizarse durante dos de los semestres que integran este nivel educativo.

Estos dos libros han sido elaborados siguiendo el **enfoque basado en competencias**, de acuerdo con los lineamientos establecidos por la Dirección General del Bachillerato (DGB) de la Secretaría de Educación Pública.

UBICACIÓN DE LA ASIGNATURA

Los cursos de español que llevaste tanto en la primaria como en la secundaria, son los antecedentes de los talleres de Lectura y Redacción. Este semestre llevarás el primero de estos talleres, y el siguiente semestre llevarás el segundo.

El taller de Lectura y Redacción **se relaciona con las demás asignaturas** que llevarás durante este semestre en el bachillerato, ya que el objetivo de la misma es mejorar tus habilidades para leer y escribir correctamente.

Así pues, podemos ubicar esta asignatura de la siguiente manera:

OBJETIVO GENERAL DE LA ASIGNATURA

De acuerdo con el programa elaborado por la DGB, **el objetivo central de la asignatura de Taller de Lectura y Redacción es desarrollar la competencia comunicativa del estudiante**, con base en el uso de competencias lingüísticas; del conocimiento de códigos reales: formales, informales, coloquiales y folklóricos de la lengua; de la producción y comprensión de diversos tipos de texto y del análisis, usos y formas ícono-verbales de imágenes, caricaturas y dibujos de los medios de comunicación y de la publicidad. **Todo ello a través de dos ejes o habilidades de la lengua: comprensión (leer, escuchar) y producción (escribir, hablar)** enmarcados por la investigación documental.

Siguiendo a la DGB, en Taller de Lectura y Redacción **se pretende que el estudiante llegue a ser un lector experto y un escritor autónomo**; para ello, es pertinente fomentar la emoción y gusto de leer y de escribir constantemente. El aspecto actitudinal y el hábito son fundamentales para lograr estas metas significativas que permiten aprender a aprender, al enriquecer las estructuras cognitivas. De esta manera, el estudiante comprenderá los nuevos signos culturales, sociales y naturales. Resolverá problemas de significado textual; usará con eficacia registros lingüísticos diversos, según el contexto; será propositivo y contestatario en su interacción discursiva; así como flexible y creativo al producir textos. Además, será capaz de trabajar en equipos escolares en forma responsable, cooperativa y respetuosa. Lo anterior con la finalidad de formar ciudadanos participativos, quienes con su potencialidad para ser, hacer y comunicar, impulsen la democracia y la justicia en ámbitos económicos, políticos y sociales de nuestro país.

ESTRUCTURA DE LA ASIGNATURA

El programa de Taller de Lectura y Redacción I está conformado por diez bloques, agrupados en tres campos. Al primero, pertenecen los temas de la comunicación y el proceso de lectura y escritura. Al segundo corresponde los textos personales; y al tercero, los textos expositivos. Después de cada agrupamiento de bloques, se insertó un bloque correspondiente a léxico y semántica, donde se abordan los temas de ortografía, gramática y redacción.

Los bloques son los siguientes:

CAMPO 1

Bloque 1- Proceso comunicativo e intención comunicativa.

Bloque 2- Proceso de lectura y escritura.

Bloque 3- Propiedades de la redacción y prototipos textuales.

Bloque 4- Léxico y semántica.

CAMPO 2

Bloque 5- Situación comunicativa del texto personal.

Bloque 6- Clasificación de los textos personales.

Bloque 7- Léxico y semántica.

CAMPO 3

Bloque 8- Situación comunicativa del texto expositivo.

Bloque 8- Clasificación de los textos expositivos.

Bloque 10- Léxico y semántica.

SE TRATA DE UN TALLER ORIENTADO AL DESARROLLO DE COMPETENCIAS

Una competencia es la manifestación de una o varias capacidades. Cuando eres capaz de llevar a cabo un trabajo, se dice que eres competente para eso.

En la adquisición o desarrollo de competencias entran en juego los conocimientos, las habilidades, las destrezas, las actitudes y los valores.

Cuando hablamos de **conocimientos**, nos referimos a los contenidos teóricos, a los conceptos. Para la realización de cualquier trabajo se deben poseer ciertos conocimientos. En el enfoque por competencias, los conocimientos son importantes, pero están subordinados al desarrollo de la capacidad para realizar un trabajo específico.

Cuando hablamos de **habilidades**, nos referimos sobre todo a las habilidades del pensamiento. El saber resumir, comparar, criticar, presentar exposiciones o escribir un texto son habilidades de este tipo.

Cuando hablamos de **destrezas**, nos referimos al uso correcto, adecuado y efectivo de los movimientos corporales o físicos del ser humano. De hecho, la palabra destreza hace alusión a la mano derecha (la diestra). Una persona diestra, con destreza, es aquélla que sabe utilizar correctamente sus manos. Por ejemplo, tener buena letra, con una caligrafía elegante, es una destreza.

Cuando hablamos de las **actitudes**, nos estamos refiriendo a la disposición de la persona, la cual tiene tres componentes: el cognoscitivo, el afectivo y el conductual. En la realización de cualquier trabajo, entran en juego las actitudes; por eso, en el desarrollo de competencias se debe buscar también la adquisición de las actitudes positivas requeridas por ese trabajo.

Cuando hablamos de los **valores**, nos estamos refiriendo a la valoración que una persona hace de los objetos, las ideas y las personas con las que se está relacionando mientras lleva a cabo una actividad. Esta valoración es importante en el desarrollo de competencias, ya que de ella dependen tanto las actitudes de la persona como su manera de actuar en determinada situación.

En un taller orientado al desarrollo de competencias, **son éstas las que marcan la pauta, las que indican el camino a seguir**, las que determinan el tipo y cantidad de contenidos teóricos, el tipo de habilidades y destrezas, las actitudes y los valores que se deben desarrollar y demostrar. Lo que interesa es que los estudiantes lleguen a ser capaces de realizar un trabajo, es decir, que adquieran la competencia correspondiente.

Esto quiere decir que, en este taller, **la teoría tiene un papel secundario**. No es que no sea importante, sino que está subordinada al aprendizaje principal, que es el desarrollo de competencias.

Veamos en qué, consiste esta subordinación.

1. **Si el alumno ya posee todos los conocimientos teóricos necesarios** para fundamentar la adquisición de esas competencias, en el taller no habrá que estudiarlos de nuevo, sino que bastará con recordarlos en el momento en que sean necesarios para la actividad que se esté realizando.
2. **Cuando el alumno no posee o no recuerda los conocimientos teóricos necesarios** para fundamentar la adquisición de esas competencias, habrá que estudiarlos o repasarlos en el taller, pero únicamente en la medida en que sean necesarios.

Por eso, los aspectos teóricos que incluimos en este libro no son exhaustivos, es decir, no abarcan todo lo que se puede decir sobre la lengua española y su gramática. Hemos hecho una selección de la teoría, con el fin de incluir únicamente aquellos elementos que te pueden ayudar más directamente a **que desarrolles las competencias comunicativas de leer, escuchar, escribir y hablar correctamente**.

FORMA DE TRABAJAR EN ESTE TALLER

La mejor forma de aprender a nadar es nadando. La mejor forma de aprender a andar en bicicleta es subiéndose a una y practicar. La mejor forma de adquirir una competencia es **practicándola una y otra vez**, bajo la guía y supervisión de un experto, hasta que nos salga bien.

En nuestro caso, **la mejor forma de aprender a leer y a redactar es haciéndolo una y otra vez**, bajo la guía y supervisión del profesor, quien nos irá indicando nuestros aciertos, para reforzarlos, y nuestros errores, para corregirlos.

Así pues, la principal manera de trabajar en el Taller de Lectura y Redacción será mediante la **realización de continuas prácticas y ejercicios**, mediante la revisión de los mismos por parte del profesor y mediante la retroalimentación que éste nos presente sobre nuestros aciertos y nuestros errores.

Para realizar estas prácticas y ejercicios, no sólo se utilizará la hora de clase, sino que también se te dejarán algunos como **tarea a desarrollar en la casa**.

ORIENTACIONES PRÁCTICAS

Al inicio de cada bloque encontrarás la descripción de los siguientes elementos:

- Las **unidades de competencia** que se pretende desarrollar en el bloque. Dado que cada competencia puede incluir muchos aspectos, éstas se dividen en unidades de competencia, con el fin de que se pueda enfocar la atención a ellas de manera más precisa.
- Los **atributos de las competencias genéricas** que se busca desarrollar en el bloque.
- Los **saberes requeridos para el logro de las unidades de competencia**, estructurados por conocimientos, habilidades, actitudes y valores.
- La **situación didáctica**, que consiste en la creación de un ambiente de aprendizaje en el que se llevan a cabo varias actividades, las cuales promueven las competencias.
- La **secuencia didáctica**, que es el orden en que se llevarán a cabo las actividades necesarias para el desarrollo de las competencias.

Después de estos aspectos introductorios, encontrarás el **DESARROLLO DEL TEMA**, en el que se explica el contenido teórico de cada bloque.

A lo largo de esta explicación, encontrarás actividades de diversos tipos:

- Algunas se denominan **TALLER** y están encaminadas a aplicar lo que se está viendo en el tema, mediante la elaboración de algún producto concreto. Éstos son los productos que podrás ir recogiendo en el portafolio de evidencias que te pedirá el profesor.
- Otras se denominan **EJERCICIO**, y están orientadas al repaso, discusión, análisis y profundización teórica de alguno de los contenidos vistos en el tema.
- Otras se denominan **PARA TU REFLEXIÓN** y tienen como finalidad ampliar el conocimiento o la cultura general alrededor del tema.
- Por último, otras se denominan simplemente **ACTIVIDAD**, e incluyen trabajos o reflexiones para relacionar el contenido del tema con la comunidad externa.

Al final de cada bloque, encontrarás el apartado titulado **COMPRUEBA TUS SABERES**, en el que se proporcionan elementos para la evaluación del bloque. Esta evaluación consta de cuatro momentos:

- Evaluación de los conocimientos alcanzados a lo largo del bloque.
- Autoevaluación de cada estudiante, por medio del llenado de una rúbrica de carácter formativo.
- Coevaluación o evaluación coparticipativa, por medio del trabajo en equipos.
- Evaluación por parte del docente, con respecto al logro alcanzado por cada estudiante.

Ahí mismo se indican los productos que deberás presentar en tu portafolio de evidencias, con el fin de fundamentar la calificación que te otorgue el profesor.

En los bloques que tratan del **LÉXICO Y SEMÁNTICA**, encontrarás también una serie de ejercicios encaminados a practicar los aspectos de la redacción que se están analizando: la acentuación, la ortografía, la puntuación, el uso de homófonos y parónimos. En estos ejercicios, se indicará primero la regla que hay que tener en cuenta, y luego se te propondrán palabras o frases que debes escribir o corregir con base en esas reglas.

Algunas veces, los ejercicios o prácticas las corregirán entre ustedes mismos, para lo cual bastará con que se intercambien el libro o las hojas en que los hayan respondido. Corregir los trabajos de tus compañeros te ayudará a ejercitar tu agilidad mental, ya que aprenderás a observar los aspectos importantes de la redacción.

El ir revisando y corrigiendo los ejercicios ayudará a que mejoremos de manera continua nuestras competencias para leer y para redactar correctamente. Si cometes errores, no te preocupes, ya que para eso estás en la escuela: para aprender. A veces, es necesario cometer errores para aprender cómo hacer las cosas. Lo importante es que aprendamos tanto de nuestros propios errores como de aquellos que cometen los compañeros, para irlos evitando en el futuro. De esta forma, iremos mejorando nuestras competencias.

Competencias genéricas del Bachillerato General

Las competencias genéricas son aquellas que toodos los bachilleres deben estar en capacidad de desempeñar, y les permitirán a los estudiantes comprender su entorno (local, regional, nacional o internacional) e influir en él, contar con herramientas básicas para continuar aprendiendo a lo largo de la vida, y practicar una convivencia adecuada en sus ámbitos social, profesional, familiar, etc., Estas competencias junto con las disciplinares básicas constituyen el Perfil del Egresado del Sistema Nacional de Bachillerato

A continuación se enlistan las competencias genéricas:

1. Se conoce y valora a sí mismo y aborda problemas y retos teniendo en cuenta los objetivos que persigue.
2. Es sensible al arte y participa en la apreciación e interpretación de sus expresiones en distintos géneros.
3. Elige y practica estilos de vida saludables.
4. Escucha, interpreta y emite mensajes pertinentes en distintos contextos mediante la utilización de medios, códigos y herramientas apropiados.
5. Desarrolla innovaciones y propone soluciones a problemas a partir de métodos establecidos.
6. Sustenta una postura personal sobre temas de interés y relevancia general, considerando otros puntos de vista de manera crítica y reflexiva.
7. Aprende por iniciativa e interés propio a lo largo de la vida.
8. Participa y colabora de manera efectiva en equipos diversos.
9. Participa con una conciencia cívica y ética en la vida de su comuniadad, región, México y el mundo.
10. Mantiene una actitud respetuosa hacia la interculturalidad y la diversidad de creencias, valores, ideas y prácticas sociales.
11. Contribuye al desarrollo sustentable de manera crítica, con acciones responsables.

Competencias disciplinares básicas del campo de Taller de Lectura y Redacción I

COMPETENCIAS DISCIPLINARES BÁSICAS	BLOQUE DE INTRODUCCIÓN A LAS CIENCIAS SOCIALES									
	1	2	3	4	5	6	7	8	9	10
1. Identifica, ordena e interpreta las ideas, datos y conceptos explícitos e implícitos en un texto, considerando el contexto en el que se generó y en el que se recibe.	X	X	X	X	X	X	X	X	X	X
2. Evalúa un texto mediante la comparación de un contenido con el de otros, en función de sus conocimientos previos y nuevos.	X	X	X	X	X	X	X	X	X	X
3. Plantea supuestos sobre los fenómenos naturales y culturales de su entorno con base en la consulta de diversas fuentes.										
4. Produce textos con base en el uso normativo de la lengua, considerando la intención y situación comunicativa.	X	X	X	X	X	X	X	X	X	X
5. Expresa ideas y conceptos en composiciones coherentes y creativas, con introducciones, desarrollo y conclusiones claras.			X		X			X	X	
6. Argumenta un punto de vista en público de manera precisa, coherente y creativa.			X		X			X	X	
7. Valora y describe el papel del arte, la literatura y los medios de comunicación en la recreación o la transformación de una cultura, teniendo en cuenta los propósitos comunicativos de distintos géneros.					X	X	X	X	X	X
8. Valora el pensamiento lógico en el proceso comunicativo en su vida cotidiana y académica.	X	X	X		X	X		X	X	
9. Analiza y compara el origen, desarrollo y diversidad de los sistemas y medios de comunicación.	X	X	X							
10. Identificar e interpretar la idea general y posible desarrollo de un mensaje oral o escrito en una segunda lengua, recurriendo a conocimientos previos, elementos no verbales y contexto.										
11.Se comunica en una lengua extranjera mediante un discurso lógico, oral o escrito, congruente con la situación comunicativa.										
11. Utiliza las tecnologías de la información y comunicación para investigar, resolver problemas, producir materiales y trasmitir información.										

Conoce tu libro

Inicio de Bloque

En estas dos páginas podrás encontrar de forma rápida y clara las unidades de competencia a lograr, los saberes a desarrollar y una serie de preguntas guía para establecer los conocimientos previos con los que cuentas.

Unidades de competencia

Representan las competencias específicas que debes desarrollar en cada bloque y sirven de marco rector a los saberes por trabajar.

¿Qué sabes hacer ahora?

Esta sección constituye una propuesta de evaluación diagnóstica que te permitirá establecer las competencias y conocimientos con los que cuentas, para así iniciar la obtención de conocimientos y capacidades nuevas.

Situación didáctica

¿Cómo lo resolverías?

En cada bloque iniciamos con una situación didáctica que bien puede ser resolver un problema, realizar un experimento, un proyecto, una investigación o una presentación, o bien elaborar un ensayo, un video, un producto, una campaña o alguna otra actividad que permita que adquieras un conocimiento y competencias personales o grupales, a través de un reto.

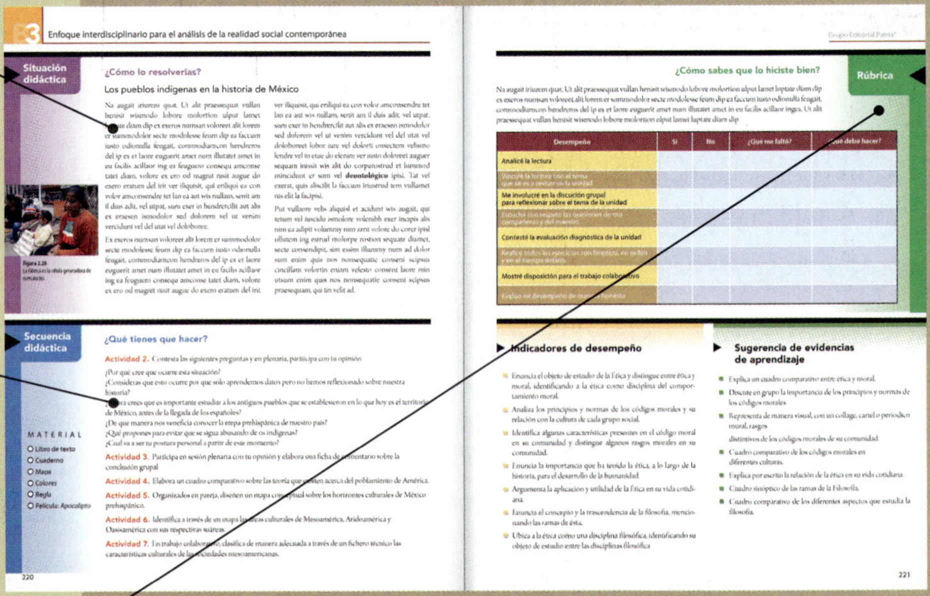

Secuencia didáctica

¿Qué tienes que hacer?

La secuencia didáctica es una guía para que puedas adquirir los conocimientos y desarrollar habilidades a través de una metodología que facilite y dirija tus pasos. Son además descriptores de procesos que por el análisis detallado que hacen facilitan tu actividad y tus resultados.

Rúbrica ¿Cómo sabes que lo hiciste bien?

Las rúbricas son métodos prácticos y concretos que te permiten autoevaluarte y así poder emprender un mejor desempeño. Puedes encontrar tanto actitudinales como de conocimientos.

Diseño

Para diseñar el libro que ahora tienes en tus manos se han tomado en cuenta una gran cantidad de factores que lo hacen una herramienta de aprendizaje visualmente práctica, util y agradable para tí. Además cuenta con gran número de apoyos gráficos que te ayudarán a identificar con facilidad sus distintas partes y agilizarán su lectura.

www.recursosacademicosenlinea-gep.com.mx

Por haber comprado este libro tienes acceso a un sitio Web, que tiene videos, animaciones, audios y diferentes archivos de diferente tipo que tienen el objetivo de ampliar tu conocimiento, hacer claros algunos procesos complejos de los temas a considerar y permitir actualizar de forma rápida la información en todos temas del plan de estudios de la DGB.

Otras secciones

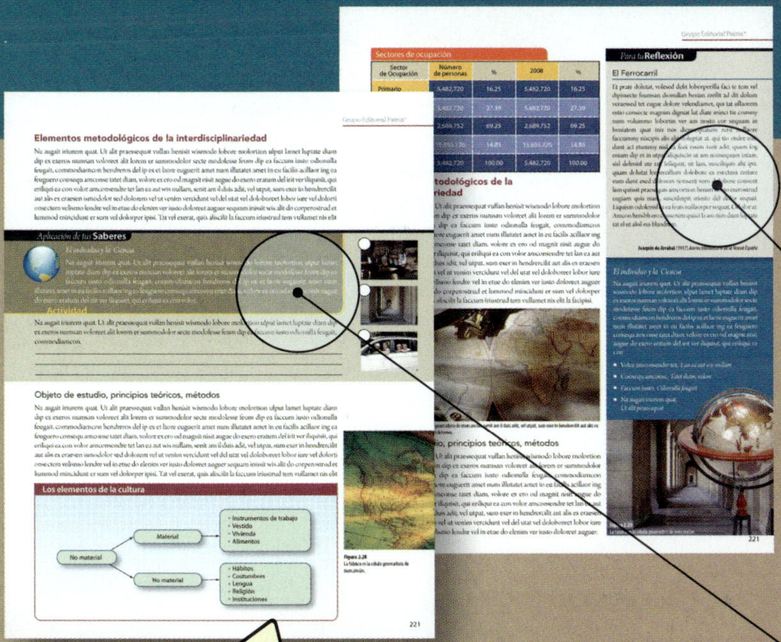

Para tu Reflexión

Tiene el propósito de enriquecer el conocimiento que estás adquiriendo con lecturas adicionales, notas informativas e información relevante para el tema que estás considerando. Esta información además de ser útil, te permite contextualizar diferentes perspectivas para la misma información.

Aplicación de tus Saberes

Está diseñada para que puedas aplicar tus conocimientos a situaciones de tu vida diaria así como al análisis de problemáticas en tu comunidad y en el mundo en general, que te servirán para hacer propuestas de mejoras en todos los ámbitos.

Para tu portafolio de evidencias

En el libro encontrarás diferentes sugerencias y actividades que, una vez realizadas, te permitirán construir un gran número de evidencias, algunas escritas otras a través de la exposición de temas o presentación de productos. Es importante que recuerdes que además de presentar la información, la manera en que lo hagas determinará el nivel de calidad con la que se perciba tu trabajo. Por ello se te invita siempre a realizar tu mejor esfuerzo.

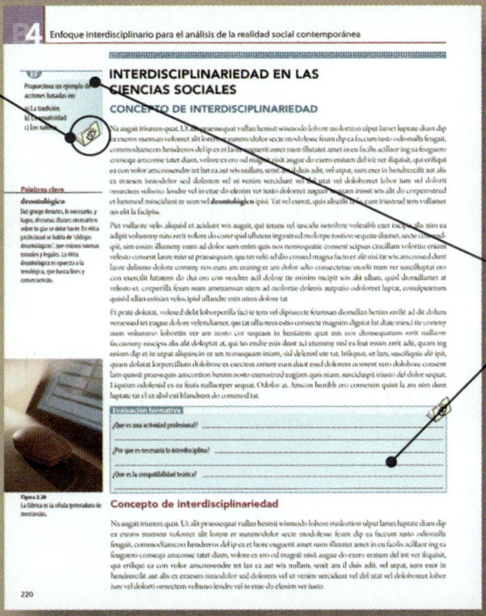

Evaluación formativa

En el libro encontrarás diferentes actividades señaladas con las letras EF, que de forma breve te permitirán reforzar los conocimientos y competencias adquiridas a través de preguntas puntuales al desarrollo del bloque.

Comprueba *tus saberes*

Constituye una opción que te permitirá hacer una autoevaluación de los logros obtenidos a través de tu trabajo en el bloque, esto en conjunto con el portafolio de evidencias, te permitirán obtener mejores resultados en las evaluaciones que haga tu profesor.

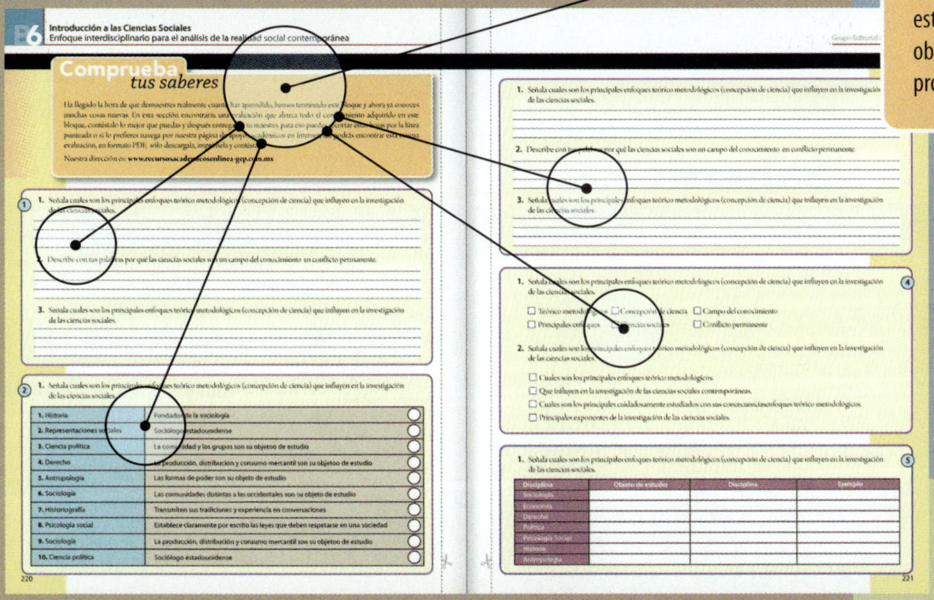

Ejemplos

Es importante mencionar que a lo largo de los bloques encontrarás diferentes ejemplos y ejercicios que tienen la finalidad de propiciar y facilitar tu aprendizaje.

Además cuenta con glosario y bibliografía.

Proceso comunicativo

BLOQUE 1

Saberes

Conocimientos

1.1 Comprende el proceso comunicativo y la intención comunicativa.

1.2 Conoce los elementos del proceso comunicativo:

- Enunciador
- Mensaje
- Enunciatario
- Código
- Contexto

1.3 Reconoce las diferentes funciones del lenguaje:

- Función emotiva (o expresiva)
- Función conativa (apelativa o directiva)
- Función referencial (representativa o informativa)
- Función metalingüística
- Función fática (relacional o de contacto)
- Función poética (o estética)

1.4 Identifica la intención comunicativa de cada una de las funciones.

Unidades de competencia

El alumno podrá utilizar las diferentes funciones de la lengua y los elementos de la comunicación, al ponerlos en práctica en diversas situaciones que le permitan expresarse y comunicarse, oralmente y por escrito, de manera clara y asertiva en los ámbitos personal, familiar, escolar, social y cultural.

¿Qué sabes hacer ahora?

Respondan a las siguientes preguntas.

1. ¿Qué significa la palabra texto?

____

____

____

____

____

2. ¿Qué tipos de textos conoces?

____

____

____

____

____

3. Comenta la diferencia entre lengua y lenguaje.

____

____

____

____

____

4. ¿Sabes cuáles son las diferentes funciones del lenguaje?

____

____

____

____

____

5. Menciona ejemplos de los diferentes tipos de textos que conoces.

____

____

____

____

____

Habilidades

- Distinguir los elementos del proceso comunicativo en una lectura.
- Analizar las características de los elementos del proceso comunicativo.
- Emplear las características de los elementos comunicativos al elaborar diálogos.
- Aplicar la información correspondiente a la utilidad de los elementos del proceso comunicativo en la redacción de pequeños diálogos.
- Distinguir las características que diferencian a cada función del lenguaje.

Actitudes y valores

- Fomentar actitudes propositivas y empáticas al entablar diálogos de manera oral en el ámbito escolar.
- Mostrar su creatividad en la redacción de pequeños diálogos, y apertura a la retroalimentación de los mismos.
- Mostrar asertividad para emplear las diferentes funciones del lenguaje conforme con la situación comunicativa a la que se enfrente.
- Demostrar confianza para expresar su opinión sobre un texto, haciendo uso correcto de las funciones del lenguaje.

Situación didáctica

Se le ha pedido a la escuela que participe en un Congreso sobre comunicación. El director de la escuela designó a este grupo para asistir a dicho Congreso. La participación que se les ha solicitado es mediante la publicación de un periódico mural, en el que expongan los procesos de la comunicación humana.

Secuencia didáctica

1. Se analizará el contenido del tema, el proceso comunicativo y la intención comunicativa.
2. Se organizarán cuatro o cinco equipos de trabajo. Cada uno se hará cargo de uno de los temas principales de este bloque.
3. Cada equipo deberá redactar un artículo o ensayo sobre el tema que le tocó preparar, con el fin de publicarlo en el periódico mural.
4. Se revisarán en clase los productos elaborados por cada equipo.
5. Cada equipo corregirá su presentación de acuerdo con las observaciones recibidas.
6. Se publicarán los artículos sobre los procesos de comunicación humana.
7. Al término del bloque se llevará a cabo la evaluación del mismo.

Rúbrica

El estudiante se autoanalizará y responderá esta rúbrica, en relación con las competencias alcanzadas durante esta unidad.

COMPETENCIA REQUERIDA Preguntas que me permiten identificar qué sabes hacer:	VALORACIÓN		
	¿Lo hago solo?	¿Necesito ayuda?, ¿cuál?	No puedo hacerlo todavía
1. ¿En un texto o plática puedo identificar quién es el enunciador, quién el enunciatario, cuál es el mensaje, el código que utilizan y en qué contexto se da la comunicación?			
2. En un texto o plática, ¿puedo identificar los aciertos y los errores de cada elemento en el proceso de comunicación de acuerdo con el papel que juega cada uno?			
3. Identifico cuando yo mismo soy enunciador o enunciatario, así como el mensaje que brindo o me brindan? ¿Identifico cómo afecta la comunicación el contexto desde el cual se realiza? ¿Identifico las variables contextuales que afectan el proceso de comunicación en un texto o en un diálogo, es decir, cómo las ideas, sentimientos, el ambiente en el que suceden afectan que el mensaje se transmita y se reciba?			

COMPETENCIA REQUERIDA Preguntas que me permiten identificar qué sabes hacer:	VALORACIÓN		
	¿Lo hago solo?	¿Necesito ayuda?, ¿cuál?	No puedo hacerlo todavía
4. ¿Identifico en un texto o plática qué tipo de lenguaje se está utilizando, si es: emotivo, conativo, referencial, metalingüístico, fático o poético de acuerdo con lo que hace en el texto?			
5. Utilizo las funciones del lenguaje en cualquier texto que yo escriba, entre ellas: emotiva, conativa, referencial, metalingüística, fática y poética.			
6. Es decir, cuando escribo algo, el enunciatario comprende el mensaje que quiero expresar. Escribo pensando en la intención que tiene mi escrito y a quién se dirige.			
7. Presento los diferentes textos elaborados, considerando la normatividad de la lengua, es decir, utilizo las reglas de redacción, ortografía y gramática.			

Indicadores de desempeño

- Identifica los elementos de la comunicación en un mensaje escrito, destacando la relación que existe entre éstos.
- Identifica la utilidad de cada uno de los elementos del proceso comunicativo en diferentes contextos.
- Utiliza los elementos del proceso comunicativo en diálogos pequeños de situaciones familiares, laborales o escolares.
- Analiza las características de cada una de las funciones del lenguaje, según su tipo de comunicación.
- Demuestra la intención comunicativa de cada función en la redacción de textos y expresión de los mismos.
- Redacta escritos diversos con precisión, adecuación y coherencia, empleando los elementos del proceso comunicativo.
- Presenta los diferentes textos elaborados, considerando la normatividad de la lengua.

Sugerencias de evidencias de aprendizaje

- Representa los elementos del proceso comunicativo.
- Redacta mensajes de algún tema de interés relacionado con su entorno, empleando los elementos del proceso comunicativo.
- Dramatiza situaciones de su vida familiar, laboral o escolar, expresando de forma clara y coherente sus ideas.
- Elabora un análisis comparativo de las funciones del lenguaje.
- Redacta textos diversos utilizando algunas funciones del lenguaje.
- Realiza un análisis de los diferentes textos elaborados, para identificar sus avances y errores en el empleo de los procesos comunicativos y en el uso normativo de la lenguaje.

INTRODUCCIÓN

En todo idioma existen diferentes tipos de lenguaje o discurso. Entendemos por *lenguaje* el estilo y modo de hablar que se utiliza en determinado medio ambiente o con un determinado fin u objetivo.

Algunos de los tipos de lenguaje que existen son los siguientes:

- **Lenguaje técnico**, que se utiliza al interior de las diferentes profesiones. Los arquitectos utilizan términos diferentes a los de los abogados, y éstos, a los médicos, etcétera.
- **Lenguaje burocrático**, que se utiliza al interior de las dependencias gubernamentales, de los sindicatos, de las asociaciones gremiales o profesionales, etcétera.
- **Lenguaje coloquial** u ordinario, que se utiliza en la vida diaria, y es diferente en cada región, ciudad o nivel cultural, aun dentro del mismo país. Éste es el que se utiliza para comunicarnos con nuestros familiares y amigos.
- **Lenguaje administrativo**, que se utiliza sobre todo en la correspondencia oficial de las empresas (comercios, industrias, Banca, de servicios, etcétera).
- **Lenguaje literario**, que se utiliza en las obras de este tipo, como novelas, cuentos, obras de teatro, etcétera.
- **Lenguaje periodístico**, que se utiliza para informar a la comunidad a través de revistas, periódicos, noticieros, etcétera.
- **Lenguaje científico**, que se utiliza en la producción de reportes de investigación, artículos científicos, obras monográficas, etcétera.

Todos estos tipos de lenguaje o discurso se pueden expresar de manera oral o por escrito, utilizando **textos**.

Por lo general, cuando hablamos de un *texto* nos referimos a un escrito particular. Sin embargo, de acuerdo con la Real Academia Española, **el texto es un "enunciado o conjunto coherente de enunciados orales o escritos"**. Por tanto, cuando aquí nos refiramos a los textos, **estaremos incluyendo tanto los mensajes que se comuniquen de manera oral como aquellos que se trasmitan por escrito**.

En este Taller de Lectura y Redacción se pretende desarrollar **dos competencias fundamentales**:

- **Leer, comprender y utilizar textos de diversos tipos**, tanto en un contexto escolar como laboral.
- **Redactar, elaborar y producir textos de diversos tipos**, respetando las reglas de la acentuación, la ortografía, la redacción y la sintaxis.

Este primer bloque reviste un **carácter introductorio** en relación con todos los tipos de texto que estudiaremos posteriormente.

1.1 PROCESO COMUNICATIVO Y LA INTENCIÓN COMUNICATIVA

El hombre es, por naturaleza, un **ser social**, un ser en convivencia con otros. Bajo este aspecto, el ser humano (animal racional) se identifica con muchas otras razas de animales, que viven en conjunto. Al vivir en conjunto, los hombres forman una sociedad y la **comunicación** entre ellos se convierte en una necesidad.

Así, podemos decir que la comunicación es no sólo una capacidad o facultad del ser humano, sino también **una necesidad,** producto de las relaciones humanas que establece con sus semejantes.

Existen **muchas formas de comunicarse** con los demás. En este sentido, podemos decir que los animales también se comunican entre ellos, ya que emiten sonidos y señales mediante los cuales trasmiten significados a los otros animales. Sin embargo, los sistemas de comunicación que utiliza el hombre son más **complejos** y elaborados, entre otras cosas, porque utiliza un lenguaje.

Figura 1.1
El lenguaje escrito consiste en signos.

Cuando alguien escribe o habla, lo hace **para comunicar** a otros sus ideas, para que los demás puedan recibir el mensaje que quiere trasmitir. Es decir, **el texto tiene una intención comunicativa**.

Lenguaje

Sin embargo, no todos los textos son iguales ni contienen el mismo tipo de mensaje: hay textos científicos, periodísticos, literarios, didácticos, administrativos o burocráticos, etc. Cada uno tiene una **diferente intención comunicativa,** es decir, pretende cumplir un objetivo diferente, dentro del mismo campo de la comunicación.

Si la comunicación es una necesidad humana, fruto de la convivencia y de las relaciones que se establecen con nuestros semejantes, la manera como el hombre satisface esta necesidad de comunicarse con los demás es a través del **lenguaje**.

La necesidad de comunicarse se satisface a través del lenguaje. Por eso, podemos decir que **el lenguaje es la facultad que tienen los hombres para comunicarse**. Pero esta facultad o capacidad innata del hombre se desarrolla o aprende a través de las relaciones sociales que va estableciendo la persona desde que nace. Desde la infancia, el niño conoce y aprende formas de comunicarse con sus padres y hermanos; posteriormente, en la escuela, desarrolla y amplía cada vez más esas facultades de comunicación.

De aquí que se pueda decir que el lenguaje es no sólo una facultad o capacidad innata del hombre, sino también un **producto de las relaciones humanas** que establece con sus semejantes.

Aunque, por extensión, el término de lenguaje también se aplica a los animales que, se dice, tienen una forma especial de comunicarse entre ellos; en este Taller nos limitaremos a estudiar únicamente el lenguaje o la comunicación humana.

Aunque existen muchos tipos de lenguaje, son tres los **tipos básicos de lenguaje**: el oral, el escrito y el mímico. Cada uno de ellos utiliza diferentes medios para establecer la comunicación:

- El lenguaje **oral** utiliza los sonidos y las palabras habladas.
- El lenguaje **escrito** utiliza los signos y las palabras escritas.
- El lenguaje **mímico** utiliza la expresión corporal (las manos, la cara, los ojos, el cuerpo entero).

El **lenguaje mímico** es evidente en el caso de los sordomudos, quienes se comunican o trasmiten sus ideas mediante el uso de las manos y del cuerpo. Pero, en mayor o menor medida, todos utilizamos este tipo de lenguaje; por ejemplo, cuando al hablar, acompañamos nuestras palabras con gestos de la cara, con ademanes de manos y brazos y hasta con movimientos de todo el cuerpo. El lenguaje mímico es un complemento del lenguaje oral, aunque también se puede utilizar de manera independiente; por ejemplo, cuando estamos lejos de otra persona, y queremos comunicarle algo, pero no nos puede escuchar, le hacemos señales para indicarle que ya nos vamos, o que regresamos en un rato, que nos espere.

El **lenguaje oral** es más completo que el lenguaje mímico, porque utiliza los sonidos, las palabras habladas y la entonación.

A veces, basta un sonido o una exclamación para comunicar algo a otro; por ejemplo, si vas en un camión y te quieres bajar en la esquina, pero el camión no tiene timbre y hay mucho ruido, emites un chiflido y, al escucharlo, el conductor sabe que tiene que detenerse. Pero la mayor parte del tiempo los sonidos no son suficientes para comunicarnos, también tenemos que utilizar la **palabra hablada**. Además de la riqueza de contenido que encierra cada palabra y cada oración, al hablar utilizamos la **entonación** como otro elemento comunicativo.

Pongamos un ejemplo: ya son las ocho de la noche, estás en tu casa, llega tu papá y lo primero que dice es "no me molesten, que estoy cansado". Dependiendo de la entonación con que lo haya dicho, tú sabes si únicamente viene cansado o además viene molesto o hasta enojado. Tu reacción o actitud dependerá de la interpretación que le des a ese mensaje. Otro ejemplo: cuando una muchacha le dice a un compañero "¡Cómo eres malvado!", puede significar muchas cosas, dependiendo tanto de la situación como de la entonación que ella haya dado a sus palabras.

Por último, el **lenguaje escrito** guarda una gran diferencia con respecto al lenguaje oral, ya que los mensajes o ideas que uno quiere trasmitir se quedan impresas en el papel. Hay varios dichos populares en relación con esta característica: "las palabras se las lleva el viento" y "papelito habla" son ejemplos de ello.

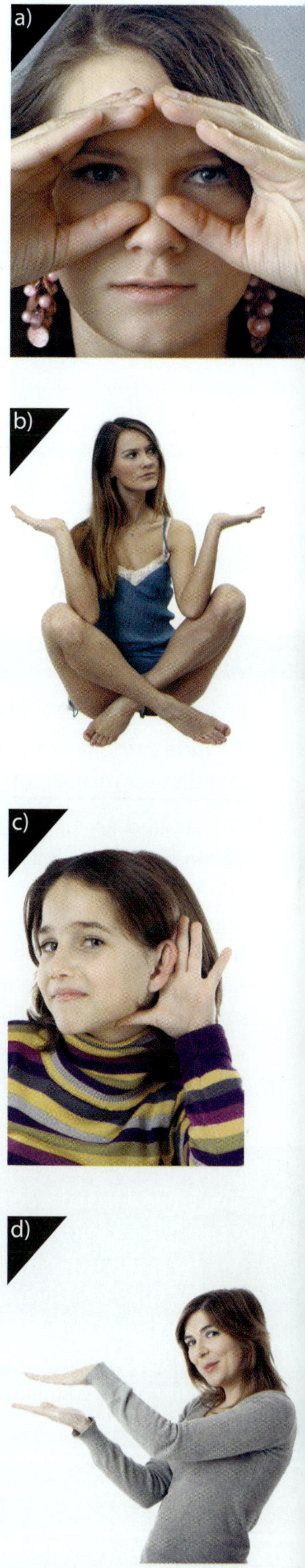

Figura 1.2
El lenguaje mímico o no verbal complementa al oral.

EF

Escribe la definición de lengua. Comenta qué importancia tiene en tu vida diaria, para qué te sirve.

Gracias a esta característica, el hombre puede comunicarse con sus semejantes **a través del tiempo y del espacio**. A través del tiempo, porque las obras escritas quedan para la posteridad; y a través del espacio, porque aunque una persona escriba en una ciudad, sus escritos pueden llegar a otras ciudades y a otros países, en forma de cartas, de libros o de mensajes por Internet.

También gracias al lenguaje escrito puedes **entrar en contacto** con una gran diversidad de culturas, ideas y personas que, de otra manera nunca llegarías a conocer. Tal vez nunca llegues a conocer personalmente a los grandes poetas, dramaturgos y filósofos actuales (mucho menos a los que ya murieron), pero puedes entrar en contacto con ellos a través de sus obras escritas.

Además de estos tipos de lenguaje que son básicos (el mímico, el oral y el escrito), existen **otros lenguajes** mediante los cuales el hombre puede comunicar lo que piensa y/o lo que siente. Nos referimos, por ejemplo, al lenguaje de la música, al del arte, al visual, al de los signos, etc. Según la Real Academia Española, se denomina lenguaje a cualquier conjunto de sonidos o de señales que dan a entender algo. Sin embargo, en este Taller nos dedicaremos a estudiar exclusivamente los lenguajes oral y escrito.

El lenguaje constituye, pues, la manera como el hombre satisface su necesidad de comunicarse con sus semejantes. Pero en su forma oral y escrita, el lenguaje utiliza las palabras; y el uso de estas palabras está regido o gobernado por una serie de **normas y reglas**.

Es aquí donde entra el concepto de lengua o idioma.

Para tu Reflexión

Lectura en común, en voz alta.

Algunas nociones de lingüística moderna

El lenguaje, objeto de la lingüística, es uno de los mecanismos más complicados que pueden entregarse a la investigación. Pasa por cuatro órdenes: el físico, el orgánico, el anímico y el espiritual. Lo primero que percibimos son los sonidos, es decir, ciertos fenómenos físicos. Se producen mediante la acción y reacción de los órganos (pulmón, laringe, campanilla, lengua, labios, etc.), por lo que no se pueden explicar sin el estudio de las relaciones orgánicas del cuerpo humano.

A un grupo de sonidos corresponde un determinado estado de conciencia, o sea, estos fonemas tienen su proceso psíquico. Y, por último, cada agrupación de sonidos, tanto en el que habla como en el que escucha, supone una noción idiomática y un trozo de su mundo vital. Por otra parte, el lenguaje vive en cada individuo con una doble facultad: primero, de manifestarse a los demás de un modo comprensible, y segundo, de comprender lo que oye y relacionarlo como un contenido espiritual.

Martín Alonso, *Ciencia del lenguaje y arte del estilo*.

Lengua o idioma

Mientras que el lenguaje es la facultad que poseen todos los hombres para comunicarse, la **lengua** o el **idioma** es la manera en que cada cultura, país o región concretiza esa facultad y la pone en práctica.

Tanto en México como en Estados Unidos, en Francia como en Alemania, en China como en Japón, y en Italia, los seres humanos poseen la facultad de comunicarse por medio del lenguaje; y de hecho, todos los hombres utilizan el lenguaje para comunicarse; pero en cada país, en cada cultura y en cada región se usa un sistema diferente de lenguaje, una lengua o un idioma específico.

Cada lengua o idioma constituye, pues, un **código** o **sistema específico** de comunicación, que utiliza sus propios signos, sus propias palabras, su propia estructura gramatical y sintáctica.

En cada lengua o idioma, se utilizan **palabras diferentes** para referirse al mismo objeto. Lo que en español es un *libro*, en inglés es *book*, en francés, *livre*, y en alemán, *buch*. Lo que en español es *caballo*, en inglés, *horse*; en francés, *cheval*, y en alemán, *pferd*.

Pero los diversos idiomas no sólo utilizan palabras diferentes, sino que también las unen, relacionan o estructuran de manera diferente para formar las oraciones. Aquí entramos al campo de la **gramática** y de la **sintaxis**.

La pregunta en español, *¿para qué quieres esto?*, se expresa en inglés de la siguiente manera: *What do you want it for?* Si tradujéramos esta frase palabra por palabra, resultaría lo siguiente: *¿Qué tú quieres esto para?* En cada idioma, la estructura gramatical es diferente.

A pesar de estas diferencias, siempre es posible **traducir** cualquier idea o mensaje de un idioma a otro, porque los significados son los mismos para todos los hombres; lo que varía es el idioma mediante el cual se hace referencia a esos significados.

A través de los tiempos ha existido una gran diversidad de lenguas o idiomas. Muchas de ellas ya son **lenguas muertas**, es decir, que ya no se hablan en ningún país. Pero el número de lenguas vivas es todavía muy grande. Existe una ciencia que estudia todo lo relacionado con el lenguaje, se llama **lingüística**.

Lingüística

La lingüística es la ciencia que **estudia el lenguaje** en general, en cuanto fenómeno humano y social, como las diferentes lenguas o idiomas, en particular.

Aunque a veces se dice que los animales tienen también un lenguaje o un medio de comunicación, la lingüística estudia sólo el lenguaje como **fenómeno humano**.

La lingüística investiga, por ejemplo, el **origen** del lenguaje y el de las diversas lenguas o idiomas; el origen de las palabras, la manera de combinarlas o estructurarlas con el fin de construir frases; la gramática, la sintaxis, etcétera.

Entre otras cosas, la lingüística estudia y define las **reglas** de la estructura gramatical, las reglas de la sintaxis, de la redacción y de la ortografía, aspectos que vamos a estudiar en el presente Taller de Lectura y Redacción.

Sin embargo, en este Taller no vamos a estudiar *toda* la lingüística para volvernos expertos en ella, sino únicamente aquellos elementos que nos ayuden a escribir y leer mejor, que son los objetivos de este Taller.

EF

Escribe la definición de habla, estilo y norma.

1. Habla:

____

____

____

2. Estilo:

____

____

____

3. Norma:

____

____

____

Habla

Aunque en un país y en una región todos sus habitantes utilicen la misma lengua, el mismo idioma, no todos hablan igual. El habla es la **expresión individual de la lengua**, la manera muy personal como cada individuo utiliza el idioma.

Por ejemplo, para decir lo que desea comer, una persona podría decir "tengo hambre"; otra diría, "tengo apetito"; alguien más podría afirmar, "necesito ingerir alimentos"; mientras que otro, en un ambiente de confianza, podría decir, "me gruñe la panza".

Las cuatro personas están utilizando el lenguaje para comunicarse, las cuatro están comunicando la misma idea, las cuatro están utilizando el idioma español; pero cada una de ellas usa el idioma de diferente manera. A esta expresión individual de la lengua es a lo que se le llama **el habla**.

A estas diferencias en la expresión individual del lenguaje (tanto oral como escrito) se les llama comúnmente **estilo**. Cada persona tiene un estilo de hablar y de escribir, que refleja su personalidad. Esto quiere decir que cada individuo hace un uso personal del lenguaje, el cual puede ser correcto o incorrecto, adecuado o inadecuado.

Aun cuando haya muchos escritores, filósofos, literatos, dramaturgos, etc., y todos utilicen correctamente el lenguaje, cada uno de ellos tiene su propio estilo, su propia manera de decir y expresar las ideas.

Al uso correcto de una lengua se le llama **norma**. Seguir la norma significa respetar las reglas para el uso de esa lengua. Cada lengua o idioma tiene sus propias reglas ortográficas, gramaticales y sintácticas, que hay que conocer para utilizarla correctamente.

El objetivo del presente libro, *Taller de lectura y redacción*, es que aprendas a utilizar el español de la mejor manera posible, que aprendas a expresarte, tanto de manera oral como escrita, siguiendo y respetando las reglas de la redacción, de la sintaxis y de la gramática; pero siempre conservando un estilo personal de comunicarte.

"Lo cortés no quita lo valiente", afirma un dicho popular. Aquí lo podemos aplicar de esta manera: el hecho de seguir las reglas de la gramática y de la sintaxis no evita que cada quien pueda tener su propio estilo personal de expresarse.

1.2 ELEMENTOS DEL PROCESO COMUNICATIVO

La comunicación humana es, pues, un proceso mediante el cual una persona **trasmite o informa algo** a otra.

En esta definición se encuentran los tres elementos básicos de la comunicación: el **enunciador**, o persona que trasmite algo (al que también se le denomina emisor); el **mensaje**, o ese algo que es trasmitido; y el **enunciatario**, que es la persona o personas que reciben ese mensaje (al que también se le denomina receptor). A estos tres elementos básicos les añadiremos otros dos: el código y el contexto. Toda comunicación se ubica en un contexto determinado.

El cuarto elemento de la comunicación consiste en el **código** mediante el cual el mensaje es elaborado por el enunciador y es recibido o interpretado por el enunciatario.

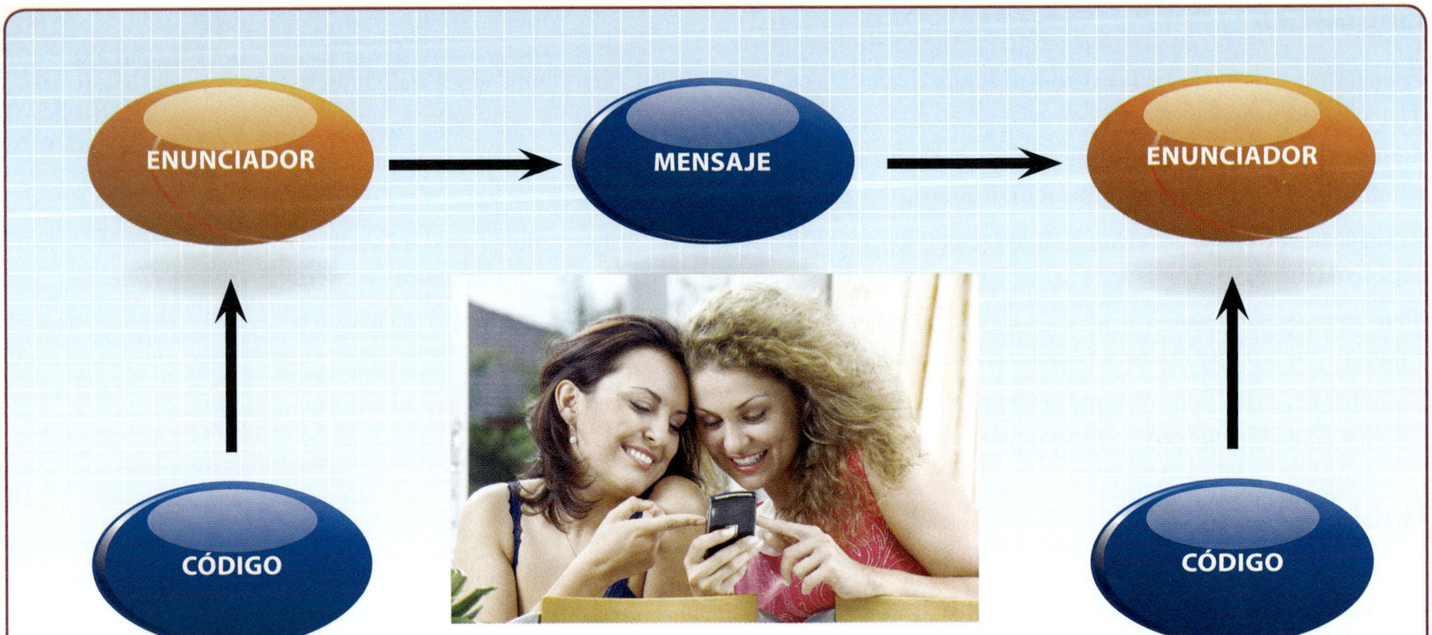

Figura 1.3
En toda comunicación existe un enunciador, un mensaje y un enunciatario.

Por ejemplo, si estamos en un espectáculo de **ballenas y delfines**, podemos escuchar los sonidos que emiten estos animales, pero no los podemos entender ni interpretar; no sabemos su significado porque no conocemos ni entendemos el código mediante el cual esos animales producen esos sonidos, que son su sistema de comunicación.

Entre los hombres también sucede lo mismo. Cuando uno viaja a un país extranjero y no conoce el **idioma** que se habla ahí, uno no entiende lo que los demás le dicen, porque no conoce ni comprende el código que están utilizando.

Pero esto también pasa entre personas que hablan el mismo idioma, pero que son de diferente cultura, educación o nivel social. Si por equivocación entramos a un auditorio en el que se está dictando una conferencia sobre isótopos radiactivos, y nos quedamos un rato a escuchar, tal vez no entendamos nada de lo que se dice, aunque el conferencista esté hablando en español; porque no conocemos ni comprendemos el **código científico** que está utilizando.

Figura 1.4
En el grupo de los "darketos" existe un lenguaje que utilizan entre ellos.

Los **dialectos** son un ejemplo de los diferentes códigos que se utilizan dentro de una misma lengua. También lo es el **argot**, que es el lenguaje formal que utilizan los profesionistas en sus diferentes especialidades. La **jerga** es el lenguaje informal que utilizan las personas que desempeñan determinados oficios y actividades. Mientras que el **caló** es la forma popular de utilizar el lenguaje, y se basa en modismos que cada grupo va construyendo. Todos éstos son ejemplos de los diferentes códigos que se utilizan en la comunicación.

El quinto y último elemento de la comunicación es el **contexto,** en el cual un mensaje es emitido y recibido.

De acuerdo con la Real Academia Española, la palabra *contexto* significa el entorno físico o de situación, ya sea político, histórico, cultural o de cualquier otra índole, en el cual se considera un hecho. Desde el punto de vista de la lengua, el contexto es el **entorno lingüístico** del cual depende el sentido y el valor de una palabra, frase o fragmento considerados.

Analicemos una oración como ejemplo: *Ya están listas las galeras.* ¿Qué significa esta oración?

- Si nos encontramos en una **imprenta**, esta oración significa que ya están impresas las pruebas de un libro o de una revista, que ya están listas para que el autor o el editor las revise y las corrija.
- Si nos encontramos en un **astillero**, esta oración significa que ya están listas las embarcaciones que estaban fabricando.

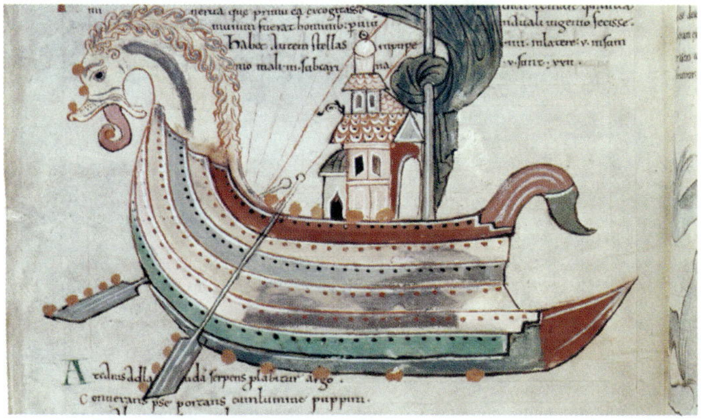

Figura 1.5
Una galera es una embarcación impulsada por remos.

Figura 1.6
En una cárcel, una galera es una sala donde se encuentran los prisioneros.

- Si nos encontramos en una **cárcel**, la oración significa que ya están listas las salas en las cuales se ubicarán a los prisioneros.

El *contexto* significa, pues, el entorno en el cual se emite un mensaje (oral o escrito), del cual depende el sentido, el valor o el significado de dicho mensaje.

Es importante **distinguir claramente las características de cada uno de los elementos del proceso comunicativo**.

- El enunciador es la persona que emite el mensaje, y el enunciatario es la persona a la que va dirigido dicho mensaje. En un libro, el enunciador es el autor del mismo, y el enunciatario es la persona que lo lee. En un diálogo, cada persona que interviene se convierte en un momento dado en enunciador (al hablar) y en otro en enunciatario (al escuchar al otro). Cuando vemos un programa en la televisión, nos convertimos en enunciatarios del mismo.
- Las características del contexto o del entorno en el que se emite un mensaje dependen de la situación en la que éste se da, y pueden ser de carácter físico, psicológico, histórico, cultural, político, científico, etcétera.
- Asimismo, las características del código pueden variar de acuerdo con la situación, el enunciador, el enunciatario y el tipo de mensaje. El código puede ser de tipo lingüístico (comprender el idioma o el dialecto en el que es emitido el mensaje), de tipo técnico o científico (comprender los términos que se están utilizando), de tipo histórico o cultural (comprender la época y las costumbres de quien emite el mensaje), de carácter criptográfico (como en tiempos de guerra), etcétera.

Por último, en el siguiente cuadro podemos ver **la utilidad de cada uno de los elementos de la comunicación**:

Elemento	Utilidad
ENUNCIADOR	Si se conoce al emisor de un mensaje, será más fácil descifrar el código que utiliza.
MENSAJE	A veces el mensaje viene envuelto o escondido entre muchas palabras. Al preocuparnos por descifrar y entender el mensaje, nos aseguramos de dejar de lado los elementos que lo ocultan u oscurecen.
ENUNCIATARIO	Al conocer a la persona a la que queremos enviar un mensaje, será más fácil utilizar palabras que pueda comprender.
CÓDIGO	Al conocer el código que está utilizando el enunciador, se podrá descifrar y entender el mensaje.
CONTEXTO	Al entender el contexto, será más fácil descifrar el mensaje que se está enviando.

Figura 1.7
Cuando expresamos lo que sentimos, a) ¡Qué triste estoy! b) ¡Estoy harto!, utilizamos la función emotiva del lenguaje.

1.3 DIFERENTES FUNCIONES DEL LENGUAJE

El lenguaje, en cuanto facultad que tiene el hombre para comunicarse con sus semejantes, cumple **seis funciones principales**: emotiva, conativa, referencial, metalingüística, fática y poética.

Cualquier texto, oral o escrito, en el que estemos utilizando el lenguaje para comunicarnos, cumple una o varias de estas cinco funciones, dependiendo de su intención comunicativa. Si queremos entender la intención comunicativa de un texto, debemos analizar cuál es la función o las funciones que está cumpliendo.

¿En qué consisten, pues, estas cinco funciones generales del lenguaje? Es lo que explicaremos a continuación.

Función emotiva (o expresiva)

Cuando comunicamos algo que estamos sintiendo o experimentando, utilizamos la función emotiva (o expresiva) del lenguaje.

Muchas veces, utilizamos oraciones exclamativas para expresar nuestros sentimientos. Estos sentimientos pueden ser positivos (*¡Qué bonito! ¡Me encantó! ¡Te quiero mucho!*) o negativos (*¡Estoy harto! ¡Ya no aguanto! ¡Qué triste estoy!*).

También utilizamos esta función cuando expresamos nuestra opinión sobre algún tema o asunto. **Ejemplos**: *no estoy de acuerdo con eso, no está bien que hagas eso, voto a favor de la propuesta.*

También cuando expresamos nuestros gustos o preferencias sobre algo. **Ejemplos**: *No me gusta el bacalao, esa película me gustó mucho, prefiero ir a jugar boliche.*

También utilizamos esta función cuando expresamos nuestros deseos o planes futuros. **Ejemplos**: *Me gustaría que ya fuera viernes. Pienso salir de viaje en estas vacaciones. Ojalá saque buenas calificaciones.*

Una característica de esta función es que **utiliza siempre la primera persona del singular** (*yo, mí, me*), ya que se refiere al *yo* interno de la persona que habla.

Si ubicamos esta función dentro del esquema de la comunicación que vimos anteriormente, podemos colocar la función emotiva o expresiva debajo del enunciador, ya que está expresando datos sobre sus sentimientos o emociones.

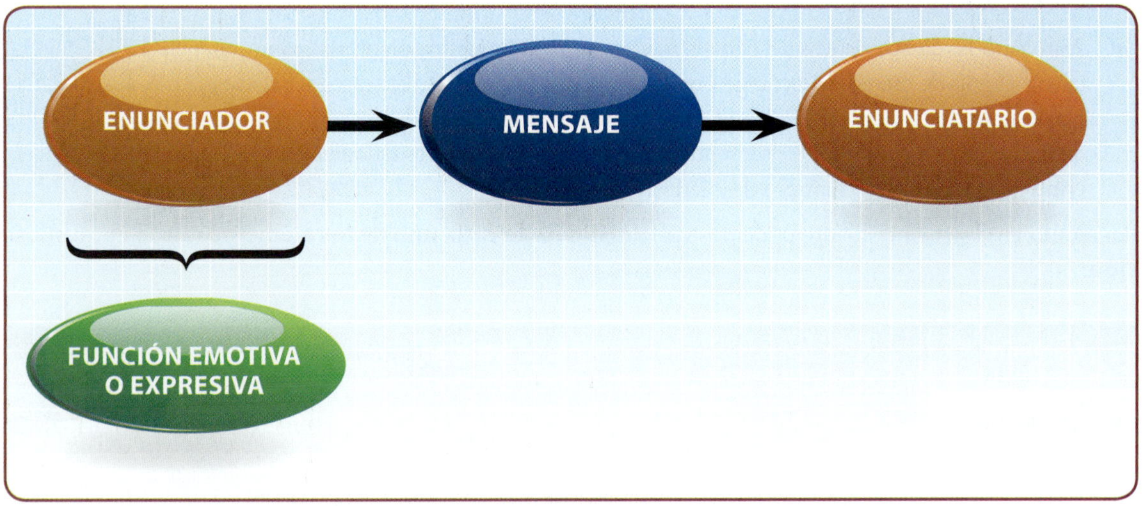

Función conativa (apelativa o directiva)

A través de nuestras palabras, podemos dirigirnos a otros no sólo para informarles o para expresar nuestros sentimientos, sino también para **ordenarles o pedirles** que hagan o dejen de hacer algo. Esta función del lenguaje se denomina conativa, apelativa o directiva.

El hombre es un ser social, y la vida en sociedad implica que continuamente necesitemos unos de otros para llevar a cabo ciertas acciones o empresas.

En las instituciones ya constituidas (escuelas, fábricas, bancos, comercios, industrias, etc.) existen personas con cargos o puestos directivos, cuya función consiste en organizar el trabajo que deben realizar sus subalternos y en pedirles u ordenarles que lo hagan. Para hacerlo, utilizan el lenguaje. Por eso, esta función se denomina **directiva**.

Por ejemplo, en la escuela **los maestros** combinan la función referencial con la función conativa; a veces nos están explicando la clase (función referencial), y otras veces nos están pidiendo que realicemos alguna actividad o que hagamos una tarea (función conativa).

Pero también **en la vida diaria** requerimos continuamente la ayuda o los servicios de otras personas. Entonces nos dirigimos a ellas para solicitarles ese servicio o ese favor, aunque no tengamos un puesto directivo. Por eso, esta función también se denomina apelativa. "Préstame el libro", "acompáñame a la biblioteca", "déjame ver tus apuntes", "ayúdame con la computadora", son frases en las que se expresa esta función.

Figura 1.8
Cuando existe un enunciador (da información) y un mensaje (ideas, pensamientos y emociones) para un enunciatario, estamos usando la función informativa.

Ahora bien, existen **muchas formas de dar órdenes** o de pedir favores. Al ordenar algo a alguien, o al pedirle algún favor, la persona también manifiesta su forma de ser, su personalidad y su estado de ánimo en ese momento (la función expresiva, que ya vimos).

Para pedirle a alguien que se mueva porque no nos deja ver el pizarrón de la clase o la pantalla del cine, alguien puede decir, "¿Podría moverse para dejarnos ver?". Otra persona puede expresarse de esta manera: "Muévase, que está estorbando". Alguien más puede ser irónico: "¿Cree que es el único que está viendo esto?". Entre compañeros de escuela, es común escuchar frases como la siguiente: "Estás muy grueso para vidriera".

En las empresas también existen muchas maneras de dar órdenes. "¿Podría hacer el favor de transcribirme este escrito?"; es muy diferente de decir, "páseme esto en limpio, por favor", o de decir, "deje de estar flojeando y páseme esto en limpio".

En todas estas expresiones se está utilizando la función conativa del lenguaje. Pero cada persona la utiliza de acuerdo con su educación, con su personalidad y con su estado de ánimo. A través de la manera de dar órdenes o de pedir favores (función conativa) se demuestra el tipo de persona que uno es, su educación y su personalidad.

Al ubicar esta función dentro del esquema de la comunicación, podemos colocarla en relación con el enunciatario, ya que el mensaje va dirigido a él y se espera que al recibirlo emita una respuesta.

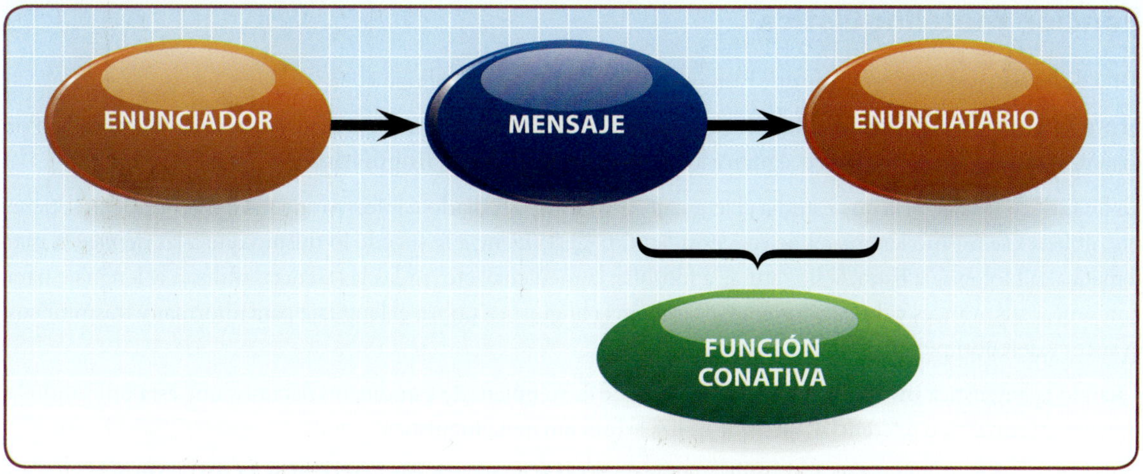

Función referencial (representativa o informativa)

Otra de las funciones que cumple el lenguaje es **hacer referencia al mundo de los objetos y de las ideas**, es decir, presentar a los demás información sobre esos objetos o ideas.

Figura 1.9
Cuando un maestro explica la clase a sus alumnos utliliza la función referencial del lenguaje.

A través de la comunicación y del lenguaje podemos expresar ideas y conocimientos; les podemos informar sobre lo que nosotros conocemos o sabemos. Al hablar, estamos haciendo referencia a todo ese mundo de **cosas**, le estamos informando al otro algo sobre ellas.

Recordemos los tres elementos básicos de la comunicación: el enunciador, el mensaje y el enunciatario. Comunicar significa que alguien dice algo a otro, que alguien le presenta a otra u otras personas información sobre algo. Todo mensaje **hace referencia a algo** sobre lo que se está hablando.

La utilidad de esta función del lenguaje es evidente, ya que mediante ella podemos hablar sobre lugares, objetos, personas e ideas que de otra manera estarían fuera de nuestro alcance.

Podemos representar la función referencial o informativa de la siguiente manera:

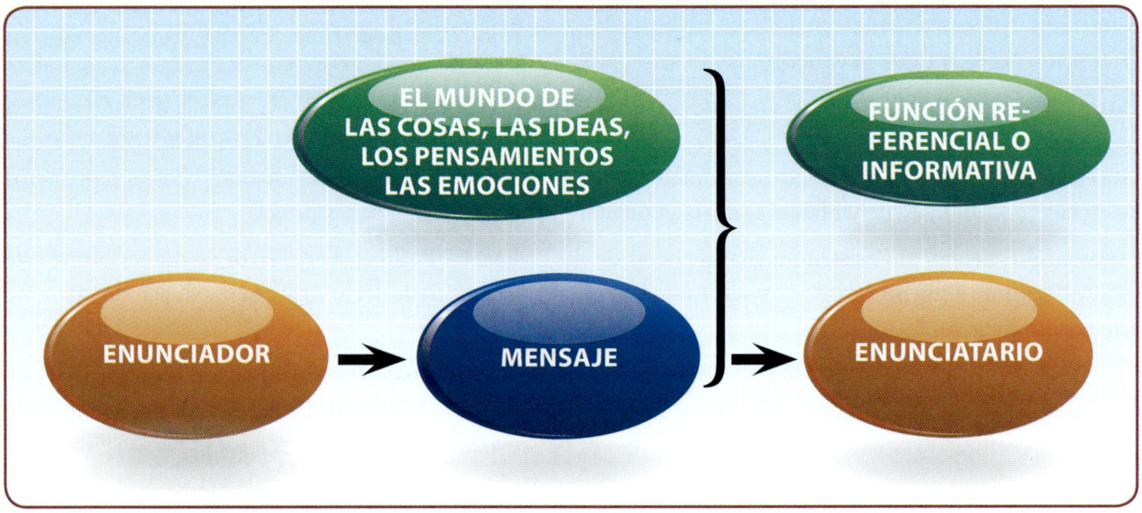

Función metalingüística

Otra de las funciones del lenguaje que vamos a explicar aquí es la metalingüística.

El prefijo *meta* también proviene del griego, de la palabra μετα (*meta*), que significa "después, detrás, más allá". Por lo tanto, la palabra *metalingüística* significa lo que está **más allá de la lingüística**.

La lingüística es la ciencia que estudia el lenguaje, pero, para estudiarlo e informar de sus descubrimientos, tiene que utilizar ese mismo lenguaje que está estudiando. A esta ciencia le sucede lo mismo que a las demás: la matemática, la biología, la física, la literatura, la filosofía, la medicina, etc., todas las ciencias utilizan el lenguaje para comunicar sus avances y descubrimientos. También la lingüística utiliza el lenguaje para informar y trasmitir sus avances y descubrimientos sobre el lenguaje.

Cuando la lingüística **informa** sobre el lenguaje, que es su objeto de estudio, no decimos que está utilizando la función informativa o referencial, sino que utiliza la función metalingüística.

Pero la función metalingüística no la utilizan únicamente los lingüistas, sino que **todos la utilizamos** de vez en cuando en la vida diaria, cuando hablamos sobre la estructura del lenguaje y el significado de las palabras.

Veamos un **ejemplo:** El profesor de historia está explicando que "la organización incipiente del grupo hegemónico…", cuando un alumno levanta la mano y le pregunta: "Oiga, profe, no entiendo eso de incipiente ni lo de hegemónico. ¿Qué significan esas palabras?".

Para tu Reflexión

Lectura en común, en voz alta.

Orígenes del español

El español que hoy hablamos y escribimos es un idioma románico o romance, como el *rumano*, hablado en la antigua Dacia y al sur del Danubio, en parte de Macedonia y Albania; el *dálmata*, lengua muerta de las costas de Dalmacia; el *retorromano*, idioma actual de Italia; el *sardo*, hablado en Cerdeña; el *francés* y *provenzal* de la vieja Galia, el *catalán*, el *gallego* y *portugués*, que se emplearon en la antigua Hispania.

Tiene, por tanto, su origen en el latín vulgar, lenguaje con el que se comunicaban los colonos y mercaderes legionarios establecidos en nuestra Península [Ibérica].

Este latín hablado se convirtió por evolución en diversos dialectos hispánicos, entre los cuales predominó el castellano, declarado lengua oficial en el siglo XIII.

La lengua literaria española nació en las Cancillerías de los reyes Fernando III (1230-1252) y Alfonso X (1252-1284). Su base fue el dialecto de Toledo, aunque se nota la injerencia de elementos extraños y ciertas modalidades del dialecto leonés. El primer periodo de su historia finaliza con la unión de las Coronas de Aragón y Castilla.

Martín Alonso, *Ciencia del lenguaje y arte del estilo.*

En esta pregunta, el alumno está utilizando la función metalingüística, porque está preguntando algo sobre el lenguaje utilizado. Cuando el profesor informa sobre el significado y da la definición de esas palabras, también se utiliza la función metalingüística. En ese momento, se dejó de hablar de historia, para explicar algo sobre el lenguaje y sobre las palabras que se estaban empleando.

Veamos otro **ejemplo**: Un alumno está exponiendo un tema en clase, y dice la siguiente frase: "Estos dos autores se diferencían en lo siguiente ...". El profesor lo interrumpe y le dice: "No se dice 'se diferencían', sino 'se diferencian', sin acento". En esta explicación, el profesor está utilizando la función metalingüística.

Cada vez que un niño pequeño le pregunta a su papá, "¡Oye, papi!, ¿qué significa esto?", está utilizando la función metalingüística del lenguaje, porque está preguntando algo sobre el lenguaje mismo.

Un texto como el presente libro de *Taller de Lectura y Redacción I* utiliza continuamente la función metalingüística porque explica diversos aspectos del uso correcto del lenguaje.

Dentro del esquema de la comunicación, la función metalingüística se ubica en relación con el código mediante el cual desciframos el mensaje.

Figura 1.10
Cada que vez que un niño pregunta, "¿qué significa esto?", usa la función metalinguística.

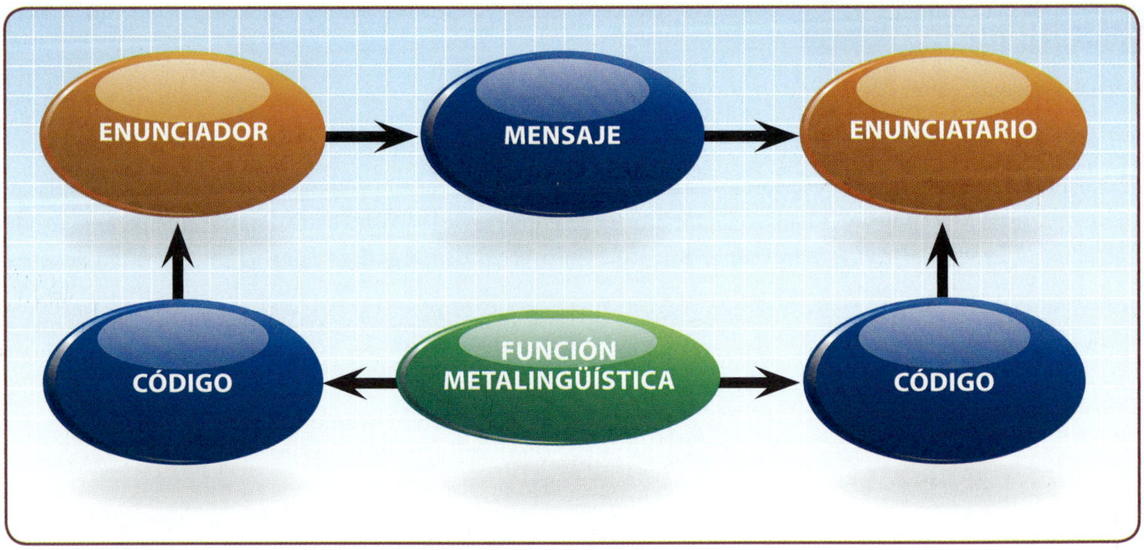

Función fática (relacional o de contacto)

Además de las funciones del lenguaje que hemos visto, existe otra función que se denomina **fática (relacional o de contacto)**.

Este nombre medio raro (*fática*) proviene del griego φατις (*fatis)* que significa "lo que se dice, el discurso, la palabra".

A veces, nos reunimos a platicar no porque tengamos algo qué informar (función referencial), no porque queramos expresar algún sentimiento en particular (función emotiva), no porque queramos dar alguna orden o pedir algún favor (función conativa), sino simplemente **por el placer de estar** con la otra o las otras personas.

Utilizamos esta función fática del lenguaje cuando estamos platicando con nuestros amigos, cuando vamos a tomar café con ellos, cuando asistimos a reuniones de ex alumnos, cuando estamos esperando que llegue el profesor y comience la clase, cuando tomamos juntos un descanso del trabajo que estamos realizando, etc. En todos estos momentos, no pretendemos comunicar ni expresar nada en especial; simplemente estamos reunidos para platicar, para **mantener el contacto**, para relacionarnos con los compañeros. Por eso, a esta función fática también se le denomina **relacional** o **de contacto**.

Figura 1.11
Cuando los amigos se reúnen para platicar ponen en práctica la función fática o relacional.

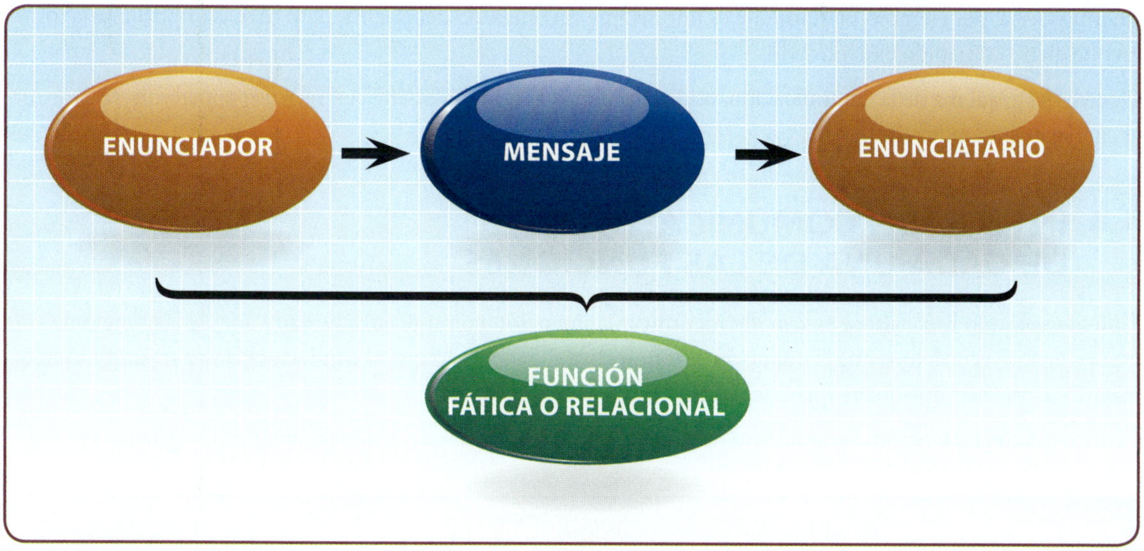

Algunas veces, tenemos que pedir un favor especial a alguien, pero no nos animamos a hacerlo inmediatamente; entonces empezamos a hablar de otras cosas, a ver si el momento es adecuado, si la persona está de buen humor; y sólo entonces nos animamos a pedírselo. Durante el primer momento utilizamos la función fática, y al pedirle el favor utilizamos la función conativa del lenguaje.

Dentro del esquema de la comunicación, podemos ubicar esta función del lenguaje como enlazando al enunciador con el enunciatario.

Función poética (o estética)

La última de las funciones que puede cumplir el lenguaje es la poética o estética, mediante la cual **se busca embellecer el mensaje y producir ciertas sensaciones en el enunciatario** (el lector del texto o los espectadores de una obra).

Esta función se utiliza sobre todo en la literatura: en los poemas, en las canciones, en las obras de teatro, en las novelas, en los refranes, etc. En estos géneros literarios se está comunicando información sobre cosas o personas (función referencial), pero se procura hacerlo de una forma bella, elegante, atractiva (función poética), con el fin de provocar en los enunciatarios ciertas reacciones de carácter emotivo.

Figura 1.12
En la obras de teatro, la función del lenguaje que más se emplea es la poética o estética.

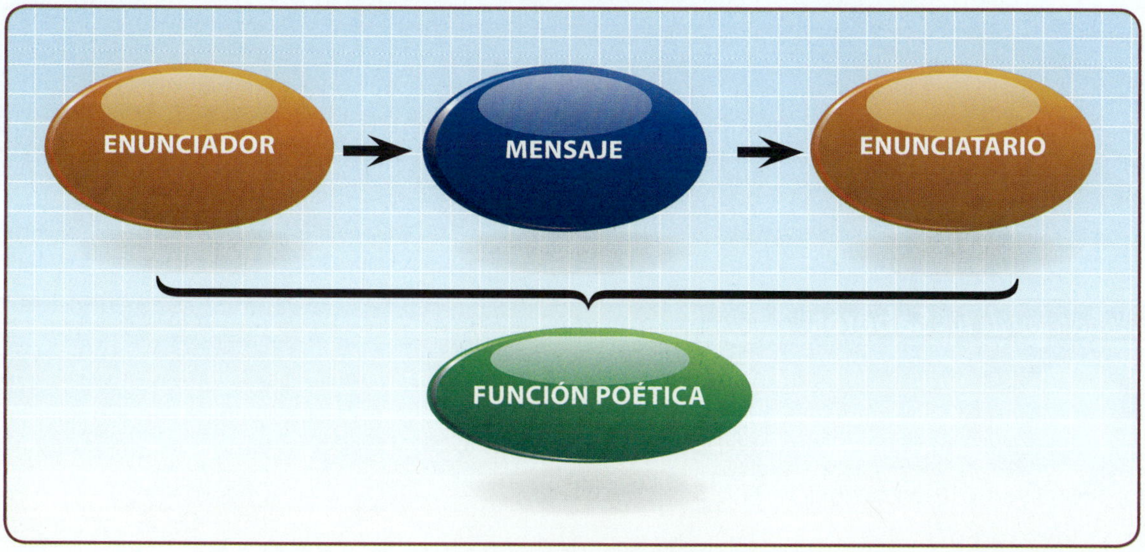

En una poesía, por ejemplo, ciertamente es importante el contenido del poema, pero es más importante la forma en que dicho contenido es expresado.

Dentro del esquema de la comunicación, podemos ubicar la función poética en relación con el mensaje mismo, al cual se busca embellecer.

1.4. INTENCIÓN COMUNICATIVA DE CADA UNA DE LAS FUNCIONES

Con lo explicado hasta ahora es sencillo identificar la intención comunicativa de cada una de las funciones que hemos visto. Recordemos que la intención comunicativa se refiere a lo que el enunciador desea trasmitir al enunciatario, al mensaje que quiere que éste reciba.

Para examinar la intención comunicativa de cada una de las funciones del lenguaje, ayudará el siguiente cuadro.

Funciones del lenguaje	Intención comunicativa
Emotiva	Dar a conocer los sentimientos, emociones, opiniones, gustos o deseos propios.
Conativa	Dar una orden, solicitar que se haga algo, pedir un favor.
Referencial	Dar a conocer información sobre cosas, personas, lugares, ideas, teorías, etcétera.
Metalingüística	Dar o pedir información sobre el lenguaje mismo, su uso, su estructura o sintaxis, su historia, etcétera.
Fática	Mantener el contacto con la(s) otra(s) persona(s).
Poética	Trasmitir belleza por medio del lenguaje.

Taller

En tu cuaderno de trabajo, elabora un cuadro sinóptico del contenido de este bloque que acabas de leer: "Proceso comunicativo e intención comunicativa".

Elige de algún libro, revista, periódico, etc., un texto de tu interés por función del lenguaje (emotiva, conativa, referencial, metalinguística, fática y poética).

- Una vez que las hayas identificado, indica cuál es la intención comunicativa que cada una tiene dentro del texto.
- Comenta por escrito tus respuestas de forma clara, coherente y utilizando adecuadamente los diferentes elementos de la comunicación, en un ambiente de tolerancia y flexibilidad ante los comentarios de tus compañeros y profesor de clase.

Aplicación de tus Saberes

En un periódico de tu localidad, elige una noticia y señala en ella cuáles son elementos de la comunicación. Comenta por escrito por qué es importante para tu comunidad el que se empleen correctamente.

Comprueba *tus saberes*

Ha llegado la hora de que demuestres realmente cuánto has aprendido; hemos terminado este bloque y ahora ya conoces muchas cosas nuevas. En esta sección encontrarás una evaluación que abarca todo el conocimiento adquirido en este bloque, contéstalo lo mejor que puedas.

El propósito de toda evaluación es detectar si se han cumplido o no, y en qué medida, los objetivos que se plantearon en el inicio.

En nuestro caso, el propósito de la evaluación es detectar si se han logrado o no, y en qué medida, las competencias que se plantearon como objetivo de cada bloque.

Con el fin de lograr este propósito, la evaluación consta de cuatro momentos:

- Evaluación de los conocimientos alcanzados en el bloque.
- Autoevaluación de cada estudiante, por medio del llenado de una rúbrica de carácter formativo.
- Coevaluación o evaluación coparticipativa, por medio del trabajo en equipos.
- Evaluación por parte del docente, con respecto al logro alcanzado por cada estudiante.

La evaluación obtenida de esta manera se traducirá en una calificación, de acuerdo con los criterios y porcentajes que determine el profesor.

1

Indica y describe brevemente los cinco elementos del proceso de comunicación y pon un ejemplo de cada uno.

1. ______________________________

2. ______________________________

3. ______________________________

4. ______________________________

5. ______________________________

2 Indica y describe de manera breve los tres principales tipos de lenguaje que se explicaron en este bloque.

1.

2.

3.

4.

5.

3 Escribe la definición de lenguaje, lengua y habla.

1. Lenguaje

2. Lengua

3. Habla

Indica y describe de manera breve los tres principales tipos de lenguaje que se explicaron en este bloque.

4

1. ______________________________

2. ______________________________

3. ______________________________

4. ______________________________

5. ______________________________

6. ______________________________

Proceso de lectura y escritura

BLOQUE 2

Saberes

Conocimientos

2.1 Identifica las etapas del proceso de lectura.
- Prelectura
- Lectura
- Poslectura
- Contexto

2.2 Identifica las etapas del proceso de escritura.
- Planeación
- Redacción
- Revisión
- Reescritura
- Estilo

2.3 Verifica el proceso de escritura en la redacción de textos creativos.

Unidades de competencia

El estudiante aplica los diferentes elementos de la lectoescritura en todas las actividades académicas que realiza en los diferentes contextos en los que se desenvuelve tras conocer su proceso y utilidad.

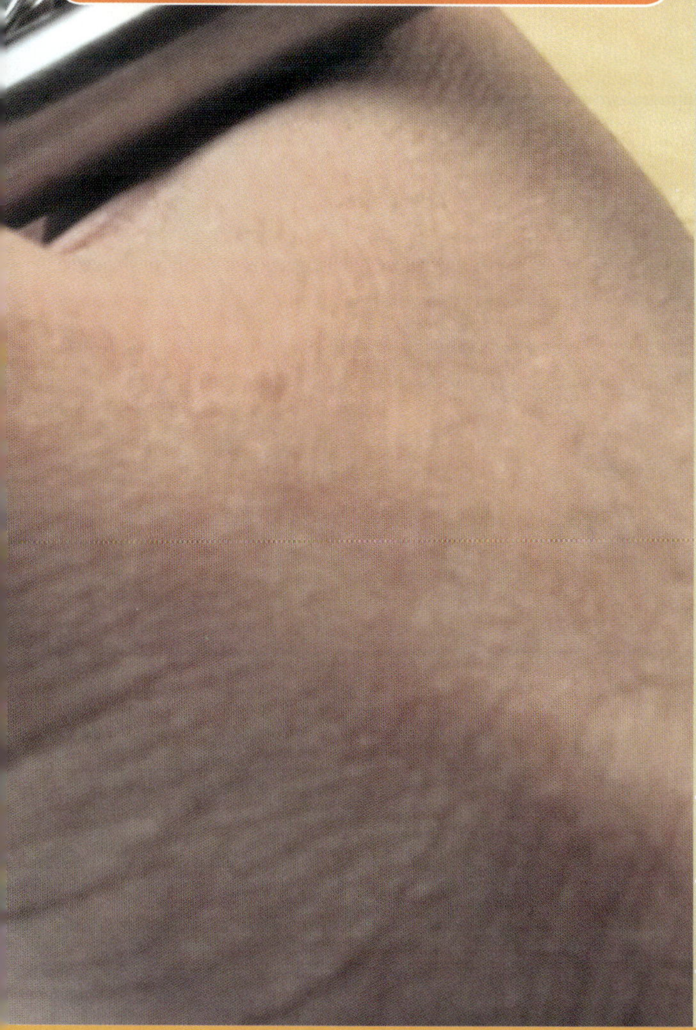

¿Qué sabes hacer ahora?

En equipos de 4 o 5 personas respondan las siguientes preguntas:

1. ¿Cuáles son las etapas del proceso de lectura?
2. ¿Qué significa prelectura?
3. ¿Qué significa lectura de comprensión?
4. ¿Cuáles son las etapas del proceso de escritura?
5. ¿Qué significa estilo?

En plenario, y bajo la coordinación del profesor, se realizarán las siguientes actividades:

1. Cada equipo expondrá las conclusiones a las cinco preguntas planteadas inicialmente.
2. Se analizará lo acertado de las respuestas dadas por los equipos.
3. El profesor complementará las ideas expuestas sobre los tipos y las funciones del lenguaje.

Habilidades

- Distingue en textos sencillos relacionados con temas de su interés, las diferentes etapas del proceso de lectura y sus características.
- Aplica cada una de las etapas del proceso de lectura.
- Práctica en diversos ejercicios las etapas del proceso de escritura.

Actitudes y valores

- Sustenta una actitud reflexiva y crítica frente a las características de la lectura.
- Desarrolla actitudes propositivas y empáticas al redactar textos creativos para verificar el proceso de escritura.
- Realiza con limpieza su trabajo en el correcto uso de la información que presente y trasmita a sus compañeros.

Situación didáctica

¿Cómo lo resolverías?

Su escuela ha aceptado ayudar a una escuela secundaria de la colonia, en especial para ayudarle a mejorar la calidad académica de sus estudiantes. Uno de los problemas que han detectado en esa escuela, es que los alumnos tienen serias dificultades para la lectura y para la redacción de textos. Por eso, les han pedido a ustedes que vayan a impartirles varias conferencias sobre cómo mejorar esos procesos de lectura y redacción.

Secuencia didáctica

¿Qué tienes que hacer?

1. Se analizará el contenido del tema: el proceso de lectura y escritura.
2. Se organizarán cuatro o cinco equipos de trabajo. Dos equipos prepararán una conferencia sobre el proceso de lectura; y los otros dos, una conferencia sobre el proceso de escritura o redacción.
3. Cada equipo definirá los aspectos que vaya a abordar en su conferencia, la que preparará para presentarla con apoyos audiovisuales, ya sea por medio de la computadora o mediante láminas y carteles.
4. Se revisarán en clase los productos elaborados por cada equipo.
5. Cada equipo corregirá su presentación de acuerdo con las observaciones recibidas.
6. Si es posible, se conseguirá una escuela secundaria a la cual puedan ir a presentar las conferencias.
7. Al término del bloque se llevará a cabo la evaluación del mismo.

Rúbrica

¿Cómo sabes que lo hiciste bien?

El estudiante se autoanalizará y responderá esta rúbrica, con relación a los indicadores de desempeño para el logro de las unidades de competencia de este bloque.

COMPETENCIA REQUERIDA	VALORACIÓN		
	Logro individual	Logro con ayuda	No lo he logrado
1. Reconozco las etapas del proceso de lectura en una situación comunicativa.			
2. Identifico las características de cada una de las etapas de lectura en la comparación de textos sencillos.			
3. Explico el uso habitual de las etapas del proceso de lectura para integrar la información de una situación de su vida cotidiana.			
4. Realizo con responsabilidad las lecturas solicitadas, para relacionarlas con su contexto.			
5. Reconozco las etapas del proceso de escritura en un diario, texto, etc.			
6. Analizo cómo se aplican las etapas del proceso en un texto de divulgación o escolar.			
7. Practico las etapas del proceso de escritura, en textos sencillos del ámbito personal, social o científico de mi interés.			

INTRODUCCIÓN

El objetivo general de este *Taller de Lectura y Redacción I* es que desarrolles las competencias tanto para comprender como para producir textos de diferentes tipos. Para comprender los textos, debes saber escuchar los mensajes hablados y saber leer los mensajes escritos. Para producir textos, debes saber expresarte de manera oral y debes saber escribir correctamente. En este bloque analizaremos algunos aspectos básicos de los procesos de lectura y de escritura.

2.1 ETAPAS DEL PROCESO DE LECTURA

Existen muchas **maneras de leer**. Veamos algunas de ellas.

- Cuando vas por la calle, a pie o en un autobús o un carro, vas leyendo (tal vez sin darte cuenta) infinidad de mensajes: los letreros de la calle y la circulación, los nombres de las calles, los anuncios publicitarios en las bardas de la ciudad, en los camiones y en los letreros espectaculares, etc. En estos casos, se trata de una lectura cuasi inconsciente, en la que no se pone mucha atención. Si no se capta bien un letrero o no se entiende el mensaje que quiere comunicar, no importa. (A no ser que vayas manejando en carretera y no veas o entiendas el letrero de curva peligrosa, disminuya su velocidad).
- Cuando lees una revista cómica, de monitos, lo más importante son los dibujos, las imágenes, las caricaturas. Los textos escritos son únicamente un complemento que ayuda a comprender lo que está sucediendo en la historieta. En estos casos, el mensaje principal es comunicado a través de las ilustraciones. No se requiere poner mucha atención a los textos; si no se entiende alguno de éstos, no importa.
- Lo mismo sucede cuando estás viendo una película hablada en otro idioma, cuya traducción al español va apareciendo en letreros al pie de la pantalla. Aquí lo importante es la secuencia de las acciones que están sucediendo, y el texto es un complemento de esas acciones. A diferencia de los libros de historietas, aquí tienes que poner más atención, porque estos letreros aparecen en pantalla unos cuantos segundos; si te distraes cuando están diciendo algo que es clave para la trama o para el desarrollo de las acciones, puede ser que no entiendas el desenlace de la película.
- Cuando lees el **periódico**, te vas fijando en los titulares. Si hay alguno que llame tu atención, entonces lees detenidamente el contenido de la noticia o del reportaje. En este caso, la concentración es mayor que en los casos anteriores, ya que te interesa entender bien lo que está sucediendo en la ciudad, en el país y en el mundo.
- Cuando lees un **libro** que te interesa (por ejemplo, una novela), la atención y la concentración son mayores, ya que te importa mucho seguir la historia que se está narrando. Si alguien te distrae, te molestas; si tienes que interrumpir la lectura en un momento importante de la trama, te desesperas, vas a atender el asunto que se presentó, y luego sigues con la lectura de tu libro. Si encuentras una palabra cuyo significado no entiendes, la consultas en el diccionario. En este caso, el interés por la lectura asegura la atención y la comprensión del texto.
- La lectura de algunos **instructivos** también puede requerir mucha atención y concentración, ya que, si no se siguen las instrucciones al pie de la letra, se puede echar a perder el proceso, el programa, la herramienta o el instrumento que

Figura 2.1
La lectura del periódico atrae la vista hacia los titulares.

Figura 2.2
Cuando lees un libro tu atención se centra en lo que se dice.

Figura 2.3
La lectura de un instructivo se hace para aprender a operar el objeto.

se está aprendiendo a manejar. Por ejemplo, al instalar algún programa en la computadora, si no se siguen bien las instrucciones es posible borrar algunos archivos vitales para el sistema operativo. En una fábrica, si no se sigue bien el instructivo de alguna maquinaria nueva, se puede echar a perder materia prima y hasta se puede provocar una descompostura de la maquinaria. En estos casos, la comprensión del texto es vital.

- Cuando estás **estudiando** un libro o un artículo, ya sea para aprender una tarea de la escuela, para preparar una exposición sobre el tema, o para elaborar un escrito sobre el mismo, también es indispensable la comprensión del texto, lo cual requiere, como hemos dicho, mucha atención y concentración de tu parte.

Como puedes apreciar, existen **muchas situaciones** en las cuales ejercitamos nuestra capacidad de lectura, y no en todas ellas se requiere la misma profundidad en cuanto a la comprensión de lo que estamos leyendo. Sin embargo, hay ocasiones en las cuales esta comprensión a fondo de lo que leemos es indispensable y, a veces, hasta vital.

Vamos ahora a enfocarnos con mayor detenimiento en la **lectura de comprensión**, que es la que se requiere cuando estás estudiando algún libro para preparar un examen, para fundamentar una investigación o para preparar una exposición en clase.

Para lograr una lectura de comprensión a fondo, se requiere realizar un gran número de actividades, las cuales organizaremos en tres momentos diferentes: el de la prelectura, el de la lectura y el de la poslectura.

Evaluación formativa

Indica tres situaciones de la vida diaria en las que sea necesario hacer una lectura a fondo de un texto escrito; argumenta tus respuestas con bases teóricas.

1. ______________________________

____

____

2. ______________________________

____

____

3. ______________________________

____

____

Prelectura

En la escuela **tienes que leer muchos escritos**. En algunas ocasiones, el profesor te indica cuál libro debes leer, y a veces hasta te señala de qué página a qué pagina debes hacerlo. En estos casos, no hay riesgo de equivocarse ni de perder el tiempo leyendo cosas que no te van a ser de utilidad inmediata.

Sin embargo, en otras ocasiones sólo se te indica un tema sobre el cual tienes que encontrar bibliografía, ya sea para preparar una exposición en clase o para llevar a cabo alguna investigación de tipo documental.

En estos casos, lo primero que debes hacer es **buscar y encontrar** aquellos libros, revistas o artículos que te sirvan para tu investigación o para preparar tu exposición. Es en este momento cuando necesitas hacer una prelectura del material impreso que encuentres.

La prelectura es necesaria para **detectar si el material que has encontrado te interesa o te va a ser útil** para los objetivos que pretendes. Si lo encuentras útil o interesante, entonces procederás a leerlo de manera más pausada. Si no le encuentras esa utilidad o interés, lo dejarás y seguirás buscando otros que te ayuden más para tu trabajo.

Puedes llevar a cabo la búsqueda de material de apoyo para tus investigaciones y/o para tus exposiciones, de muchas maneras:

- Quizás **en tu casa** tengas algunos libros que crees que te pueden servir, para lo cual tendrás que darles una revisada rápida o prelectura.
- **En la biblioteca** de la escuela siempre encontrarás libros que te pueden ser útiles para preparar tus trabajos. En estos casos, es conveniente recurrir a las fichas bibliográficas que están organizadas por temas.
- Tal vez consideres conveniente **comprar algún libro** sobre el tema, para lo cual tendrás que recurrir a las librerías de la ciudad.
- A través de **internet** también puedes encontrar mucho material de apoyo para tus investigaciones. En la actualidad existen muchos buscadores que te pueden ayudar a encontrar el material que necesitas.

Figura 2.4
La biblioteca, lugar donde se guardan los libros y donde encuentras un universo de información.

Lo más seguro es que con este proceso de búsqueda llegues a encontrar un gran número de libros, revistas, artículos y ponencias que tengan alguna relación con el tema que estás preparando. Sin embargo, no todos ellos tendrán la misma relevancia para tus objetivos, por lo que tendrás que realizar una **prelectura** del material que encuentres, para ver si es de tu interés o si lo consideras útil para el trabajo que estás desarrollando.

Son tres los **elementos principales** en los que debes poner atención al momento de hacer esta prelectura: el título, el índice y la introducción del material que llegues a encontrar.

La mayoría de las veces, el **título** del trabajo te da una idea exacta del contenido del mismo. Leyendo el título puedes decir si te va a ser útil o no para la investigación que estás llevando a cabo.

Sin embargo, en otras ocasiones los títulos pueden ser ambiguos y no decir mucho sobre el contenido de la obra. También puede suceder que estés buscando material sobre un tema muy específico o concreto al que no hace alusión el título, pero que sí es tratado en el interior del libro o del artículo que has encontrado.

Por eso, a veces no basta con leer el título del libro o del material que encontraste, sino que **es necesario revisar tanto el índice como la introducción** del mismo.

Todos los escritos extensos (libros y artículos) tienen un **índice**, en el cual se detalla su contenido. Al revisar detenidamente el índice de un libro, puedes detectar si ahí se trata el tema o los temas que estás buscando. Si no encuentras en el índice los temas que necesitas, podrás descartar el libro para seguir buscando otros que te sean de mayor utilidad. Pero si tienes alguna duda acerca del contenido de los temas, entonces tendrás que ir al interior del libro, a las páginas en las que se encuentra desarrollado ese tema, para ver si en realidad te va a ser de utilidad o no.

Si ves que ese libro te puede ser de ayuda para tu trabajo, lo tendrás que leer más a detalle.

Evaluación formativa

Recuerda la última vez que tuviste que buscar material escrito para preparar una exposición, e indica los lugares en los que buscaste y encontraste la información necesaria. Menciona a qué parte del proceso de lectura se refiere y cuál es la diferencia e importancia de ésta y las demás etapas.

____

____

____

____

____

____

Selecciona de un libro, una revista o un periódico varios textos de tu interés y distingue las diferentes etapas del proceso de lectura, así como sus características; utiliza colores o marcadores para diferenciarlos.
Coméntalo con tus compañeros y retroalimenten sus trabajos.

Algunos de los materiales que encuentres (como artículos de revistas, ponencias de congresos o artículos en obras multiautoriales) no tienen un índice propio. En estos casos, después de leer el título del trabajo y al ver que sí te interesa, tendrás que leer la **introducción**. En la introducción de este tipo de trabajos más cortos se indica claramente el objetivo que persiguen, y se proporciona una idea general del contenido que tratan.

Por último, con el fin de asegurarte de la relevancia del material para la investigación que estás realizando, le puedes dar una **revisión rápida al contenido**, para conocer la estructura que tiene, es decir, para ver cuáles son los temas y subtemas que contiene.

Como producto de esta labor de prelectura, habrás detectado cuáles son aquellos libros, artículos, ponencias o capítulos que tendrás que leer para preparar tus exposiciones o para fundamentar tus investigaciones. Éstos son los materiales que tendrás que leer de una manera más detallada, es decir, con una lectura de comprensión.

Lectura

¿Por qué a veces no entendemos lo que estamos leyendo?

En general, existen dos tipos de causas por las que no comprendemos un escrito: las primeras se refieren a la persona que está leyendo el texto, y las segundas al texto mismo. Veamos unas y otras.

En primer lugar, una persona puede no entender un texto debido a que **no está preparada o capacitada para entenderlo, o a que no hace el esfuerzo necesario para comprenderlo.**

- Si una persona no sabe leer, si es analfabeta, por supuesto que no podrá leer ni entender un escrito.
- Si el escrito está en otro idioma (en inglés, chino, japonés, alemán, coreano, etc.) y la persona no conoce ese idioma, por supuesto que no lo podrá leer ni entender.
- Si la persona no está interesada en comprender el escrito, no le pondrá atención ni le dedicará esfuerzo, por lo que es muy probable que no lo entienda a profundidad. La motivación y el interés son condiciones necesarias para que la persona se concentre en la lectura, le ponga atención y le dedique tiempo y esfuerzo a la comprensión del texto.

Por otro lado, suponiendo que la persona está capacitada para entender el texto y que está dispuesta a dedicarle tiempo y esfuerzo a su comprensión, todavía puede ser que no lo entienda a profundidad, por alguna de las siguientes razones:

- En el escrito se utilizan **palabras desconocidas** para él, cuyo significado no comprende. Puede ser que haya tecnicismos propios del área o de la disciplina de que trata el texto, o simplemente palabras que no había leído jamás. Para solucionar este problema, es necesario recurrir al uso del **diccionario**.
- Se conocen todas las palabras que utiliza el autor, pero **se desconoce el contexto** (ya sea histórico, científico o cultural) en el que las utiliza. Para solucionar este problema, hay que conocer un poco más sobre ese contexto, con el fin de ubicar correctamente las palabras y las ideas, y comprender mejor el escrito.
- Se conocen todas las palabras que utiliza el autor, así como el contexto en el que las escribió, pero **no se comprenden las ideas** que éste quiso comunicar con su escrito. Puede ser que el escrito esté mal redactado, por lo cual es confuso; pero también puede ser que el lector no esté acostumbrado a esa forma de expresarse, por lo que no entiende bien las ideas. Para solucionar este problema, es necesario desentrañar el escrito, analizar su estructura, descomponerlo en partes y tratar de irlas entendiendo una por una.
- También puede suceder que el texto que estamos leyendo **presuponga conocimientos previos** que no tenemos, por lo cual no podemos comprender a fondo lo que nos quiere trasmitir el autor. Los conocimientos que uno puede tener son diferentes en cada edad y en cada nivel educativo. Si tú estás en bachillerato y lees un libro de física cuántica, tal vez no lo entiendas. Pero si estás estudiando la carrera de física, tal vez ese mismo libro te parezca muy sencillo.

Figura 2.5
La consulta del diccionario enriquece tu vocabulario.

- Por último, puede suceder que uno vaya entendiendo el escrito, parte por parte, pero que al final **no quede claro cuál era el mensaje** que quería comunicar el autor. En este caso, es necesario repasar el texto una y otra vez, resumirlo, hacer esquemas o cuadros sinópticos, con el fin de comprender a fondo la ilación de las ideas, la manera como se enlaza una con otra, la estructura del texto, etcétera.

Cuando vas a preparar un examen, cuando estás preparando una exposición, cuando quieres fundamentar un proceso de investigación, tienes que realizar una **lectura de comprensión a fondo**.

A continuación te presentamos algunas **recomendaciones** que te pueden ayudar a comprender mejor los textos que leas.

- Antes de empezar a leer, debes **tener a mano el siguiente material**: un diccionario (que utilizarás para consultar las palabras que no entiendas), un lápiz o lapicero (que te servirá para hacer anotaciones que luego puedas borrar), un cuaderno de trabajo (en el que vayas anotando aspectos importantes de la lectura), tarjetas en blanco de tamaño bibliográfico y un plumón marcador (que te servirá para resaltar los aspectos importantes, en caso de que el libro sea tuyo o de que estés trabajando sobre fotocopias). Recuerda que no debes rayar los libros ajenos, en especial los de la biblioteca de la escuela.
- Para una lectura de comprensión a fondo, debes **leer por lo menos dos veces** el mismo texto. A través de la primera lectura, podrás detectar los párrafos más importantes, y tendrás una idea general del contenido del mismo. En la segunda lectura podrás concentrarte más en esos párrafos importantes.
- Si el libro es tuyo o estás trabajando con fotocopias, podrás **resaltar esos párrafos con el marcador**, y hacer anotaciones en los márgenes. Si no puedes rayar el libro, tendrás que ir haciendo un resumen del texto en tu cuaderno de trabajo o en las tarjetas en blanco.
- Es importante que al leer, trates de **detectar la idea principal** de cada párrafo, de cada apartado, de cada capítulo, con el fin de que vayas haciendo un resumen del texto y posteriormente puedas elaborar un cuadro sinóptico del mismo.

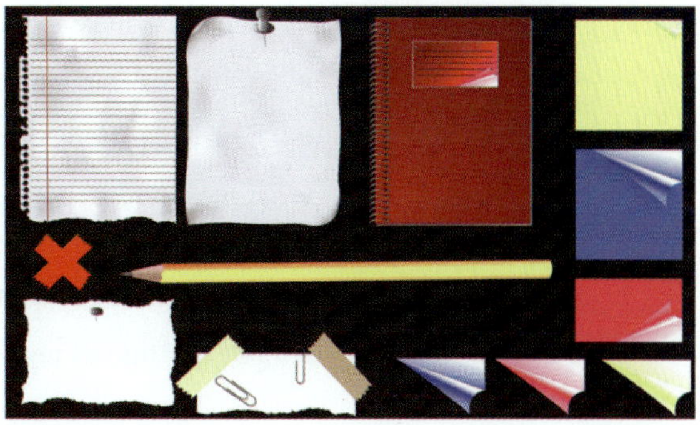

Figura 2.6
Debes tener a la mano lápiz, un cuaderno, tarjetas y un plumón marcador, entre otras cosas.

Evaluación formativa

Indica las tres recomendaciones que te parezcan más importantes para realizar una lectura de comprensión.

1. ______________________________
____
____
2. ______________________________
____
____
3. ______________________________
____
____

Selecciona un texto de tu interés y practica las diferentes formas o recomendaciones para comprender lo que estás leyendo; redacta un escrito de lo que hayas entendido y compártelo con tus compañeros.

- Cualquier palabra cuyo significado no comprendas, la debes **consultar en el diccionario**. Recuerda anotar la definición de la misma, ya sea sobre el texto que estás leyendo o en tu cuaderno de trabajo.
- Si entiendes las palabras que estás leyendo, pero la idea te queda confusa, **vuelve a leer** el párrafo en cuestión. Si ni aun volviendo a leer el párrafo completo se aclara la idea que estás leyendo, anota en tu cuaderno la pregunta o la duda que tengas, con el fin de consultarla posteriormente, ya sea con el profesor o con tus compañeros.

Al terminar la lectura de un texto, ya debes tener claras tanto la idea general del mismo, como las ideas específicas de cada capítulo, apartado o subapartado. Asimismo, debes tener las anotaciones suficientes que te permitan hacer un resumen más completo del escrito, como explicaremos a continuación.

Contexto

Ya indicamos la importancia de ubicar el escrito que estamos leyendo en el contexto en el cual fue elaborado. **No podemos entender (y en su caso criticar) un texto a fondo, si no entendemos el contexto del mismo**.

El análisis del contexto se puede hacer en dos niveles: el histórico y el lingüístico. El contexto histórico se refiere a las circunstancias externas en las cuales se produjo el texto que estamos analizando; mientras que el contexto lingüístico se refiere a la estructura interna de dicho texto.

Para analizar el contexto histórico, es conveniente hacerse preguntas como las siguientes:

- ¿En qué fecha fue elaborado el escrito?

- ¿Cuáles eran las circunstancias históricas, políticas, sociales y culturales del momento?
- ¿Quién es el autor? ¿Es parte de algún grupo académico o de una institución?
- ¿Escribe a título personal o a título institucional?
- ¿Qué intereses perseguía el autor al escribir ese texto? ¿Tenía un fin puramente académico o había intereses políticos de por medio?

Para analizar el contexto lingüístico, es conveniente hacerse preguntas como las siguientes:

- ¿De qué tipo de texto se trata? ¿Es un artículo, una tesis, una ponencia, un comentario, una reseña?
- ¿Cuál es la estructura del texto, cuáles son las partes que lo componen?
- ¿En qué parte se ubica la afirmación que estamos analizando? No es lo mismo si se trata de un punto de partida o si es la conclusión.
- ¿Cuál es la naturaleza de esa afirmación? No es lo mismo si se trata de una premisa, de una hipótesis o de una tesis o afirmación rotunda.
- ¿Cómo está estructurada la frase? No es lo mismo decir "*si esto fuera cierto*", a decir "*estamos convencidos de que…*".

Para entender a fondo un escrito, es necesario ubicarlo en su contexto.

Poslectura

Una vez que hayas terminado de leer un texto, es importante que elabores el **resumen** y las **fichas** correspondientes. Es necesario que este trabajo lo realices inmediatamente después de leer el material, mientras tienes frescas las ideas del mismo. El resumen y las fichas son indispensables, sobre todo cuando tienes que regresar el libro a la biblioteca o a la persona que te lo prestó.

Este trabajo de elaboración de tus **apuntes personales** sobre el texto leído lo puedes hacer en varios niveles de profundidad.

En primer lugar, es necesario hacer un **resumen completo** del texto, en el que vayas anotando las ideas principales de cada párrafo, de cada apartado o de cada capítulo.

Con base en este resumen, puedes elaborar un **cuadro sinóptico**, el cual te permitirá tener una visión general del material que leíste.

Por último, es conveniente elaborar las **fichas bibliográficas** que consideres necesarias, en las que anotes citas textuales del texto leído. Este paso es importante cuando vas a presentar un reporte de investigación, en el que tengas que citar textualmente las ideas principales de los autores que consultaste.

Estos resúmenes, fichas y cuadro sinóptico te ayudarán posteriormente, ya sea para preparar el examen de la materia, para apoyarte en la exposición que tengas que hacer sobre el tema, o para escribir el reporte de una investigación.

Taller

En tu cuaderno de trabajo, elabora un cuadro sinóptico del contenido de este apartado que acabas de leer. (*Identifica las etapas del proceso de lectura*).

Realiza una selección de al menos cinco textos de diferentes fuentes de información y realiza lo siguiente:

- Distingue una etapa del proceso de lectura por texto, señalando en cada una sus características.
- Compara los textos y menciona la importancia que cada uno tiene para una correcta lectura y comprensión de la misma.
- Coméntalo con tus compañeros, mencionando la importancia que tiene el conocer las etapas en que se realiza una lectura.

2.2 ETAPAS DEL PROCESO DE ESCRITURA

El objetivo general de este *Taller de Lectura y Redacción I* es que desarrolles las competencias tanto de comprensión como de producción de textos de diferente tipo. En el apartado anterior te presentamos algunas orientaciones que pueden mejorar tu capacidad para leer y comprender diversos tipos de texto. En este apartado, te presentaremos algunas orientaciones generales que te pueden ayudar a producir tus propios textos escritos.

EF

Piensa en uno de los trabajos que te hayan encargado en alguna de las materias que estás llevando este semestre.
Haz una planeación de la estructura del contenido que debe llevar ese trabajo.
Explica la importancia que tiene esta etapa del proceso de escritura al realizar tus tareas escolares.

Planeación

Algunos escritos son breves y fáciles de elaborar. Sin embargo, hay otros que requieren un esfuerzo mayor, para cuya producción es necesario **seguir varios pasos**. Nos referimos, por ejemplo, a algún reporte de investigación que tengas que elaborar.

Por eso, antes de empezar a redactar un escrito más amplio y formal, es necesario que **planees**, por lo menos en lo general, lo que vas a escribir.

Esta planeación se puede hacer mediante la elaboración de un índice tentativo de tu trabajo, o del esquema general que seguirá en su presentación final, o de un cuadro sinóptico en el que se indiquen todas las partes que contendrá.

Una vez que tengas claro lo que vas a hacer, puedes empezar a redactar tu escrito.

Redacción

En los dos libros de este *Taller de Lectura y Redacción* iremos presentando una serie de ejercicios que te ayudarán a mejorar tu capacidad para redactar correctamente tus escritos.

Por lo pronto, a continuación te presentamos algunas **reglas básicas** que se deben tener en cuenta para la redacción de cualquier escrito.

Trata de seguir estas orientaciones, y verás que tus escritos tendrán una buena calidad.

Figura 2.7
Para la redacción de cualquier tema es importante revistar ortografía, sintáxis, y estructura.

Regla 1

Antes de escribir algo, **piensa qué es lo que quieres decir** y cómo lo vas a decir. En otras palabras: redáctalo primero en tu mente, y cuando ya tengas claro lo que vas a decir, escríbelo en el papel.

Regla 2

Lo más importante al escribir es que tus palabras digan exactamente lo que quieres decir, con la mayor **claridad** posible.

Al escribir, uno intenta trasmitir un mensaje a otras personas. Por eso, al escribir piensa en las personas que van a leer lo que escribas. ¿Van a recibir tu mensaje? ¿Lo van a entender?

Si crees que no has sido claro, o que lo que escribiste está un poco confuso, trata de decir lo mismo de una manera más sencilla.

Regla 3

Utiliza **frases cortas** y sencillas, en vez de frases largas y complicadas. Por medio de frases cortas es más fácil darse a entender con claridad. Las frases largas y complicadas pueden llegar a confundir a los lectores.

Si al escribir redactaste una oración demasiado larga, trata de convertirla en dos o tres oraciones más cortas utilizando debidamente la puntuación.

Regla 4

Utiliza **párrafos cortos**, de cuatro o cinco oraciones cuando mucho, en vez de párrafos largos que ocupen toda la página.

Un párrafo se separa del siguiente mediante el punto y aparte. Acostúmbrate a usar el punto y aparte.

Los párrafos demasiado largos pueden confundir a los lectores, porque en ellos se dicen muchas cosas sobre numerosos sujetos. Es fácil que el lector se pierda entre tantas ideas. En cambio, al encontrar un punto y aparte, el lector hace una pausa, descansa la vista, y sabe que se va a hablar de otro tema o asunto. Esto facilita la comprensión del escrito.

Regla 5

Trata de **ser original** en lo que escribas. Puedes ser original por las cosas que describes en tu escrito, o por la manera como las describes.

No describas cosas evidentes, comunes y corrientes. Por **ejemplo**: no es raro leer que un perro mordió a un niño; pero resulta interesante saber que un niño mordió a un perro. Pero si se te ocurre una manera ingeniosa de describir algo ordinario, no dudes en hacerlo. La originalidad estará en la manera de hacerlo.

Regla 6

Trata de que en tus escritos **se refleje tu personalidad**, tus gustos, intereses, ideales, y motivaciones. De esta manera, irás encontrando tu propio estilo para escribir.

Hay muchas maneras de decir las cosas, siempre respetando las reglas tanto de ortografía como de redacción. Es importante no copiar el estilo de otros, sino tratar de adquirir y desarrollar un estilo propio de escribir.

Regla 7

Cuando escribas, trata de describir no sólo aquello que cualquiera puede ver con el sentido de la vista. **Trata de describir lo que no se puede ver con los ojos externos**, pero que alcanzas a percibir con tu sensibilidad.

Los sentimientos y las emociones, no sólo las tuyas sino también las de los demás, son algunos de estos aspectos. Aunque a veces son difíciles de describir, le ponen un tinte especial a los escritos. Trata de incluir la descripción de estos aspectos en tus composiciones.

Regla 8

Nunca escribas las **muletillas** que muchas personas utilizan al hablar. **Ejemplo** de estas "muletillas" son los siguientes: "bueno ...", "en fin ...", "este ...", "Fíjate que ...", "ya sabes, ¿no?", "digo ...", etcétera.

Se llaman muletillas porque hacen referencia a las muletas que le ayudan a una persona a caminar. Estas muletillas le ayudan a las personas a hablar cuando se sienten inseguros. Si las utilizas en tus escritos, estás manifestando que te sientes inseguro al escribir.

Únicamente debes utilizar las muletillas cuando estás describiendo lo que dijo otra persona. **Ejemplo**: Entonces, Sergio dijo: "Bueno ... , yo no quise decir eso". Así es como habla Sergio, y por eso está bien escribirlo de esa manera. Pero no las utilices cuando estés redactando tus escritos.

Regla 9

Procura **no utilizar frases ya hechas, estereotipadas**, de uso común en otros escritos. A estas frases se les llama frases sellos, porque, como un sello, se pueden estampar en cualquier papel.

Ejemplo de frase estereotipada: *Entró la maestra, y se hizo un silencio sepulcral.*

Otro **ejemplo**: *Entró al salón a pasos agigantados.*

Otro **ejemplo**: *Lo que nos dijo la maestra nos entró por un oído y nos salió por el otro.*

Otro **ejemplo**: *Pero nos callamos y no se oía ni el vuelo de una mosca.*

Si quieres usar una de estas frases, pero sin caer en lo ordinario, hazle alguna modificación. Esto demostrará tu originalidad, y puede hasta ser divertido.

Ejemplo: *Lo que nos dijo la maestra nos entró por un oído, y ni cuenta nos dimos cuando nos salió por el otro.*

Regla 10

No utilices frases o palabras vagas o ambiguas, que no digan nada concreto.

Evita frases como las siguientes: "La fiesta estuvo a todo dar", "el día está muy bonito", "mi amigo es muy buena onda".

En vez de decir que la fiesta estuvo "a todo dar", trata de ser más específico y concreto; mejor describe aquello por lo que te pareció que la fiesta estuvo "a todo dar".

En vez de decir que el día estuvo "muy bonito", describe porqué te pareció bonito.

En vez de decir que tu amigo es "muy buena onda", describe algunas de sus características, o alguna situación en la que los lectores capten cómo es tu amigo.

Regla 11

En síntesis, **el arte del bien escribir consiste en** lo siguiente: en decir lo que quieres, con el menor número de palabras, pero sin afectar el sentido, la claridad o la elegancia.

No escribas de más, sólo para llenar la página o cumplir una tarea. Di únicamente lo que quieres o necesitas decir, con el menor número palabras, sin usar frases de relleno.

Pero tampoco exageres y por tratar de ser conciso digas algo que no quieres decir, lo digas de manera confusa, o no digas todo lo que querías decir.

Taller

En tu cuaderno de trabajo, elige y pega una situación de la vida cotidiana (puede ser una noticia, un hecho social, un evento historico, etc.), en ésta tendrás que aplicar las once reglas básicas de la redacción que acabamos de explicar y mencionar la importancia que tienen en la redacción del texto.

Revisión y reescritura

Los textos que uno escribe nunca quedan bien a la primera, sino que **hay que revisarlos y corregirlos varias veces**. Recuerda que nunca debes entregar un trabajo escrito después de que lo hayas redactado por primera vez, sino que tienes que revisarlo y corregirlo, con el fin de asegurarte de que está completo, bien escrito y bien estructurado.

Mientras más importante sea un escrito, hay que revisarlo con mayor cuidado y detenimiento. Por ejemplo, una tesis de licenciatura o de maestría, puede requerir cinco, seis o siete versiones corregidas, antes de ser aprobada por el director de tesis o por los lectores designados.

Asimismo, **mientras más amplio** o extenso sea un escrito, también hay que revisarlo con mayor cuidado, porque implica una estructura más compleja. Un recado de dos o tres renglones lo puedes revisar y corregir en menos de un minuto; pero un reporte de investigación de 15 o 20 páginas lo tienes que revisar, corregir y reescribir varias veces para que quede lo mejor posible.

Cuando uno escribe mediante un procesador de textos en una computadora, esta labor de revisión y corrección se facilita, ya que no hay que volver a escribir todo el trabajo, sino únicamente corregir las fallas que se vayan detectando. Además, algunos procesadores incluyen una herramienta para corregir de manera automática la ortografía y la gramática. Sin embargo, **no hay que confiarse demasiado de estos correctores automáticos**, porque no siempre corrigen la totalidad de los errores ni siempre lo hacen de manera adecuada. Por ejemplo, hay palabras que pueden tener varios acentos (como *título*, *titulo* y *tituló*; *público*, *publico* y *publicó*), todos ellos correctos en diferente contexto, que la computadora dará por bien escritas aunque sean erróneas en ese contexto.

Son varios los **aspectos que se deben tener en cuenta** al momento de revisar y corregir un texto. A continuación describimos los principales.

- En primer lugar, hay que revisar **la ortografía de las palabras**. Debes cuidar no poner una palabra con *V* cuando deba escribirse con *B*, o una palabra con *S* cuando deba llevar una *C* o una *Z*. Más adelante presentaremos algunos ejercicios para mejorar nuestra ortografía.
- El segundo aspecto que se debe tener en cuenta al revisar y corregir un texto es **la acentuación de las palabras**. En este Taller incluiremos varios ejercicios para asegurar la correcta acentuación de las palabras.
- También hay que revisar **la redacción**, sobre todo desde el punto de vista de la claridad de las ideas. Debes asegurarte de que tu escrito diga o comunique las ideas que quieres expresar, y que éstas se entiendan fácilmente, que no queden oscuras o confusas.
- Una condición importante de la redacción es **la puntuación** adecuada, ya que a través de los signos de puntuación uno le va dando coherencia y sentido a sus escritos. Más adelante presentamos varios ejercicios orientados a mejorar la puntuación.
- En los escritos más amplios o extensos (como en un reporte de investigación), hay que revisar **la estructura general del trabajo**, para ver si los capítulos, apartados y subapartados están en un orden lógico y coherente, o si hay que cambiar de lugar alguno de ellos para hacer más comprensible el texto.
- Al interior de cada apartado o subapartado, hay que revisar **el orden en el que se han colocado los diferentes párrafos** que lo integran. Tal vez se entienda mejor la idea que quieres expresar si pones antes un párrafo que habías escrito después de otros.

Al estar haciendo las revisiones que hemos indicado, notarás si tu escrito es claro, es decir, si está expresando lo que quieres decir de una manera completa y coherente. **Si detectas que alguna idea está confusa, trata de escribirla de una manera más clara**. Tal vez tengas que explicar algo que no habías incluido en el escrito original, con el fin de que tu escrito esté completo y lo más claro posible. Recuerda que las personas que lean tus escritos no siempre podrán preguntarte sus dudas de manera directa, por lo que estos escritos deben ser lo más autónomos posible, es decir, deben aclarar todas las dudas que les puedan surgir a los demás al momento de leerlos.

Taller

En tu cuaderno de trabajo, haz un resumen de los principales aspectos que se deben tener en cuenta al momento de revisar un escrito.

Figura 2.8
Real Academia Española.

Estilo

De acuerdo con la Real Academia Española, el estilo es **la manera de escribir o de hablar peculiar** de un escritor o de un orador.

Cada individuo tiene **su personalidad propia**, la cual se refleja no sólo en su manera de ser y de hablar, sino también en su manera de escribir. Algunas personas son más serias y formales, mientras que otras son más alegres y bulliciosas. De la misma manera, al momento de escribir, algunas personas son más concisas, mientras que otras son más expresivas; algunas escriben más técnicamente, mientras que otras lo hacen de una manera más literaria.

En tus escritos se debe reflejar tu personalidad, tu manera de ser, y de pensar y de expresarte. Así, irás encontrando tu propio estilo para escribir.

Como ya lo indicamos, **hay muchas maneras de decir las cosas**, respetando siempre las reglas tanto de ortografía como de redacción. Es importante no tratar de copiar el estilo de otros, sino de adquirir y desarrollar uno propio.

Aplicación de tus **Saberes**

Actividad

En tu cuaderno de trabajo, responde las siguientes preguntas:

1. ¿Cuáles son los principales rasgos de tu personalidad? ¿Cómo eres, en lo general, con tu familia, con tus amigos, en la escuela?
2. ¿Cuáles de estos rasgos se reflejan en tus escritos?
3. ¿Qué características tienen tus escritos que los hacen diferentes a los de los demás?

2.3 PROCESO DE ESCRITURA EN LA REDACCIÓN DE TEXTOS CREATIVOS

Crear significa producir algo de la nada. Un texto creativo es aquel que no existía previamente, que fue producido a partir de la mente, del ingenio y de la imaginación de su autor.

En la escuela, en algunas ocasiones tendrás que elaborar trabajos y reportes a partir de las lecturas que hagas de otros autores. Estos trabajos no son textos creativos, ya que son elaborados a partir de las ideas que lees en los libros o artículos que has consultado. En este caso, tus escritos son comentarios, críticas o resúmenes de las ideas de otras personas.

Los textos creativos son aquellos que brotan de tu imaginación, de tus ideas, de tu propia mente. Algunos **ejemplos** de textos creativos son los siguientes: redactar un cuento, una leyenda, una historia, una anécdota, un guión, una entrevista a algún personaje, tu autobiografía. Hasta cierto punto, un ensayo también puede ser un texto creativo, siempre y cuando lo redactes a partir de lo que piensas, y no sea simplemente una paráfrasis de lo que otros autores han dicho sobre el tema.

Cuando redactas un texto de este tipo, **lo más importante es la revisión** que hagas del mismo antes de entregarlo, ya que no existen antecedentes que te den una pauta para saber si está bien elaborado.

- Cuando haces un cuadro sinóptico sobre un tema, en él vas a poner las ideas que has leído en uno o varios escritos. Estos escritos son la pauta para saber si tu cuadro sinóptico está bien elaborado.
- Cuando realizas un resumen o un reporte de lectura, el escrito inicial es la pauta para saber si tu trabajo está bien hecho.
- Cuando concibes una crítica o un comentario a las ideas de un autor, esas ideas son la pauta para saber si tu escrito está bien hecho.
- En cambio, cuando redactas un texto creativo, tú mismo eres la pauta para saber si está bien elaborado. Por eso, debes poner especial atención en su revisión y corrección.

Además de los puntos que indicamos previamente (verificar la ortografía, la acentuación, la puntuación, la estructura y el orden de los párrafos), es necesario **verificar los aspectos siguientes**:

- ¿El texto produce el efecto que yo deseo?
- ¿El texto es bello y atractivo desde el punto de vista estético?
- ¿Las ideas son presentadas de manera clara?
- ¿No dejo ningún hilo suelto, ningún punto sin tratar?

Una vez que hayas revisado todos estos puntos, **es conveniente que le pidas a algún compañero o a algún familiar que lea tu escrito y te presente sus comentarios.** A veces, cuando escribimos, damos algunas cosas por supuestas, pensando que los demás las van a entender. Por eso, al pedirle a alguien que lea tu escrito y lo comente, te asegurarás de que realmente está captando el mensaje que quieres trasmitir. En caso de no ser así, tendrás que hacer las correcciones necesarias.

Comprueba *tus saberes*

Ha llegado la hora de que demuestres realmente cuánto has aprendido; hemos terminado este bloque y ahora ya conoces muchas cosas nuevas. En esta sección encontrarás una evaluación que abarca todo el conocimiento adquirido en este bloque, contéstalo lo mejor que puedas.

El propósito de toda evaluación es detectar si se han cumplido o no, y en qué medida, los objetivos que se plantearon en el inicio.

En nuestro caso, el propósito de la evaluación es detectar si se han logrado o no, y en qué medida, las competencias que se plantearon como objetivo de cada bloque.

Con el fin de lograr este propósito, la evaluación consta de cuatro momentos:

- Evaluación de los conocimientos alcanzados en el bloque.
- Autoevaluación de cada estudiante, por medio del llenado de una rúbrica de carácter formativo.
- Coevaluación o evaluación coparticipativa, por medio del trabajo en equipos.
- Evaluación por parte del docente, con respecto al logro alcanzado por cada estudiante.

La evaluación obtenida de esta manera se traducirá en una calificación, de acuerdo con los criterios y porcentajes que determine el profesor.

1 Indica y describe brevemente las cuatro etapas del proceso de lectura, utilizando un texto de un libro de tu interés.

1. ______________________________

2. ______________________________

3. ______________________________

4. ______________________________

2 Redacta brevemente un texto sobre la temática de la película que más te haya gustado en el que identifiques las etapas del proceso de escritura, menciona sus características y el uso correcto de cada una.

1. ______________________________

2. ______________________________

3. ______________________________

Con base en las reglas básicas de la redacción, selecciona un texto de tu interés e identifica cada una de ellas; explica la importancia que tiene al utilizarlas de forma correcta. 3

1. ____

____

____

____

2. ____

____

____

____

3. ____

____

____

____

COEVALUACIÓN

En equipos de trabajo, se llevarán a cabo las siguientes actividades:

- Exponer y analizar las rúbricas individuales que respondieron en la actividad anterior de forma clara y correcta.
- Detectar los aprendizajes logrados, así como aquellos que no se llevaron a cabo de la manera esperada de manera crítica.
- Detectar las causas o factores que influyeron, tanto de manera favorable como no favorable al logro de los aprendizajes.
- Definir algunas estrategias que pudieran contribuir al mejor logro de los aprendizajes, para plantearlas ante el grupo.

Se llevará a cabo una sesión plenaria, en la que un representante de cada equipo exponga las conclusiones a las que llegaron en el momento anterior.

EVALUACIÓN POR PARTE DEL DOCENTE

El profesor evaluará el logro alcanzado por cada estudiante, de acuerdo con los criterios que establezca para ello. Se recomienda tomar en cuenta por lo menos los siguientes elementos:

- La participación activa en las actividades grupales y de equipo.
- El Portafolios de Evidencias que presente el estudiante, en el cual se incluyan los siguientes productos:
  - Producto en equipo: conferencia que prepararon sobre cómo mejorar los procesos de lectura y redacción.
  - Productos individuales:
    - Cuadro sinóptico sobre el apartado: Identifica las etapas del proceso de lectura.
    - Resumen de las reglas básicas de la redacción
    - Resumen de los aspectos principales que se deben tener en cuenta en el momento de revisar un escrito.

Propiedades de la redacción y prototipos textuales

BLOQUE 3

Saberes

Conocimientos

3.1 Define las propiedades de la redacción.
- Adecuación
- Coherencia
- Cohesión
- Unidad
- Autonomía

3.2 Conoce los prototipos textuales de la redacción.
- Narración
- Descripción
- Diálogo
- Exposición
- Argumentación
- Conversación

3.3 Reconoce las combinaciones de diferentes prototipos textuales

Unidades de competencia

El estudiante podrá poner en práctica una redacción propia, a través de textos modelo en diferentes formas donde pueda utilizar las propiedades y prototipos textuales que le permitan mostrar de manera clara su postura, ideas, mensajes, argumentos, dudas, etc., de acuerdo con sus necesidades comunicativas.

¿Qué sabes hacer ahora?

En equipos de 4 o 5 personas, respondan las siguientes preguntas:

1. ¿Qué características o propiedades debe tener la redacción de un texto?
2. ¿Qué significa unidad y coherencia?
3. ¿Qué prototipos textuales conocen?
4. ¿Cuáles son las características de una buena descripción?
5. ¿Qué características debe tener una exposición?

En plenario, y bajo la coordinación del profesor, se realizarán las siguientes actividades:

1. Cada equipo expondrá las conclusiones a las cinco preguntas planteadas inicialmente.
2. Se analizará lo acertado de las respuestas dadas por los equipos.
3. El profesor complementará las ideas expuestas sobre los prototipos textuales y las propiedades de la redacción.

Habilidades

- Explica los conceptos de adecuación, coherencia y cohesión.
- Describe e identifica los prototipos textuales en textos modelo.
- Aplica los prototipos textuales en la redacción de textos.

Actitudes y valores

- Fomenta una actitud creativa y participativa en la producción de textos que permite reflexionar sobre la importancia del contenido.
- Promueve la comunicación como elemento socializador que favorece la tolerancia ante la diversidad de ideas.

Situación didáctica

¿Cómo lo resolverías?

El Centro de Cultura de la localidad está organizando un concurso de cuentos cortos. El premio al primer lugar es una computadora personal. Ustedes se quieren sacar ese premio.

Los criterios con los cuales van a calificar los cuentos que se presenten son los siguientes:

- Originalidad.
- Que reúna las propiedades de un buen texto: unidad, coherencia, cohesión, adecuación y autonomía.
- Que sea corto: de 1,000 palabras, cuando mucho.

Secuencia didáctica

¿Qué tienes que hacer?

1. Se analizará el contenido del tema: propiedades de la redacción y prototipos textuales.
2. Se organizará el concurso interno del salón de clase, del que se sacarán los tres mejores cuentos.
3. Cada estudiante redactará su cuento.
4. Se hará la lectura en común de todos los cuentos, uno por uno.
5. De manera individual, todos los estudiantes evaluarán cada uno de los cuentos, de acuerdo con los tres criterios señalados más arriba.
6. Se obtendrán las calificaciones, se promediarán y al final se determinará a los tres ganadores del concurso. Se incluirá la calificación que emita el profesor.
7. El profesor retroalimentará a los estudiantes acerca de los aciertos y de los errores que tuvieron en su redacción.
8. Al término del bloque se llevará a cabo la evaluación del mismo.

Rúbrica

¿Cómo sabes que lo hiciste bien?

El estudiante se autoanalizará y responderá esta rúbrica, con relación a los indicadores de desempeño para el logro de las unidades de competencia de este bloque.

COMPETENCIA REQUERIDA	VALORACIÓN		
	Logro individual	Logro con ayuda	No lo he logrado
1. Explico las propiedades de la redacción, mediante la elaboración de textos o mensajes relacionados a mi vida cotidiana.			
2. Empleo las propiedades de la redacción narrando una noticia de mi comunidad de manera secuencial, ordenada, precisa y objetiva			
3. Distingo las características de los prototipos textuales indicando el prototipo textual que predomina en textos modelo.			
4. Identifico diversos prototipos textuales para establecer la importancia que cada uno de ellos tiene cuando se aplican de manera correcta en mi hacer cotidiano.			
5. Redacto diversos escritos, en los que muestro mis pensamientos e ideas de manera coherente y creativa de cualquier situación cotidiana.			

INTRODUCCIÓN

3.1 PROPIEDADES DE LA REDACCIÓN

Antes que nada, conviene empezar por definir lo que vamos a entender por la palabra **texto**.

Podemos decir que existen diferentes formas de entender esta palabra.

En la escuela utilizamos esta palabra en un sentido restringido cuando decimos, por ejemplo, que en la materia de matemáticas llevamos como texto el libro de Fulano de Tal; o cuando le preguntamos al profesor cuál es el texto que se va a seguir en clase.

Al utilizar la palabra texto en este sentido, nos estamos refiriendo a un **libro de texto** en particular, y no a cualquier texto en general. Es decir, estamos utilizando la palabra en un sentido restringido.

Ciertamente, los libros de texto que llevamos en la escuela son textos. Pero no todos los textos son escritos que se utilizan como libros de texto.

En un sentido más amplio de la palabra, un texto es **cualquier escrito**, mediante el cual, su autor pretende comunicar un mensaje o una idea a otras personas. En un sentido más amplio todavía, y siguiendo a la Real Academia Española, el texto es un "enunciado o conjunto coherente de enunciados orales o escritos". Esto quiere decir que por texto podemos entender **cualquier enunciado (oral o escrito) mediante el cual se pretenda comunicar algún mensaje, de cualquier tipo**.

Puede haber textos cortos (de una oración o de un párrafo) y textos largos (de varios cientos o miles de páginas).

A continuación encontrarás, como ejemplo de un texto corto, una fábula de Félix María Samaniego, titulada *El camello y la pulga*.

Para tu Reflexión

¿Cuál es la intención comunicativa del siguiente fragmento?

Al que ostenta valimiento,
cuando su poder es tal,
que ni influye en bien ni en mal,
le quiero contar un cuento.
En una larga jornada
un camello muy cargado
exclamó, ya fatigado:

"¡Oh, qué carga tan pesada!"
Doña Pulga, que montada
iba sobre él, al instante
se apea y dice arrogante:
"Del peso te libro yo."
El camello respondió:
"Gracias, señor elefante."

Como puedes apreciar, este breve escrito tiene una intención comunicativa, pretende trasmitir un mensaje. A pesar de su brevedad, tiene una unidad y coherencia en sí mismo. Y con esto entramos a analizar **las propiedades de un texto**.

Hemos afirmado que un *texto* es cualquier enunciado mediante el cual, su autor pretende comunicar una idea o un mensaje a los demás. Esto quiere decir que no cualquier conjunto de palabras es un texto, sino únicamente

aquellos que tengan una intención comunicativa y que tengan ciertas propiedades o posean ciertas características.

A continuación explicaremos las **cinco características generales** que debe poseer todo texto: la unidad, la coherencia, la cohesión, la adecuación y la autonomía.

Unidad

La primera característica de un texto es la unidad.

Para entender mejor esta característica, utilizaremos como ejemplo otra fábula de Samaniego. Ésta se titula *El león con su ejército.*

El león, rey de los bosques poderoso,
Quiso armar un ejército famoso.

¿Podrías explicar el mensaje del autor en esta fábula? Tal vez estás pensando que dos renglones son muy pocos para entender el mensaje del autor. Pero hay otros escritos que, en dos renglones, comunican un mensaje completo en sí mismo. Fíjate, por ejemplo, en el siguiente refrán:

Al que a buen árbol se arrima, buena sombra le cobija.

¿Cuál es el **mensaje** que quiere comunicar este refrán? Ahora sí puedes responder esta pregunta, a pesar de tratarse de un texto tan corto como el anterior; porque este pequeño refrán tiene una unidad en sí mismo, incluye una idea completa.

Sin embargo, la fábula de *El león con su ejército* no la podemos comprender leyendo únicamente sus dos primeros renglones. Estas dos líneas no tienen una unidad en sí mismas, sino que son parte de un texto más completo. Si no leemos el texto completo, no podremos comprender el mensaje que nos quiere trasmitir.

Veamos, pues, la fábula completa:

Para tu **Reflexión**

El león con su ejército

El león, rey de los bosques poderoso,
quiso armar un ejército famoso.
Juntó sus animales al instante:
empezó por cargar al elefante
un castillo con útiles, y encima
rabiosos lobos que pusiesen grima.
Al oso le encargó de los asaltos;
al mono con sus gestos y sus saltos
mandó que al enemigo entretuviese;

A la zorra, que diese
ingeniosos ardides al intento.
Uno gritó: "La liebre y el jumento,
éste por tardo, aquélla por medrosa,
de estorbo servirán, no de otra cosa."
"¿De estorbo?, dijo el rey; yo no lo creo.
En la liebre tendremos un correo,
y en el asno mis tropas un trompeta."
Así quedó la Armada bien completa.

Ahora sí, puedes explicar el mensaje del autor en esta fábula. ¿Cuál es el mensaje que quiso trasmitirnos? ¿Cuál es la idea central o la moraleja de la fábula? Una vez que leímos la fábula completa, podemos responder estas preguntas; antes no, porque no habíamos captado la unidad del mensaje o de la idea.

Así pues, la primera característica de un texto consiste en que **tiene una unidad en sí mismo**. Y esa unidad le viene dada por la idea o el mensaje que quiere trasmitir, es decir, por su intención comunicativa.

Cuando un escrito logra trasmitir una idea o un mensaje completo, total, podemos decir que se trata de un texto, sin importar si se trata de un escrito corto o de un escrito largo.

Como afirmamos más arriba, hay libros completos que, para poder exponer, fundamentar y explicar una idea central, utilizan cientos o aun miles de páginas.

Coherencia

La segunda característica que deben tener los textos es la **coherencia**.

De acuerdo con la Real Academia Española, se llama *coherencia* a la **conexión, relación o unión de unas cosas con otras**. Desde el punto de vista de la lingüística, la coherencia es el estado de un texto cuando sus componentes aparecen en conjuntos solidarios.

Y ya que estamos en el terreno de las fábulas, vamos a utilizar otras de ellas, para ejemplificar esta segunda característica de los textos.

Para tu Reflexión

A una culebra que, de frío yerta,
en el suelo yacía medio muerta...
Un pájaro inocente,
herido de una flecha...
Un maldito gorrión así decía
a una liebre que un águila oprimía...
Cierto burro pacía
en la fresca y hermosa pradería
Con tanta paz como si aquella tierra
no fuese entonces teatro de la guerra...
Tenían dos ranas sus pastos vecinos,
una en un estanque, otra en un camino...
A las tristes palomas un Milano,
sin poderlas pillar seguía en vano...

¿Cuál es el mensaje que este escrito trata de comunicar? ¿Lograron captarlo?

Lo más probable es que no, porque no existe unidad ni coherencia entre los diversos párrafos o renglones del escrito. Esto se debe a que, aunque se trata de un escrito breve (únicamente 14 renglones), no están sacados de una misma fábula, sino de siete diferentes.

La coherencia es la relación que existe entre todos los párrafos y las partes que componen o integran un texto. Si no existe coherencia entre estas partes, la idea o mensaje no se entiende claramente.

Así pues, llamamos *texto* a un escrito o mensaje cuando, **además de la unidad, tiene coherencia entre sus partes**; cuando estas partes (oraciones, párrafos, temas, capítulos, etc.) guardan una conexión entre sí, cuando se van relacionando unas con otras, para ir construyendo la idea o las ideas del mensaje que quiere trasmitir.

Cuando una persona está bajo los efectos del alcohol, de una droga o de la anestesia, decimos que "habla puras **incoherencias**", porque dice únicamente ideas sueltas, sin relación o conexión alguna entre sí. No se entiende lo que quiere decir.

De la misma manera, **cuando un escrito es incoherente, no se entiende lo que quiere decir**. Si empieza hablando de una cosa, y luego habla de otra, sin terminar la primera idea; y luego pasa a un tercer tema, sin haber concluido tampoco el segundo, entonces decimos que el escrito es incoherente, que no se entiende lo que quiere decir o trasmitir.

Si empiezas a relatar un cuento o un chiste, se espera que sigas contándolo hasta que termines, que no te desvíes ni empieces a hablar de otra cosa. Si estás exponiendo un tema en clase, se espera que te centres en ese tema y no te pongas a hablar de otras cosas que no tienen nada que ver con él. Si estás debatiendo sobre un tema polémico, se espera que tus argumentos se centren en dicho tema y que no divagues sobre otros temas.

Esta observación es válida no sólo para los escritos que leas, sino también, y sobre todo, para los escritos que elabores en la escuela.

Cuando redactes un trabajo, trata de que tus escritos sean coherentes, es decir, que las oraciones, los párrafos y los temas tengan una clara relación entre sí. No pases a otra idea, sin haber terminado de decir lo que querías decir de la primera.

Veamos ahora una de las fábulas de las que extractamos uno de los párrafos en el ejercicio anterior. Pero ahora la vamos a escribir completa, para que captes la idea total que quiere comunicar el autor.

Para tu **Reflexión**

El gorrión y la liebre

Un maldito gorrión así decía
a una liebre que un águila oprimía:
"¿No eres tú tan ligera,
que si el perro te sigue en la carrera,
lo acarician y alaban como al cabo
acerque sus narices a tu rabo?
Pues empieza a correr, ¿qué te detiene?"

De este modo la insulta, cuando viene
el diestro gavilán y lo arrebata.
El preso chilla, el prendedor lo mata;
y la liebre exclamó: "¡Bien merecido!
¿Quién te mandó insultar al afligido,
y a más meterte a consejero,
no sabiendo mirar por ti primero?"

¿Cuál es el mensaje o la moraleja de esta fábula? Ahora sí se entiende la idea del autor, porque hemos transcrito la fábula completa, de una manera coherente.

Cohesión

La tercera característica que debe poseer todo texto (además de la unidad y la coherencia), es la **cohesión**. Mientras que la coherencia se refiere a la relación que existe entre las diversas partes de un texto, la cohesión hace referencia a la fuerza que tiene dicha relación. Decir que un texto debe tener cohesión, significa que la relación entre todas las partes que lo componen debe ser fuerte, profunda, tanto desde el punto de vista lógico como lingüístico.

Al producir un **texto escrito** (narrativo, descriptivo, expositivo, etc.), es más fácil conseguir la cohesión de todas sus partes, ya que uno tiene tiempo de pensar en la estructura del texto, de darle una secuencia lógica y ordenada a cada una de sus partes, de modificar la estructura con el fin de hacerla más inteligible, etc. Sin embargo, en los **textos orales** (narrativo, descriptivo, expositivo, etc.), también se debe buscar la mayor cohesión posible, mediante la planeación y preparación de lo que queremos trasmitir o comunicar.

En las **conversaciones** estamos más propensos a tener fallas de cohesión, ya que en una plática informal muchas veces se pasa de un tema a otro sin pensarlo. En ocasiones, dos personas que están platicando terminan diciendo: *¿Y por qué llegamos a hablar de esto?* Esta falta de cohesión que se permite en pláticas informales entre amigos no debe darse en los demás textos, ya sean orales o escritos, ya que se corre el riesgo de perder el efecto comunicativo que se pretende.

Adecuación

La cuarta propiedad o característica que deben poseer los diferentes tipos de texto es su **adecuación**. Adecuar significa **adaptar algo** a otra cosa. En nuestro caso, la adecuación de un texto significa que esté adaptado tanto a la persona o personas a las que se dirige como a la situación en la que se expresa.

No es lo mismo tratar de comunicarse con niños de dos, tres o cuatro años, que con jóvenes de 15 a 18 años, o con adultos de 30 a 45 años, o con ancianos de 80 o 90 años. No es lo mismo hablar con los amigos en una situación de confianza que exponer un tema en clase ante los compañeros del salón. No es lo mismo hablar con un profesor, que hablar con el policía de tránsito o que hablar con el vendedor de una tienda.

El tipo de personas con el que nos estamos comunicando, así como la situación en la que se da esta comunicación, exigen el uso o selección de las palabras y de las expresiones adecuadas.

La adecuación consiste, pues, en la adaptación del texto (contenido, palabras, expresiones) a la situación, al ambiente y a las personas a las que va dirigido.

Autonomía

La quinta característica que debe poseer un texto es que debe tener **autonomía**, es decir, **vida propia e independiente**.

Puede ser que un escrito tenga unidad y sea coherente; pero puede suceder que esté incompleto, que sea solamente una parte de un escrito más extenso, que para entenderlo a fondo haya que recurrir a otros escritos. En este caso, no cumple con la quinta característica que debe cumplir un texto, que es la autonomía; es decir, que el escrito debe ser suficiente en sí mismo para comunicar el mensaje que el autor quiere trasmitir.

Por ejemplo, en los escritos científicos, existen varias partes claramente diferenciadas:

- Una **introducción**, en la que el autor explica de qué se va a tratar ese artículo o capítulo.
- El **planteamiento del problema** o de la situación que va a analizar.
- El **desarrollo** de su análisis, la descripción de la investigación o el planteamiento de propuestas.
- Las **conclusiones**.

En este caso, decimos que el texto es el escrito completo, con todas sus partes; ya que si se omite alguna de ellas, tal vez el resto no se entienda. Cada uno de estos apartados no tiene autonomía en sí mismo, sino que forma parte de un conjunto. Es el conjunto el que tiene autonomía, y al que podemos llamar *texto*.

También puede suceder que alguien extraiga o **saque de su contexto** una parte de un escrito, y la exponga como si fuera un texto independiente. Lo más probable es que no se entienda la idea tal como la quiso exponer el autor original del escrito.

Si, por ejemplo, en alguna de las materias te piden que investigues las ideas de un autor para exponerlas en clase, y tú únicamente transcribes y presentas las conclusiones de ese autor, lo más probable es que no se entienda por qué ese autor dice tal cosa. **Las conclusiones de un escrito no tienen autonomía en sí mismas, sino que forman parte del escrito completo**; las conclusiones constituyen el apartado en el que el autor sintetiza sus ideas y propuestas principales, pero sólo se entienden de manera cabal después de haber analizado el texto completo.

Para tu **Reflexión**

Lee en voz alta y detecta si en este escrito se cumplen o no (y en qué medida) las cinco propiedades que se acaban de explicar: unidad, coherencia, cohesión, adecuación y autonomía. Explica la importancia de hacer un uso correcto de cada una.

Buena parte de los diminutos seres que están en el hombre y a su alrededor lo benefician y no podría vivir sin ellos. Algunos, en cambio, son muy perniciosos y enferman o matan el organismo que invaden. Por eso, es muy importante saber todo lo relativo a ellos y descubrir la manera de estimular a los buenos y matar a los malos. Sin el microscopio, no se habría podido hacerlo, ya que ni siquiera se soñaba que esos seres existieran. No pocas temibles enfermedades como la rabia o la difteria, han perdido sus rasgos terroríficos desde que se inventó el microscopio; y muchas otras pronto dejarán de ser temibles. Ya no se supondrá jamás, como en otros tiempos, que un enfermo ha sido invadido por algún "demonio" que lo tortura y lo mata, porque ahora ya se sabe que todo se debe a unas diminutas bacterias.

Y el microscopio ha logrado muchas otras cosas. Ha ayudado a hacer mejores aceros, al mostrar qué sucede en las diminutas partículas de metal que se están vaciando. En la misma forma, ha ayudado a hacer papel, a teñir paño, a conservar puros los alimentos, y un centenar más de artes útiles. Por eso, el mundo de los seres humanos es muy distinto desde que se ha descubierto la manera de ver las cosas pequeñas que lo forman, aumentándolas a un tamaño muchos miles de veces mayor que el real.

Por eso es importante **no sacar de su contexto un escrito**. Esta falla sucede a menudo en los textos periodísticos. Por ejemplo, cuando un reportero presenta, como noticia, las declaraciones de un político, es común escuchar después las aclaraciones de ese personaje, diciendo que, efectivamente, él dijo eso, pero en una situación diferente; que no quiso decir exactamente lo que el reportero expresó en la noticia, que no se deben sacar de contexto sus declaraciones.

Lo mismo puede suceder en las investigaciones que realices o en las exposiciones que presentes en clase. Si los autores que estás explicando en tu escrito o en tu exposición estuvieran presentes en la clase, ¿estarían de acuerdo con lo que dices que ellos dijeron?

3.2 PROTOTIPOS TEXTUALES DE LA REDACCIÓN

Siempre que nos expresamos, ya sea de manera oral o escrita, estamos tratando de comunicarnos con los demás; sin embargo, nuestras palabras pueden expresar **diferentes tipos de ideas**; veamos algunas de ellas.

- Algunas veces, podemos estar **relatando** una historia, un cuento o un evento que nos sucedió.
- Otras veces, podemos estar **describiendo** alguna persona o alguna cosa.
- En ocasiones, podemos estar **exponiendo** una idea o nuestro punto de vista sobre algo, o que estemos **explicando** una idea, una teoría o un procedimiento.
- Puede ser que estemos **discutiendo** con alguien o que estemos argumentando para convencerlo de una idea.
- Pero también puede ser que estemos **dialogando** con otra persona, sin llegar a estar discutiendo. O que simplemente estemos **platicando** o conversando sobre algún tema.

Estas situaciones dan pie a **diferentes prototipos textuales**, que son los que estudiaremos en este tema: la narración, la descripción, el diálogo, la exposición, la argumentación y la conversación.

Cada uno de estos prototipos se orienta más a determinados temas y posee sus propiedades particulares, las cuales conviene tener claramente diferenciadas, tanto con el fin de comprender mejor los textos que leamos, como de producir nuestros propios textos escritos.

Figura 3.1
Cuando discutimos nuestro mensaje es de tipo persuasivo.

Explicaremos primero tres prototipos que se utilizan más en el lenguaje literario: la narración, la descripción y los diálogos. Después estudiaremos otros prototipos que se utilizan en otros ambientes, como la exposición, la argumentación y la conversación.

Narración

La narración se utiliza sobre todo en las obras de carácter literario, pero también la utilizamos a menudo en la vida diaria.

Narrar significa **contar o relatar** una o varias acciones, hechos o sucesos que nos ocurrieron a nosotros mismos o a otras personas. También se puede narrar acontecimientos que no sucedieron realmente, pero que uno los imagina o inventa, como los cuentos, las leyendas, la ciencia ficción, etcétera.

Es relativamente sencillo narrar una situación en la que uno mismo estuvo involucrado, ya que basta con **recordar** todo lo que sucedió, hasta el mínimo detalle, y tratar de reproducirlo ya sea de palabra o en un escrito.

Es más complicado **narrar algún suceso o acontecimiento en el que uno no estuvo presente**. Para hacer una narración de este tipo, primero hay que informarse sobre la situación, los personajes, el ambiente, las reacciones de las personas, etc. Para esto, es necesario recurrir a las personas que estuvieron presentes en esa situación, y que nos pueden comunicar su versión de los hechos, ya sea de manera oral o por escrito. Esto es lo que hacen los historiadores, al estudiar los archivos de un pueblo o de una nación.

Aunque la narración utiliza la descripción, se trata de dos recursos diferentes. Mientras que la descripción nos presenta a las personas, animales o cosas de manera estática, la narración presenta los acontecimientos, es decir, a los personajes en movimiento, en acción.

Son tres los componentes principales de una narración: el **ambiente**, los **personajes** y la **acción**.

Por lo general, una narración empieza describiendo el **ambiente** o la situación en la que se dio el hecho que se va a relatar. Luego, se describe a los **personajes** que intervienen en ella. Por último, se describe la **acción**, lo que sucedió, la manera en que intervino cada personaje, así como las reacciones que éstos presentaron ante lo sucedido.

Este orden (ambiente, personajes, acción) no debe seguirse de una manera rígida o estricta. A veces, para captar la atención del lector, se puede empezar relatando parte de la acción, luego se regresa a describir la situación y los personajes y por último, se retoma la acción para terminar de describirla.

En una narración es más común el uso de verbos y de sustantivos, y no tanto el uso de adjetivos, como en la descripción.

Al relatar algo, hay que tener mucho cuidado con la **concordancia de los tiempos** de los verbos. Si empiezas utilizando el tiempo pasado, tienes que seguir utilizando los verbos en pasado hasta el final. A veces, se puede utilizar el tiempo presente para relatar hechos ya pasados; se le denomina **presente histórico**. Pero si lo utilizas, ten cuidado de no cambiar luego al tiempo pasado.

Figura 3.2
En la narración los personajes y su actuar son un elemento primordial.

Figura 3.3
Los hechos o la acción es primordial en la narración.

Para tu Reflexión

Lee en voz alta y detecta los aspectos narrativos de los siguientes extractos.

Una vez, cuando los jóvenes hacía ya aproximadamente tres años que vivían con los samanas y habían participado en todos sus ejercicios, les llegó de lejos una noticia, un rumor, una leyenda: había surgido un hombre, llamado Gotama, el majestuoso, el buda, que en su persona había superado el dolor del mundo y había parado la rueda de las reencarnaciones. Enseñando, rodeado de discípulos, recorría el país sin propiedades, sin casa, sin mujer, tan sólo con el ropaje amarillo del asceta, pero con la frente alegre, como un bienaventurado, y los brahmanes y los príncipes se inclinaban ante él y se convertían en sus discípulos.

Hermann Hesse, *Siddharta.*

El capitán Nemo guardó de pronto silencio, pareciendo como si se abismara en una profunda meditación. Le miré con viva emoción, y me dediqué a analizar en silencio las particularidades de su fisonomía. Estaba acodado sobre el ángulo de una preciosa mesa de mosaico, y parecía como si no me viera, como si se hubiera olvidado por completo de mi presencia. Decidí respetar aquel recogimiento, y continué pasando revista a las curiosidades de toda clase que enriquecían el salón.

Julio Verne, *20,000 leguas de viaje submarino.*

Yo no me encontraba lejos de esos dos viajeros, y como el tren estaba parado, podía oír trozos de su plática, mientras los otros callaban. Hablaron primeramente del precio de los artículos en el mercado y, en general, de asuntos del comercio; hablaron sobre la feria de NijniNovgorod.

El comisionista se jactaba de conocer personas que andaban allí de francachelas y devaneos; pero el viejo no le dejó continuar y empezó a relatar antiguas hazañas amorosas y francachelas en las cuales había tomado parte siendo joven, en Kunavino. Se mostraba muy ufano de tales recuerdos, y creía sin duda que en nada padecía con eso la gravedad que denotaban su semblante y sus modales. Contaba cómo, estando beodo, había hecho en Kunavino tales locuras, que no podía narrarlas sino en voz baja.

Soltó el viajante una carcajada estrepitosa. El viejo se reía también enseñando dos dientes agudos y amarillentos. Como no me interesaba semejante charla, salí del vagón para estirar un poco las piernas, encontrándome al pie de la portezuela al abogado que, seguido de su señora, volvía a ocupar su puesto.

León Tolstoi, *La Sonata Kreutzer.*

También hay que respetar la **concordancia del sujeto**. Cuando muchos personajes intervienen en la narración, hay que tener cuidado de que se entienda claramente quién hizo cada cosa. Para esto, es conveniente utilizar frases cortas: dices algo de una persona, y pones un punto. Luego dices otra cosa de otra persona.

Una buena narración debe tener dos cualidades básicas: **rapidez** y **movimiento**. Hay que ir directo al asunto que uno quiere relatar, y hay que mover a los personajes, ponerlos a actuar.

El **suspenso** y la **sorpresa** son otros dos elementos que pueden intervenir en una narración. Pero procura utilizarlos bien, ya que a veces, por abusar de ellos, lo único que se logra es que no se entienda qué fue lo que sucedió o quién hizo tal o cual cosa.

Los relatos o narraciones pueden ser de **cinco tipos básicos**: cuentos, novelas, fábulas, leyendas y anécdotas.

- **El cuento** consiste en una narración corta, que trata de un solo tema y que presenta un argumento completo en sí mismo, en el que se incluyen unos cuantos personajes. Por la misma brevedad del cuento, la acción se desarrolla, casi siempre, en un solo ambiente o situación.

  Para elaborar un cuento, debes definir y describir los siguientes elementos:

  - Los **personajes** que participan en la historia.
  - La **situación** o ambiente en el que se realiza la acción.
  - La **acción** en sí misma, lo que sucede entre los personajes.
  - El **desenlace** o final.

  A diferencia del cuento, **la novela** tiene una mayor extensión, incluye un mayor número de personajes, y relata un mayor número de sucesos o acciones, en diferentes ambientes o situaciones. A través de la novela se pueden ir tratando diferentes argumentos, los cuales se van cerrando o completando conforme avanza la historia.

  Las novelas (tanto las escritas, como las de radio y televisión) se presentan en **capítulos**. El primer capítulo presenta a los principales personajes de la historia y empieza a describir uno o varios de los argumentos que irá tratando.

Figura 3.4
El cuento es un relato breve que se desarrolla en un ambiente, ejemplo, "Caperucita roja".

Figura 3.5
La fábula se caracteriza por encerrar una moraleja, por ejemplo la carrera de la tortuga y la liebre.

Figura 3.6
En los lugares cercanos a los castillos, siempre existen leyendas maravillosas transmitidas de persona a persona.

En cada capítulo subsecuente se van **cerrando** algunos de los argumentos planteados anteriormente y se abren nuevas situaciones, de manera que la historia mantiene el suspenso hasta el final de la misma.

En el último capítulo deben haber quedado cerrados todos los argumentos que se fueron planteando durante la novela ..., a no ser que el autor esté pensando en escribir una segunda parte de la misma, en cuyo caso podrá dejar abierto por lo menos uno de los argumentos planteados.

- **La fábula** consiste en un cuento o narración de eventos ficticios, los cuales terminan con una moraleja, en la que se presenta una enseñanza útil o moral.

  Una fábula se escribe con el fin de dar una **enseñanza** de tipo ético o moral, útil para la vida. Son famosas las fábulas de Esopo, en las que los protagonistas son siempre animales.

  Antes de escribir una fábula, uno debe tener claro el final, es decir, la enseñanza que quiere dar a través de ella. Una vez que tengas clara la enseñanza que quieres trasmitir, debes inventar una historia de la que se pueda deducir esa enseñanza, como un aprendizaje en cabeza ajena.

  La fábula termina siempre con la presentación de esa enseñanza, a manera de moraleja.

- **La leyenda** consiste en una narración de sucesos que tienen más de tradicionales o maravillosos que de verdaderos.

  Un autor **no inventa las leyendas**, sino que, en todo caso, pone por escrito las leyendas que ha escuchado relatar a las personas de más edad.

  Es muy difícil decir cómo se inicia una leyenda. Tal vez empezó con un hecho que tenía algo de verdad, al cual la gente de entonces no le supo dar una explicación correcta. Ese hecho se va rodeando de explicaciones fantásticas o maravillosas, y se va trasmitiendo así de boca en boca.

  La mejor manera de entrar en contacto con esas leyendas es pidiéndole a los más ancianos del lugar que nos las platiquen.

- Por último, **la anécdota** consiste en la relación breve de un rasgo o suceso notable o curioso de una persona. Puede ser sobre uno mismo o sobre otra persona.

  Se escribe o se relata una anécdota porque, a través de ella, podemos darles a los demás una mejor idea del rasgo o rasgos que queremos hacer notar acerca de una persona.

  Por ejemplo, si queremos hacer ver que una persona es muy honesta, podemos relatar la anécdota de el momento en el que rechazó una oportunidad de ganar mucho dinero de una manera fraudulenta.

  También se puede escribir una anécdota para relatar un hecho raro, curioso, extraordinario, de esos que no le suceden a todo mundo. Si alguna vez has visto un OVNI, podrías relatarnos la anécdota del hecho.

Figura 3.7
La anécdota es un relato sobre lo que le sucedió a alguien.

Figura 3.8
Al hacer una descripción debe tratarse de observar el mayor número posible de detalles.

Aplicación de tus **Saberes**

Actividad

Redactar un cuento, una fábula, una leyenda o una anécdota, que describa una situación que tu hayas vivido o que haya sucedido donde vives.

Identifica, de acuerdo con lo que hayan redactado, sí se mencionan las características en la redacción de sus textos.

Anota tus aciertos y errores de forma critica y objetiva.

Algunos alumnos leerán en voz alta el cuento, fábula, leyenda o anécdota que hayan escrito.

Descripción

La descripción es otro de los prototipos textuales. Describir algo significa **representarlo a través de la palabra**, mediante la explicación de sus diversas partes, cualidades o circunstancias.

Se puede describir a personas, animales, lugares, objetos y sucesos o acontecimientos.

Una descripción equivale a un **retrato** escrito o hablado de la persona, animal o cosa que se está describiendo. Leer o escuchar una descripción es lo mismo que estar viendo una fotografía de eso que se describe.

Para describir a una **persona**, hay que fijarse tanto en sus **rasgos o cualidades físicas** (complexión corporal, edad, estatura, tipo de cara, color de la piel y de los ojos, cabello, etc.) como en sus **rasgos y cualidades psicológicas y morales** (lo que dice, lo que piensa, su manera de ser y de actuar, su manera de tratar a las personas, etcétera).

Para describir a un **animal**, también hay que fijarse en sus rasgos y cualidades físicos o externos (qué animal es, de qué raza, de que tamaño, de qué color, de qué peso, etc.) así como en la manera en que se comporta. Aunque en los animales no podemos hablar de rasgos psicológicos, sí podemos constatar que cada animal, aun dentro de la misma especie, tiene su propio carácter o temperamento, su manera especial de ser.

Aunque los lugares y objetos son cosas inanimadas, a través de la descripción se les puede **dar cierta vida y movimiento**. "Los árboles elevaban sus ramas al cielo, como esperando la lluvia que saciaría su sed." "La rueda de esa carreta parecía gritarle a su dueño: 'Arréglame, que estoy a punto de caer'."

Al hacer una descripción, hay que tratar de observar el mayor número posible de detalles, aunque no es necesario escribirlos todos, como si fueran una lista interminable de rasgos. Basta con explicar los tres o cuatro **rasgos que uno considere más característicos** de esa persona, animal o cosa.

Asimismo, al hacer una descripción hay que **poner en juego la imaginación**, para tratar de penetrar más allá de lo que se ve con los ojos del cuerpo. En esto reside, precisamente, la diferencia entre una descripción y una fotografía. Mientras que una fotografía reproduce únicamente los reflejos de la luz en los objetos captados, la descripción puede reproducir aspectos o elementos que no se observan a simple vista.

En una descripción, es normal utilizar muchos **adjetivos calificativos**. Como su nombre lo indica, estos adjetivos califican al sujeto del que están hablando, es decir, enuncian alguna de sus características, que lo diferencian de otros sujetos semejantes o parecidos. Sin embargo, no hay que abusar de los adjetivos, no hay que poner demasiados, sino únicamente aquellos que nos indiquen las características más significativas de la persona o cosa que estamos describiendo.

Taller

Lee en voz alta y localiza los elementos descriptivos de los siguientes extractos.

Una tarde en que no teníamos clase –andaba yo por los diez años– vagaba con dos chicos de esta vecindad, cuando se nos unió un chico mayor, más fuerte y brutal que nosotros, de unos 13 años, alumno de la escuela e hijo de un sastre. Su padre era un bebedor crónico y toda la familia tenía mala fama. Yo conocía bien a Franz Kromer; le tenía miedo y no me gustó que se uniera a nosotros. Tenía ya modales de hombre e imitaba los andares y la manera de hablar de los jóvenes obreros de las fábricas.

Hermann Hesse, *Demian*.

Otto Lidenbrock no era una mala persona, antes al contrario, pero su carácter rayaba casi en lo insoportable. Era profesor en Johannaeum y tenía a su cargo un curso de mineralogía. No se preocupaba de la asiduidad de sus alumnos, ni del grado de atención que éstos le prestasen, ni del éxito que pudiesen obtener bajo su tutela. Ello no le inquietaba lo más mínimo. Él enseñaba "subjetivamente", según término de la filosofía alemana, para él y no para los demás. Era un sabio egoísta, un pozo de sabiduría cuya polea rechinaba cuando se le quería sacar algo. En una palabra, era un avaro de sus conocimientos.

Julio Verne, *Viaje al centro de la tierra*.

Interesante también me ha parecido mister Astley. Se encuentra con nosotros a menudo en los paseos. Se quita el sombrero y pasa de largo, devorado sin duda por el deseo de unirse a nuestro grupo. Si le invitan, rehúsa al instante. En los lugares de descanso, en el Casino, junto al quiosco de la música o junto a la fuente, se instala siempre no lejos de nuestro asiento; y dondequiera que estemos, en el parque o en el bosque, basta levantar los ojos y mirar en torno para ver indefectiblemente, en la vereda más cercana o tras un arbusto, a mister Astley en su escondite.

Fedor Dostoievski, *El jugador*.

Diálogo

El diálogo es otro de los prototipos textuales.

Algunas veces, los textos (en especial los escritos) asumen la forma de diálogo, y se utilizan sobre todo en obras literarias de carácter narrativo.

El diálogo consiste en la **exposición textual de las palabras dichas por los personajes** que intervienen en la narración o el relato.

A veces, al ver interactuar a los personajes y al escucharlos platicar en el escrito, conocemos más sobre su personalidad y su manera de ser, que leyendo una descripción detallada de ellos.

Los diálogos deben ser **naturales y significativos**. Hay que recordar que en el diálogo, ya no es el autor de la obra el que está hablando, sino que está poniendo a hablar a los personajes. Éstos deben hablar como ellos lo hacen, deben ser como ellos son; es decir, deben ser naturales.

Pero los diálogos también deben ser **significativos**; es decir, no hay que relatar todas y cada una de las palabras que dicen todos y cada uno de los personajes, sino únicamente aquellas cosas que nos ayuden a dar al lector la impresión o el mensaje que queremos trasmitir.

Algunas obras literarias, como las obras de teatro, están escritas exclusivamente con base en los diálogos de los actores. Las explicaciones son mínimas, y suelen provenir de otro actor, que funge como narrador.

Es muy fácil detectar los diálogos de una obra escrita, porque la intervención de cada personaje se escribe en un nuevo renglón y empieza con una raya o **guión largo** (—).

Para el uso de estos guiones largos hay que tener en cuenta las siguientes normas:

- **Cada personaje** que habla, se incluye en un nuevo renglón, el cual empieza con una raya o guión largo. No se utilizan las comillas.

Aplicación de tus Saberes

Actividad

Redacta la descripción de una mascota (un perro, un gato, un canario…).

Algunos alumnos leerán en voz alta la descripción que hayan escrito.

Figura 3.9
El diálogo es la expresión textual de lo dicho por los personajes.

Para tu Reflexión

Lee en voz alta y descubre la manera como se utilizan los diálogos en los siguientes extractos.

—¿Qué os pasa, que así suspiráis, señor?

—Motivos no me faltan, amigo —plañó el abad—; que el señor la ha tomado conmigo si no le descifro cuatro enigmas, que ni el mismo Salomón, ni Aristóteles podrían explicar.

—¿Y qué enigmas son ésos? —indagó el molinero.

Expúsoselos el abad, y luego que su molinero hubo reflexionado un rato, propuso.

—Si queréis, podría yo sacaros del apuro.

—¡Si Dios lo permitiese! —dudó el abad.

—Yo espero que así lo quieran Dios y los santos.

(Franco Sacchetti, *El caballero, el abad y el molinero*).

Juan Francisco sonrió, me miró con su dulce mirada y me dijo:

—¿Sabes tú lo que es un planeta?

—Supongo que es un mundo que se parece poco más o menos al nuestro.

—¿Y sabes lo que es un mundo?

—Un gran cuerpo que verifica regularmente ciertas revoluciones en el espacio.

—¿Y el espacio, te has parado a pensar lo que pueda ser?

—Espera, espera —le repliqué—, necesito recordar nuestras definiciones. ¿El espacio? Un medio sutil e infinito donde se mueven los astros y los mundos.

—Puede ser. Pero ¿qué son los astros y los mundos en relación con el espacio?

—Probablemente miserables átomos que se pierden en él como el polvo en el aire.

—Y la materia de los astros y de los mundos, ¿qué piensas tú que sea al lado de la materia sutil que llena el espacio?

—¿Qué quieres que te responda? No hay expresión posible para comparar cuerpos tan groseros a un elemento tan puro.

Carlos Nodier, Juan Francisco, *Medias Azules*.

Siddharta se inclinó sonriendo y contestó:

—¡Sería una lástima! ¡Tienes razón! Sería una verdadera lástima. ¡No, de tu boca no se debe perder ni una sola gota de dulzura, ni tú de la mía! Quedamos, pues, así, en que Siddharta volverá cuando tenga lo que le falta: vestidos, zapatos, dinero. Pero antes, bella Kamala, ¿no podrías darme un pequeño consejo, todavía?

- Si quieres **introducir una explicación**, para indicar quién o cómo está diciendo eso, la explicación va, a su vez, entre rayas (o guiones largos). **Ejemplo**:

  —Ya vamos a comer —me dijo mi mamá mientras entraba, apresurada, a la casa—. Si no terminamos rápido, no vamos a llegar a tiempo al cine.

- En estos casos, la **puntuación** que corresponda (coma, punto o punto y coma) va después del segundo guión, y no antes de éste. **Ejemplo**:

  — ¡Quítate de ahí! —me gritó mi papá—. Se va a caer el árbol.

- Si la explicación va **al final**, no es necesario terminar con el último guión. Basta poner el punto y aparte. **Ejemplo**:

  — Si no me avisas, me cae encima —le contesté, asustado.

Habrá ocasiones en que no quieras poner un diálogo completo entre dos o tres personajes, sino que únicamente quieras citar lo que dijo una persona, de manera aislada. En estos casos, puedes citar lo que dijo esa persona, en el mismo renglón en que estás escribiendo, y poniendo sus palabras **entre comillas**.

Ejemplo: Esa tarde, cuando llegué a la casa, mi mamá estaba en la cocina. Desde ahí me gritó: "No entres, porque acabo de trapear". Entonces, me fui a mi cuarto a estudiar.

Taller

Redacta un diálogo de una situación cotidiana en la que se involucren dos o más personas, incluir las explicaciones pertinentes.

Algunos alumnos leerán en voz alta el diálogo que hayan escrito.

Identifica que haya sido elaborado de forma correcta y respetando sus características.

Comenta las dudas que hayan tenido al elaborar los diálogos.

Exposición

La exposición es otro de los prototipos textuales.

Exponer significa **presentar algo para que sea visto**, poner algo de manifiesto, hablar de algo para darlo a conocer.

Una exposición puede incluir **un gran número de temas particulares** que giran alrededor de un tema más general.

Por ejemplo, una **conferencia** cae dentro del género de las exposiciones. Como parte de la conferencia (que puede ser de una o de dos horas de duración), se explican y aclaran varios puntos particulares. Asimismo, en las clases que estás cursando, tus **profesores** van exponiendo los temas que se deben abordar en el programa. Tal vez en alguna de estas materias el profesor les pida que expongan algunos de los temas del programa.

Pero una exposición también puede presentarse por **escrito**. Por ejemplo, en un reporte de investigación se exponen o presentan los resultados obtenidos por ésta. En un ensayo, se expone la posición personal del autor sobre un tema determinado. En el ámbito periodístico también se utiliza la exposición: en las noticias, en los reportajes, en las crónicas, etcétera.

Figura 3.10
En una exposición también es importante el lenguaje no verbal.

Figura 3.11
Al hacer una presentación oral es importante contar con apoyos visuales atractivos.

—¿Un consejo? ¿Por qué no? ¿Quién se negaría a dar un consejo a un pobre e ignorante samana que viene de los chacales del bosque?

—Dime, pues, querida Kamala: ¿Dónde debo ir para encontrar rápidamente esas cosas?

—Amigo, eso es lo que muchos quisieran saber. Debes hacer lo que has aprendido, y exigir por ello dinero, vestidos y zapatos. De otra forma, un pobre no logra tener dinero. ¿Qué sabes hacer?

—Sé pensar. Esperar. Ayunar.

—¿Nada más?

—Nada más ... Pues sí, también sé hacer poesías. ¿Quieres darme un beso por una poesía?

—Si me gusta la poesía, sí. ¿Cómo se llama?

Hermann Hesse. *Siddharta.*

Las principales **características que deben tener las exposiciones** (tanto orales como escritas) son las siguientes:

- Una exposición debe ser **completa**, es decir, debe abarcar todos los puntos que se indiquen, e incluir todos los temas señalados.
- Debe existir una **secuencia** entre todos los puntos que se vayan tratando en la exposición. Esto quiere decir que debe tener una estructura, una organización, un orden.
- Además de la secuencia, debe existir **coherencia** entre los diferentes temas que se estén abordando. Esto significa que el orden o la secuencia deben ser lógicos, que entre un tema y otro debe existir una clara conexión o relación.
- Una exposición siempre debe empezar con una **introducción**, en la que se expliquen los objetivos de la misma, así como las partes de que constará la presentación. Un propósito de la introducción es captar la atención de los oyentes (o de los lectores).
- Asimismo, toda exposición debe terminar con una **conclusión**, en la que se resuman o sinteticen las ideas principales que se presentaron.
- Si se trata de una exposición oral, se recomienda utilizar **apoyos didácticos audiovisuales**, como carteles, láminas, mapas, tablas, grabaciones, videos, etc., con el fin de que los puntos a exponer queden lo suficientemente claros para los oyentes.

Más adelante, en este mismo libro, profundizaremos sobre las características de los textos expositivos.

Taller

Elabora el esquema que podría seguir una exposición oral sobre los puntos que se han tocado hasta ahora.

Algunos alumnos leerán en voz alta el esquema de la exposición que hayan hecho.

Argumentación

La argumentación es otro de los prototipos textuales.

De acuerdo con la Real Academia Española, un argumento es un **razonamiento que se emplea para probar o demostrar una proposición, o bien para convencer a alguien de aquello que se afirma o se niega**.

Por lo tanto, la argumentación o **el texto argumentativo es aquel mediante el cual exponemos un razonamiento, con el fin de probar o demostrar una proposición, o bien con el fin de convencer a alguien de algo**.

La argumentación puede asumir **diferentes formas**, dependiendo de la manera como trates de demostrar una preposición o de convencer a los demás de algo.

En primer lugar, tenemos los **argumentos lógicos o deductivos**, que son los que se rigen por la lógica formal. Estos argumentos lógicos, por lo general, están compuestos por tres proposiciones: a las dos primeras se les denomina premisas, y a la última se le denomina conclusión. La conclusión **se deduce lógicamente** de las premisas.

Ejemplo de argumento lógico (deductivo)

Premisa 1:	Todos los hombres son animales racionales.
Premisa 2:	Yo soy un hombre.
Conclusión:	Por lo tanto, yo soy un animal racional.

Existen otros **argumentos**, a los cuales llamamos **convincentes o inductivos**, que no siguen de manera tan estricta las leyes de la lógica formal, pero que proporcionan razones de peso para convencer a los demás de la idea que estamos comunicando. Estos argumentos no se componen necesariamente de tres proposiciones (premisas y conclusión), sino que pueden incluir un gran número de razones, las cuales sirven para fundamentar la idea que estamos esgrimiendo. La proposición final (o conclusión) **se induce** a partir de las razones presentadas previamente; por eso se llaman argumentos inductivos.

Ejemplo de argumento convincente (inductivo)

En las noticias dijeron que hoy iba a llover. Además, el cielo amaneció lleno de nubes, y siempre que amanece así llueve. Por eso, estoy seguro de que hoy va a llover.

Mientras que en los argumentos lógicos la conclusión **se deduce necesariamente** de las premisas, en los argumentos convincentes la conclusión (en este caso: "hoy va a llover") no se deduce necesariamente de las razones que se presentan, sino que **se induce** a partir de las experiencias previas (siempre que amanece el cielo nublado, llueve); por eso, existe una gran posibilidad de que sea verdadera.

Un tercer tipo de **argumentos** son los que se denominan **persuasivos**. Persuadir significa inducir, mover, obligar a alguien con razones a creer o hacer algo. Se utilizan estos argumentos cuando queremos que otra persona piense o actúe de determinada manera.

Ejemplo de argumento persuasivo

— ¡Ándale, papá! ¡Préstame el carro! Te prometo llegar temprano. Te prometo que lo voy a cuidar mucho y no lo voy a ensuciar. Más aún, te prometo que mañana lo lavo por fuera y por dentro. ¡Ándale! ¡No seas malo! ¡Préstamelo!

En el caso del argumento persuasivo, las razones que se aducen son menos concluyentes (desde el punto de vista lógico) que en los argumentos anteriores; y sin embargo, pueden ser **poderosas** para persuadir a la otra persona. En este tipo de argumentos, tiene un gran peso la relación que exista entre las dos personas involucradas, así como el conocimiento que una tenga de la otra. Un mismo argumento o unas mismas razones pueden persuadir a una persona pero a otra no.

Taller

Redacta tres argumentos, uno de cada tipo de los que hemos explicado.

Argumento lógico (deductivo)

____

____

____

Argumento convincente (inductivo)

____

____

____

Argumento persuasivo

____

____

____

Conversación

Figura 3.12
La conversación es otro tipo de prototipo textual en el que existe retralimentación.

La conversación es otro de los prototipos textuales.

Aunque a veces utilizamos el lenguaje oral en situaciones formales (como al hacer una exposición, una presentación, o al dictar una conferencia, etc.), la mayor parte del tiempo lo utilizamos cuando estamos **platicando** con otras personas, es decir, cuando estamos **conversando** con otros. La conversación es, pues, un tipo de texto que utilizamos todos los días, a todas horas, siempre que estamos platicando con otras personas.

Cuando participamos en una conversación, ponemos en juego muchas habilidades: saber escuchar a la otra persona, recordar lo que nos dice, relacionarlo con lo que tenemos en la memoria, interpretar lo que nos está diciendo o queriendo decir; y por otro lado, aclarar nuestras propias ideas, seleccionar las palabras más adecuadas para expresarlas, esperar el momento adecuado para intervenir, hablar de una manera clara e inteligible, etcétera.

La conversación, como cualquier otro tipo de texto, posee sus **características propias**, aunque éstas son mucho más flexibles que en los otros casos. Esto se debe precisamente a que la conversación se utiliza en una gran variedad de situaciones y ambientes: en la casa, con la familia, con los amigos, en la escuela, en el trabajo, en el camión, en la calle, en las tiendas, en los centros de diversión, etcétera.

Una de las características de los textos conversacionales es su gran **riqueza** y **diversidad**, las cuales se deben a que cada grupo o subgrupo va construyendo sus propias formas de hablar, su propio vocabulario, sus propias expresiones idiomáticas. Hay ocasiones en que uno escucha a otras personas y no entiende lo que dicen, aunque estén hablando en el mismo idioma. Esto le sucede a las personas adultas cuando escuchan platicar a un grupo de jóvenes adolescentes; pero también pasa lo mismo cuando viajamos a otra ciudad y tratamos a personas de nuestra misma edad: no entendemos todo su vocabulario, porque en cada grupo han ido construyendo sus propias formas de hablar y de expresarse.

Cada grupo o subgrupo social ha adoptado determinado **código** mediante el cual construye los mensajes para comunicarse con los demás. Sólo aquellas personas que son del mismo grupo y poseen ese mismo código pueden entender cabalmente esos mensajes. Los demás corren el riesgo de malinterpretar lo que la otra persona está diciendo.

Con respecto a la gran diversidad de usos del lenguaje que existe en los textos conversacionales, vale la pena distinguir entre la **corrección** y la **adecuación**. Existen usos que pueden ser correctos pero no adecuados; y otros que pueden ser adecuados pero no correctos; usos que pueden no ser ni correctos ni adecuados; y aquellos que pueden ser tanto correctos como adecuados.

La **corrección** significa que se están utilizando correctamente tanto las palabras como la sintaxis de la oración; mientras que la **adecuación** se refiere a la adaptación a la situación o al ambiente en el que se está utilizando esa oración.

Por **ejemplo**, las expresiones *esto está muy chiro* o *fulano es muy buena onda*, podrían ser adecuadas en una plática entre jóvenes adolescentes, pero serían totalmente inadecuadas si se utilizaran en una reunión formal de negocios. Sin embargo, ambas expresiones son correctas desde el punto de vista ortográfico y gramatical.

Lo que más interesa en este Taller es que aprendan a utilizar el lenguaje de manera correcta, aun en los textos o en las situaciones conversacionales; es decir, que aun cuando estén platicando entre amigos, lo hagan de una manera correcta. Por eso, a continuación presentamos algunos **errores que se cometen** a menudo al momento de platicar, con el fin de que los tomen en cuenta y los eviten en su forma de hablar.

- Es incorrecto añadir una *S* al final de los verbos en segunda persona del singular del tiempo pasado o pretérito.

ES INCORRECTO	ES CORRECTO
¿Trajistes el pan que te encargué?	¿Trajiste el pan que te encargué?
¿Por qué dijistes eso?	¿Por qué dijiste eso?
¿Ya te comistes la sopa?	¿Ya te comiste la sopa?

Es incorrecto cambiar de lugar la *S* en los verbos en segunda persona del singular del tiempo pasado o pretérito.

ES INCORRECTO	ES CORRECTO
¿Ya hablates con tu tío?	¿Ya hablaste con tu tío?
¿Cuándo fuites al cine?	¿Cuándo fuiste al cine?
¿A qué hora regresates?	¿A qué hora regresaste?
¿Trajites lo que te encargué?	¿Trajiste lo que te encargué?

- Es incorrecto añadir la terminación *ES* al final del plural de algunas palabras agudas.

ES INCORRECTO	ES CORRECTO
Los zapatos cafeses.	Los zapatos café.
¿Ya hablaste con tus papases?	¿Ya hablaste con tus papás?
No manches los sofases.	No manches los sofás.
Tiraste los dominoses.	Tiraste los dominós.

- Es incorrecto convertir la *Y* en *IG* en algunas formas de los verbos.

ES INCORRECTO	ES CORRECTO
Quiero que se vaigan de aquí.	Quiero que se vayan de aquí.
Cuando haigan terminado.	Cuando hayan terminado.
Cuando háigamos regresado.	Cuando hayamos regresado.

- Es incorrecto cambiar la sílaba tónica de algunos verbos, sobre todo en la primera persona del plural.

ES INCORRECTO	ES CORRECTO
Lo haremos cuando puédamos.	Lo haremos cuando podamos.
¿Quieres que tráigamos eso?	¿Quieres que traigamos eso?
¿Cómo quieres que dígamos eso?	¿Cómo quieres que digamos eso?
Haremos lo que quiéramos.	Haremos lo que queramos.

- Es incorrecto romper el diptongo en algunos verbos, cuando éstos se deben pronunciar como diptongos.

ES INCORRECTO	ES CORRECTO
¿En qué se diferencían?	¿En qué se diferencian?
No quiero que se distancíen.	No quiero que se distancien.
El banco nos financía el proyecto.	El banco nos financia el proyecto.
Tú licúas el jugo.	Tú licuas el jugo.

- Es incorrecto añadir una *B* a algunos verbos en copretérito.

ES INCORRECTO	ES CORRECTO
Creibas que no te veía.	Creías que no te veía.
Tu tío leiba retebonito.	Tu tío leía retebonito.
Mi prima se reiba muy fuerte.	Mi prima se reía muy fuerte.

- Es incorrecto sustituir la *E* por una *I* cuando va antes de otra vocal fuerte.

ES INCORRECTO	ES CORRECTO
El lión es un animal feroz.	El león es un animal feroz.
Esto estuvo pior.	Esto estuvo peor.
El señor llegó biodo.	El señor llegó beodo.
Te voy a presumir mi esterio.	Te voy a presumir mi estéreo.
Voy a estudiar giografía.	Voy a estudiar geografía.

ES INCORRECTO	ES CORRECTO
Él estudió giología.	Él estudió geología.
Anoche fuimos al tiatro.	Anoche fuimos al teatro.
Lo vi en el ariopuerto.	Lo vi en el aeropuerto.
Es un campión.	Es un campeón.

- Las palabras *habemos* y *preveer* no existen en el español. Existe las palabras *hemos, somos* y *estamos*, pero no la palabra *habemos*. Por otro lado, existen las palabras *prever* (ver por anticipado) y *proveer* (suministrar), pero no la palabra *preveer*.

ES INCORRECTO	ES CORRECTO
Habemos muchos de la escuela.	Estamos muchos de la escuela.
Habemos muchos jóvenes.	Somos muchos jóvenes.
Hay que preveer las cosas.	Hay que prever las cosas.
No pudimos preveer el problema.	No pudimos prever el problema.

- No es conveniente utilizar muletillas al hablar, aunque su uso pueda ser correcto desde el punto de vista gramatical. Una muletilla es una voz o frase que se repite mucho por hábito. Las muletillas indican inseguridad al hablar. Las principales muletillas que hay que evitar son las siguientes: *este…, ¿ves?…, fíjate…, ¿no?…, ya sabes, ¿no?…, ¿eh?…, pues…, bueno…* Hay personas que no pueden terminar una frase sin utilizar una de estas muletillas.

Taller

Redacta varias oraciones incorrectas que se utilicen frecuentemente en las conversaciones, así como la manera correcta de expresarlas.

ES INCORRECTO	ES CORRECTO

3.3 CARACTERÍSTICAS PRINCIPALES DE LOS PROTOTIPOS TEXTUALES

Los prototipos textuales que hemos explicado hasta el momento no siempre se presentan de una **manera pura**, es decir, totalmente diferenciados unos de otros. La mayoría de los textos (ya sean orales o escritos) **combinan** varios de estos prototipos al mismo tiempo.

- Por **ejemplo**, si en una clase vas a presentar una exposición sobre un tema que te hayan encargado, en la introducción puedes narrar una anécdota para atraer la atención de tus compañeros (narración). Luego procedes a exponer el tema que has preparado (exposición). Si alguno de tus compañeros no entiende un punto determinado, lo explicas con mayor detenimiento. Si alguno no está de acuerdo con algo de lo que dijiste, tú argumentas razones para convencerlo de la verdad de tu afirmación (argumentación).
- En un **cuento** corto o en una **novela** más larga, el autor puede empezar ubicando el tiempo y el espacio en el que se desarrolla la acción. Puede describir el paisaje, los personajes y el lugar en que se desenvuelven (descripción). Luego relata la acción en que se ven envueltos estos personajes (narración). En ocasiones pone a dialogar a sus personajes, para comunicar aspectos más concretos o profundos de su personalidad (diálogo).
- En un **editorial** periodístico, el autor presenta sus puntos de vista (exposición), los contrasta con los de otras personas y argumenta a favor de los suyos (argumentación).
- En un **reporte de investigación** se utiliza sobre todo la exposición, pero también se puede utilizar la argumentación para criticar y refutar lo que otros autores han dicho. Asimismo, en un **ensayo** personal, se utiliza sobre todo la exposición y la argumentación.
- Si hemos explicado estos prototipos de manera separada, es con un **fin didáctico**, para diferenciarlos claramente unos de otros. Sin embargo, en los textos que leamos no los encontraremos de una manera pura y aislada, sino combinados. De la misma manera, al producir nuestros propios textos, tendremos que utilizar diferentes formas de expresarnos.
- Por otro lado, **cada uno de estos prototipos se adapta más a determinado tipo de temas**. Dependiendo de la intención comunicativa del texto (es decir, del objetivo que se pretende lograr mediante nuestra comunicación), seleccionamos el tipo de texto más adecuado para hacerlo.
- Por ejemplo, si quieres relatar algún acontecimiento, una historia, un suceso, un cuento, una fábula, una leyenda, una anécdota, un chiste ... , entonces tendrás que utilizar la **narración**.
- Si quieres defender una idea, una posición, un valor.., entonces debes utilizar la **argumentación**.
- Si pretendes trasmitir conocimientos sobre uno o varios temas generales, de una manera más o menos estructurada, entonces debes utilizar la **exposición**.
- Si deseas describir a alguna persona, una cosa, un animal ... , entonces debes utilizar la **descripción**.
- Si lo que buscas es describir una conversación entre dos o más personas, entonces tienes que utilizar el **diálogo**.
- Si lo que pretendes es simplemente comunicarte con los demás, trasmitir lo que piensas, quieres o sientes en un momento dado, entonces debes utilizar la **conversación**.

Propiedades particulares de los prototipos textuales

Además de las cinco propiedades generales que debe poseer todo texto, cada uno de los prototipos que hemos explicado posee sus **características o propiedades particulares**. Veamos algunas de ellas.

- En las **narraciones** predomina el uso de verbos, ya que su intención comunicativa es relatar algún acontecimiento. En este tipo de textos es importante la rapidez, el movimiento, el suspenso y la sorpresa. Una narración puede incluir, además del relato de las acciones, tanto la descripción de los personajes como la explicación del ambiente o situación en que se desarrolla la acción.
- En las **descripciones** predomina el uso de adjetivos. Una descripción debe incluir tanto aspectos o rasgos externos como aspectos o rasgos internos de la persona, animal o cosa que se está describiendo.
- En los **diálogos** lo importante es la interacción entre las personas, la naturalidad, la espontaneidad y el significado de sus palabras. Es propio de estos textos el uso de guiones, tanto largos como cortos.
- En las **exposiciones**, lo más importante es la claridad del contenido, así como la secuencia, coherencia y adecuación del mismo. Una buena exposición incluye una introducción, un desarrollo y un cierre o conclusión. Es importante el uso de apoyos didácticos para facilitar la comprensión de las ideas.

- En la **argumentación**, lo más importante es la cohesión de las ideas, la fuerza de la fundamentación, la coherencia y la adecuación al auditorio. Estos textos pueden incluir argumentos lógicos (deductivos), convincentes (inductivos) y persuasivos.

Por último, en las **conversaciones**, lo más importante es la adecuación a las personas y a la situación, así como la corrección en el uso del lenguaje.

Taller

En tu cuaderno de trabajo, elabora un cuadro sinóptico sobre las propiedades de los prototipos textuales.

Taller

Redacta un escrito breve, a manera de resumen de este tema.

PROTOTIPOS TEXTUALES DE LA REDACCIÓN

Para tu **Reflexión**

Lee en voz alta. Conforme se vaya haciendo la lectura, indica a qué prototipo textual pertenece cada parte de este texto.

Las opacas luces de una mañana húmeda y nebulosa iluminaban escasamente la choza de Tom, dejando ver algunos rostros abatidos, en los que se reflejaba la tristeza de doloridos corazones.

Delante del fuego, sobre el respaldo de una silla, había dos camisas de lienzo burdo recién lavadas. Más lejos, junto a una mesita, la tía Chloe repasaba otra con escrupuloso esmero. De vez en cuando llevaba la buena mujer la mano a su rostro para enjugar algunas lágrimas que se deslizaban por sus mejillas.

Tom estaba sentado junto a ella con el Nuevo Testamento abierto en sus rodillas, y la cabeza apoyada en su mano. Ambos guardaban el más profundo silencio. Era muy temprano y los niños dormían aún en su rústico lecho.

Tom poseía en el más alto grado ese corazón tierno, esas afecciones domésticas que por desgracia suya son uno de los caracteres distintivos de los individuos de su raza. Levantóse, y acercándose a sus hijos les contempló largo rato en silencio.

—Es la última vez —exclamó.

Chloe seguía sin pronunciar una sola palabra. Pasaba y volvía a pasar su aguja cada vez con más actividad por la grosera camisa hasta dejarla en el mejor estado posible. Arrojándola luego en la mesa, como por un impulso de desesperación, dijo en voz alta y llorando amargamente:

—Supongo que es preciso resignarse; pero Señor, ¿cómo hacerlo? Si a lo menos supiera adónde vas y cómo serás tratado… La señora dice que hará todo lo posible por volver a comprarte dentro de un año o dos. El Señor bendiga y premie tanta generosidad… ¡Mas ay! ¿Quién vuelve de aquellas tierras? ¡Allí les matan!… Mil veces he oído contar los malos tratos que dan en las plantaciones del Sur.

—El mismo Dios que está aquí con nosotros, Chloe, estará allí conmigo —respondió Tom con heroica resignación.

—Es de esperar; pero Dios permite a veces cosas muy terribles, y esta idea no me sirve de consuelo alguno.

—Estoy entre las manos del Señor —continuó Tom—; nada más se puede hacer que lo que Él permite. Ya por de pronto tengo que agradecer a su divina voluntad que yo sea el vendido, y no tú ni esas pobres criaturas. Aquí estáis seguros, y lo que pueda suceder, me sucederá a mí solo, y Dios me ayudará, lo sé… porque he depositado toda mi confianza en Él.

¡Noble y valeroso corazón! Tom sofocaba su dolor por mitigar el de las personas que le querían bien. Hablaba rápidamente, y aunque sentía un penoso nudo en su garganta, su voz salía firme y sonora.

—Pensemos en los beneficios que hemos recibido —añadió con acento ya trémulo, como si sintiera que en aquel momento tenía mucha necesidad de pensar efectivamente en ellos.

—¡Beneficios! —repuso Chloe—. ¡Beneficios! ¿Dónde están?… ¡Esto es una injusticia… sí… una injusticia!… El amo no debiera haber consentido jamás en que se te vendiera para pagar sus deudas. ¡A ti!, a ti que le has valido ya doble de lo que le has costado. ¿No te debe la libertad? ¿No debiera habértela dado ya hace tiempo?…

Harriet Beecher Stowe, *La cabaña del Tío Tom.*

Comprueba *tus saberes*

Ha llegado la hora de que demuestres realmente cuánto has aprendido; hemos terminado este bloque y ahora ya conoces muchas cosas nuevas. En esta sección encontrarás una evaluación que abarca todo el conocimiento adquirido en este bloque, contéstalo lo mejor que puedas.

El propósito de toda evaluación es detectar si se han cumplido o no, y en qué medida, los objetivos que se plantearon en el inicio.

En nuestro caso, el propósito de la evaluación es detectar si se han logrado o no, y en qué medida, las competencias que se plantearon como objetivo de cada bloque.

Con el fin de lograr este propósito, la evaluación consta de cuatro momentos:

- Evaluación de los conocimientos alcanzados en el bloque.
- Autoevaluación de cada estudiante, por medio del llenado de una rúbrica de carácter formativo.
- Coevaluación o evaluación coparticipativa, por medio del trabajo en equipos.
- Evaluación por parte del docente, con respecto al logro alcanzado por cada estudiante.

La evaluación obtenida de esta manera se traducirá en una calificación, de acuerdo con los criterios y porcentajes que determine el profesor.

1 Redacta una noticia del tema de tu interés e identifica y describe brevemente las cinco características o propiedades que deben tener los textos con intención comunicativa.

1. ____________________

____

____

____

2. ____________________

____

____

____

3. ____________________

____

____

____

4. ____________________

____

____

____

5.

Indica y describe de manera breve los seis prototipos textuales de la redacción.

2

1.

2.

3.

4.

5.

6.

Léxico y semántica (1)

BLOQUE 4

Saberes

Conocimientos

4.1 Comprende las reglas de la acentuación.
4.2 Analiza las reglas para el uso de grafías:
- B y V; S, C, Z y X.

4.3 Clasifica los homófonos.

Unidades de competencia

El alumno podrá practicar las principales reglas del uso de grafías en la redacción de textos modelo, a través de lecturas, ejercicios ortográficos y de redacción, que le permitan expresarse y comunicarse de manera oral o escrita en cualquier ámbito en que se desenvuelva.

¿Qué sabes hacer ahora?

En equipos de 4 o 5 personas, respondan las siguientes preguntas:

1. ¿Qué reglas de acentuación conocen?
____
____

2. ¿Cuáles son los principales problemas que tienen con la acentuación?
____
____

3. ¿Cuáles son los principales problemas al diferenciar la S, la C, la Z y la X?
____
____

4. ¿Qué es un homónimo?
____

5. ¿Qué es un homófono?
____

En plenario, y bajo la coordinación del profesor, se realizarán las siguientes actividades:

1. Cada equipo expondrá las conclusiones a las cinco preguntas planteadas inicialmente.
2. Se analizará lo acertado de las respuestas dadas por los equipos.
3. El profesor complementará las ideas expuestas sobre la acentuación, el uso de algunas grafías y los homófonos.

Habilidades

- Usa las reglas de acentuación en su expresión oral y escrita.
- Aplica las grafías según sus reglas y significados, en la redacción de escritos.

Actitudes y valores

- Respeta el uso de las reglas estudiadas.
- Aplica de manera correcta las reglas de acentuación en textos creativos.
- Promueve las comunicación y la reflexión al compartir sus escritos.
- Muestra con limpieza y responsabilidad los ejercicios practicados durante la clase, aceptando la retroalimentación de sus compañeros.

Situación didáctica

¿Cómo lo resolverías?

En una empresa de la localidad están importiendo cursos de capacitación a sus trabajadores. Uno de los temas que le han pedido al Departamento de Personal, es un curso de ortografía, con especial énfasis en la acentuación. El jefe de Personal acudió a esta escuela para pedirles que preparan un curso sobre ortografía y acentuación, para el personal administrativo de la empresa.

Secuencia didáctica

¿Qué tienes que hacer?

1. Se analizará el contenido del tema: léxico y semántica, acentuación y ortografía.
2. Se organizarán cuatro o cinco equipos de trabajo. Cada equipo diseñará el curso que impartirán a la empresa que lo solicitó. En clase, se seleccionará el mejor curso para ir a impartirlo.
3. Los equipos diseñarán su curso, con material de apoyo, ya sea por computadora o con láminas y carteles.
4. Se revisarán en clase los cursos diseñados por cada equipo, y se seleccionará el mejor preparado.
5. Cada equipo corregirá su presentación de acuerdo con las observaciones recibidas.
6. Si es posible, se buscarán destinatarios a los cuales se pueda impartir realmente el curso.
7. Al término del bloque se llevará a cabo la evaluación del mismo.

Rúbrica

¿Cómo sabes que lo hiciste bien?

El estudiante se autoanalizará y responderá esta rúbrica, con relación a las competencias alcanzadas a lo largo de esta unidad.

COMPETENCIA REQUERIDA	VALORACIÓN		
	Logro individual	Logro con ayuda	No lo he logrado
1. Practico las reglas de la acentuación clasificando las palabras de un texto modelo.			
2. Distingo las reglas estudiadas para el uso de las grafías ya especificadas en mis propios textos modelos.			
3. Distingo las palabras homófonas de acuerdo con su significado, mediante la redacción de oraciones breves que hablen sobre mi contexto.			
4. Produzco textos propios, empleando el uso normativo de la lengua de manera correcta.			

INTRODUCCIÓN

Para desarrollar una competencia, no basta con poder repetir los conceptos sino que es necesario saberlos aplicar. En el caso de **las reglas de la acentuación y la ortografía, no basta con poder repetirlas, sino que es necesario saber aplicarlas en el momento que corresponda**.

A continuación se presenta una serie de ejercicios relacionados con la acentuación y con las grafías S, C, Z, X, B y V. Al principio de cada ejercicio se explica la regla que se está aplicando. Una vez respondido cada ejercicio, es conveniente que cada persona corrija el ejercicio de otro. Al final, se debe indicar la calificación obtenida en el ejercicio, de acuerdo con el puntaje asignado a cada oración.

4.1 REGLAS DE LA ACENTUACIÓN

1 Las sílabas

Regla

Las pa-la-bras se di-vi-den en sí-la-bas.

Hay pa-la-bras de u-na so-la sí-la-ba (mo-no-sí-la-bos).

De dos sí-la-bas (bi-sí-la-bos).

De tres sí-la-bas (tri-sí-la-bos).

Y de mu-chas más sí-la-bas (pa-ran-gua-ri-cu-ti-ri-mí-cua-ro).

Ejercicio

Divide en sílabas las siguientes palabras.

Ejemplo Automóvil — Au-to-mó-vil

1. Cenicero ____________
2. Teléfono ____________
3. Pluma ____________
4. Cuaderno ____________
5. Escritorio ____________
6. Borrador ____________
7. Sala ____________
8. Rinoceronte ____________
9. Cultural ____________
10. Amarillo ____________
11. Cuadro ____________
12. Transparente ____________
13. Equilibrado ____________
14. Profesor ____________
15. Dirección ____________
16. Computadora ____________
17. Servilleta ____________
18. Televisión ____________
19. Recuperación ____________
20. Carpintero ____________
21. Trasatlántico ____________
22. Síntesis ____________
23. Trabajo ____________
24. Aquí ____________
25. Igual ____________

Calificación:	Revisó:

2 La sílaba tónica

Regla

Cuando hablamos en español, cada palabra tiene una sílaba que se pronuncia con más fuerza o intensidad que las demás.

A esa sílaba se le llama sílaba tónica.

Ejercicio

Divide en sílabas las siguientes palabras, y encierra en un círculo la sílaba tónica.

Ejemplo Trabajador — Tra-ba-ja-(dor)

1. Tarjetero	______	14. Sintético	______
2. Agenda	______	15. Admirar	______
3. Refresco	______	16. Basurero	______
4. Charola	______	17. Esta	______
5. Bolsa	______	18. Está	______
6. Separador	______	19. Rápido	______
7. Encendedor	______	20. Atractivo	______
8. Diploma	______	21. Depósito	______
9. Puerta	______	22. Depositó	______
10. Impresora	______	23. Baile	______
11. Alfombra	______	24. Examen	______
12. Persiana	______	25. Exámenes	______
13. Firmamento	______		

Valor: 4 puntos cada una

Calificación: **Revisó:**

3 Agudas, graves y esdrújulas

Regla

Si la sílaba tónica es la última sílaba de la palabra, se le llama palabra aguda.

EJEMPLO: Facilidad — Fa-ci-li-(dad)

Si la sílaba tónica es la penúltima sílaba de la palabra, se le llama palabra grave (o llana).

EJEMPLO: Equilibrio — E-qui-(li)-brio

Si la sílaba tónica es la antepenúltima sílaba de la palabra, se le llama palabra esdrújula.

EJEMPLO: Automático — Au-to-(má)-ti-co

Ejercicio

Divide en sílabas las siguientes palabras. Encierra en un círculo la sílaba tónica, e indica si la palabra es aguda, grave o esdrújula.

Ejemplo Asustado A-sus-(ta)-do Grave

1. Proceso	______	______	14. Único	______	______
2. Introducir	______	______	15. Admiran	______	______
3. Agilidad	______	______	16. Admirador	______	______
4. Propuesta	______	______	17. Admiradores	______	______
5. Rápido	______	______	18. Clásico	______	______
6. Experimental	______	______	19. Adornar	______	______
7. Apartado	______	______	20. Adorno	______	______
8. Tráfico	______	______	21. Equipo	______	______
9. Comparar	______	______	22. Equipar	______	______
10. Puntos	______	______	23. Bonito	______	______
11. Representa	______	______	24. Raquítico	______	______
12. Representantes	______	______	25. Tranquilo	______	______
13. Curso	______	______			

Valor: 4 puntos cada una

Calificación: Revisó:

4 Las palabras agudas

Regla

En las palabras agudas (cuando la sílaba tónica es la última sílaba de la palabra) sólo se escribe el acento si terminan en n, en s o en vocal.

Ejercicio

A continuación encontrarás una lista de 25 palabras agudas. Algunas de ellas están bien escritas y otras están mal escritas (con acento o sin acento, según el caso). Si consideras que están bien escritas, déjalas como están y pon una señal de correcto (paloma) en el espacio de la derecha. Si crees que están mal, corrígelas ahí mismo y pon una señal de incorrecto (tache) en el espacio de la derecha.

Ejemplos Aceleracion [✗] Rapidez [✓]

1. Después [ ]	6. Cancion [ ]	11. Quietud [ ]	16. Reves [ ]	21. Puntuacion [ ]
2. Así [ ]	7. Almacén [ ]	12. Través [ ]	17. Perdíz [ ]	22. Atraér [ ]
3. Virtud [ ]	8. Malestár [ ]	13. Rapidéz [ ]	18. Estacion [ ]	23. Atracción [ ]
4. Raton [ ]	9. Ladron [ ]	14. Capacitacion [ ]	19. Cantár [ ]	24. Estupidéz [ ]
5. Colibrí [ ]	10. Diras [ ]	15. Azúl [ ]	20. Mantel [ ]	25. Pincél [ ]

Calificación: Revisó:

5 Las palabras graves o llanas

Regla

En las palabras graves (cuando la sílaba tónica es la penúltima sílaba de la palabra) sólo se escribe el acento si **NO** terminan en n, en s o en vocal.

Ejercicio

A continuación encontrarás una lista de 25 palabras graves. Algunas de ellas están bien escritas y otras están mal escritas (con acento o sin acento, según el caso). Si consideras que están bien escritas, déjalas como están y pon una señal de correcto (paloma) en el espacio de la derecha. Si crees que están mal, corrígelas ahí mismo y pon una señal de incorrecto (tache) en el espacio de la derecha.

Ejemplos Compráron ✗ Dátil ✓

1. Ropero ________ ☐
2. Comiéron ________ ☐
3. Caliz ________ ☐
4. Máles ________ ☐
5. Traviéso ________ ☐
6. Calendario ________ ☐
7. Vídrio ________ ☐
8. Debil ________ ☐
9. Exámen ________ ☐
10. Cárce ________ ☐
11. Estructura ________ ☐
12. Lapicéro ________ ☐
13. Dolar ________ ☐
14. Anuncio ________ ☐
15. Cesped ________ ☐
16. Cuadérno ________ ☐
17. Fértil ________ ☐
18. Alberca ________ ☐
19. Azucar ________ ☐
20. Mecanísmo ________ ☐
21. Cuerpo ________ ☐
22. Contenidos ________ ☐
23. Dificil ________ ☐
24. Alúmno ________ ☐
25. Volatil ________ ☐

Calificación: **Revisó:**

6 Las palabras esdrújulas

Regla

Todas las palabras esdrújulas se acentúan. Las palabras esdrújulas son aquellas en las que la sílaba tónica es la antepenúltima sílaba de la palabra.

Ejercicio

A continuación encontrarás una lista de 25 palabras, la mayoría de las cuales son esdrújulas (hay algunas graves y otras agudas). Algunas de ellas están bien escritas y otras están mal escritas. Si consideras que están bien escritas, déjalas como están y pon una señal de correcto (paloma) en el espacio de la derecha. Si crees que están mal, corrígelas ahí mismo y pon una señal de incorrecto (tache) en el espacio de la derecha.

Ejemplos Atlantico ✗ Pedagógico ✓

1. Rápido ______ ☐	14. Triángulo ______ ☐
2. ¡Quitate! ______ ☐	15. Equilatero ______ ☐
3. Cantico ______ ☐	16. Simpático ______ ☐
4. Hipólito ______ ☐	17. ¡Párate! ______ ☐
5. Hipocrita ______ ☐	18. Aparador ______ ☐
6. Ferrocarriles ______ ☐	19. Raquitico ______ ☐
7. Vibora ______ ☐	20. Telefono ______ ☐
8. Sintético ______ ☐	21. Telefonico ______ ☐
9. Sintetizár ______ ☐	22. Telefonia ______ ☐
10. Sintesis ______ ☐	23. Computo ______ ☐
11. Eléctrico ______ ☐	24. Computacion ______ ☐
12. Depósito ______ ☐	25. Atlántida ______ ☐
13. Critico ______ ☐	

Calificación: **Revisó:**

7 Agudas, graves y esdrújulas Repaso

Regla

Las palabras agudas se acentúan cuando terminan en n, s o vocal.

Las palabras graves se acentúan cuando **NO** terminan en n, s o vocal.

Las palabras esdrújulas siempre se acentúan.

Ejercicio

A continuación encontrarás una lista de 50 palabras. Algunas de ellas están bien escritas y otras están mal escritas (con acento o sin acento, según el caso). Si consideras que están bien escritas, déjalas como están y pon una señal de correcto (paloma) en el espacio de la derecha. Si crees que están mal, corrígelas ahí mismo y pon una señal de incorrecto (tache) en el espacio de la derecha.

Ejemplos Atlantico ☒ Cárcel ☑

1. Cualquiéra ______ ☐	9. Exámen ______ ☐
2. Rapidéz ______ ☐	10. Exámenes ______ ☐
3. Ciempiés ______ ☐	11. Dátil ______ ☐
4. Accion ______ ☐	12. Datiles ______ ☐
5. Asesinár ______ ☐	13. Volatil ______ ☐
6. Oceano ______ ☐	14. Volátiles ______ ☐
7. Aprobarón ______ ☐	15. Cascabel ______ ☐
8. Chimpancé ______ ☐	16. Cascabéles ______ ☐

17. Cantár	____________	☐	**34.** Fusil	____________	☐
18. Cantares	____________	☐	**35.** Césped	____________	☐
19. Julio Cesar	____________	☐	**36.** Paréd	____________	☐
20. Cónyuge	____________	☐	**37.** Rodriguez	____________	☐
21. Conciencia	____________	☐	**38.** Dobléz	____________	☐
22. Costúmbre	____________	☐	**39.** Válvula	____________	☐
23. Dolor	____________	☐	**40.** Pelicula	____________	☐
24. Dolar	____________	☐	**41.** Cuadrado	____________	☐
25. Tradicion	____________	☐	**42.** Cuadrilatero	____________	☐
26. Tradicional	____________	☐	**43.** Redondo	____________	☐
27. Uncir	____________	☐	**44.** Redondez	____________	☐
28. Validez	____________	☐	**45.** Perez	____________	☐
29. Atlantico	____________	☐	**46.** Pereza	____________	☐
30. Trebol	____________	☐	**47.** Nadar	____________	☐
31. Faról	____________	☐	**48.** Nadadór	____________	☐
32. Mármol	____________	☐	**49.** Aníbal	____________	☐
33. Agil	____________	☐	**50.** Laterál	____________	☐

Calificación: **Revisó:**

El acento **diacrítico** es el que sirve para diferenciar dos palabras que se escriben de la misma manera, pero tienen funciones diferentes dentro de la oración. Este tipo de acento se aplica tanto en las palabras monosílabas como en palabras de dos o más sílabas.

La regla general de acentuación para **las palabras monosílabas** es que éstas **no se acentúan, a no ser que se puedan confundir con otra que se escribe igual pero tiene una función diferente dentro de la oración**. En estos casos, a una de ellas se le pone un acento diacrítico, para diferenciarla de la otra.

8 Las palabras monosílabas: *él, tú, mí*

Regla

Las palabras monosílabas (de una sola sílaba) nunca se acentúan, a no ser que se puedan confundir. No se acentúan monosílabos como *fe, di, dio, dan, vi, ve, vio, fui, fue, ruin, pie, sol, gran, gris*, etcétera.

Únicamente se acentúan aquellos monosílabos que se pueden confundir con otro que se escribe igual pero tiene un significado diferente. Por **ejemplo**: *él, tú, mí*.

NO SE ACENTÚA		SÍ SE ACENTÚA	
el	Cuando es artículo (*el perro*)	**él**	Pronombre personal (*para él*)
tu	Pronombre posesivo (*tu perro*)	**tú**	Pronombre personal (*tú eres*)
mi	Pronombre posesivo (*mi perro*)	**mí**	Pronombre personal (*para mí*)

Ejercicio

En cada una de las siguientes frases hay por lo menos un monosílabo. Algunos de ellos están bien escritos y otros están mal escritos (con acento o sin acento, según el caso). Si consideras que están bien escritos, déjalos como están y pon una señal de correcto (paloma) en el espacio de la derecha. Si crees que están mal, corrígelos ahí mismo y pon una señal de incorrecto (tache) en el espacio de la derecha.

Ejemplos Yo le tengo mucha fé [✗] Tu perro está ladrando [✓]

1. Ése es el perro de Juan. [ ]
2. Ese perro es de él. [ ]
3. Yo creo que tu no quieres ir. [ ]
4. Yo ya conozco tu casa [ ]
5. El se lo dió a Pedro. [ ]
6. Tú le tienes mucha fé [ ]
7. Ven a comer a mi casa. [ ]
8. Me dará mucho gusto a mi. [ ]
9. Luis ya se fue. [ ]
10. Yo ya se lo dí. [ ]
11. Dicen que tu reprobaste Matemáticas. [ ]
12. Eso es lo que tú crees. [ ]
13. Te aseguro que yo no fui. [ ]
14. Yo creo que fué él. [ ]
15. Ése no es el punto. [ ]
16. A mi no me dijo nada. [ ]
17. A mi me dijo que mi carro andaba mal. [ ]
18. Me dió una copia de su trabajo. [ ]
19. A mí no me dió nada. [ ]
20. Ya se fué de la ciudad. [ ]
21. Pedro también se fue. [ ]
22. Yo no fuí porque tengo mucho trabajo. [ ]
23. Yo ya ví esa película. [ ]
24. A mí me gustó mucho. [ ]
25. Dí que me quieres. [ ]

Valor: 4 puntos cada una

Calificación: **Revisó:**

9 Otros monosílabos: *sí, sé, dé*

Regla

Las palabras monosílabas nunca se acentúan, a no ser que se puedan confundir con otra que se escriba igual pero que tenga un significado diferente. Por **ejemplo**: *sí, sé, dé.*

NO SE ACENTÚA		SÍ SE ACENTÚA	
si	Cuando es condicional (*si quieres*)	**sí**	Pronombre personal (*para sí*); afirmación (*sí iré*)
se	Pronombre reflexivo (*se dice*)	**sé**	Del verbo ser (*sé bueno*) Del verbo saber (*yo sé*)

NO SE ACENTÚA		SÍ SE ACENTÚA	
de	Preposición (*de Juan*)	**dé**	Del verbo dar (*que me lo dé*)

Ejercicio

En cada una de las siguientes frases hay por lo menos un monosílabo. Algunos de ellos están bien escritos y otros están mal escritos (con acento o sin acento, según el caso). Si consideras que están bien escritos, déjalos como están y pon una señal de correcto (paloma) en el espacio de la derecha. Si crees que están mal, corrígelos ahí mismo y pon una señal de incorrecto (tache) en el espacio de la derecha.

Ejemplos Pregúntale sí quiere ir ☒ Dijo que sí ✓

1. Ve a ver si ya llegaron. ______ ☐
2. Si, ya llegaron. ______ ☐
3. No se sí aprobaron el año. ☐
4. Dicen que sí lo aprobaron. ______ ☐
5. Este trabajo es de Juan. ______ ☐
6. Dile que me lo de. ______ ☐
7. No imites a otros, se tu mismo. ______ ☐
8. Se hace lo que se puede. ______ ☐
9. Ve a ver a Luís. ______ ☐
10. Es el trabajo de Biología. ______ ☐
11. Le voy a pedir que me lo dé. ______ ☐
12. Dice que no te lo dá. ______ ☐
13. No importa, Arturo ya me lo dio. ______ ☐
14. Yo sé que el examen va a estar difícil. ______ ☐
15. Yo ya sé lo dije a Lupita. ______ ☐
16. Si tú quieres, vamos al cine. ______ ☐
17. Ya te dije que si. ______ ☐
18. Es una película de vaqueros. ______ ☐
19. Quiere que le de una reseña. ______ ☐
20. No se lo que quiere decir "reseña" ______ ☐
21. Entonces no se la dés. ______ ☐
22. Si está buena, te la platico. ______ ☐
23. Pero yo si quiero ir con ustedes. ______ ☐
24. Tú tén fé y verás que sí vienes. ______ ☐
25. Sé sincero y te llevamos al cine. ______ ☐

Valor: 4 puntos cada una

Calificación: **Revisó:**

10 Últimos monosílabos: *aún, más, té, ó*

Regla

Las palabras monosílabas nunca se acentúan, a no ser que se puedan confundir con otra que se escribe igual pero tiene un significado diferente. Por **ejemplo**: *aún, más, té, ó.*

NO SE ACENTÚA		SÍ SE ACENTÚA	
aun	Conjunción (también, a pesar de) (*aun entonces*). Aquí es monosílaba y se pronuncia con el acento prosódico en la a.	**aún**	Adverbio (todavía) (*aún no llegan*). Aquí es aguda, porque al romperse el diptongo se hacen dos sílabas.
mas	Conjunción adversativa (*mas sin embargo*)	**más**	Adverbio de cantidad (*dame más*)
te	Pronombre personal (*te quiero*)	**té**	Bebida aromática (*quiero té*)
o	Conjunción disyuntiva (*Luis o Pedro*)	**ó**	Cuando va entre números (*15 ó 20*)

20. Nautico ______ ______
21. Baul ______ ______
22. Buho ______ ______
23. Dieciseis ______ ______
24. Maiz ______ ______
25. Reia ______ ______

Valor: 4 puntos cada una

Calificación: **Revisó:**

18 Repaso general de los acentos

Ejercicio

En las siguientes oraciones no hemos escrito ningún acento. Coloca el acento en las palabras que consideres deben llevarlo.

1. ¡Que bonita te ves!
2. No se si este es el perro de el.
3. ¿De cual perro estas hablando?
4. De este. ¿De cual otro?
5. Aun cuando no lo creas, aun no han llegado.
6. Ya te di el dinero, ahora dame mas pastel.
7. Raul es debil y fragil.
8. Ve a la cocina; desde aqui no se ve bien.
9. La raiz del maiz esta muy abajo.
10. ¿Quien vendra a cenar hoy?
11. No se quien vendra a cenar.
12. Yo si se: vendran Jose y Maria.
13. La cancion esta muy simpatica.
14. Reprobe un examen; los demas examenes los pase.
15. Vi una estrella fugaz y pedi un deseo.
16. Mi estereo se descompuso y lo mande arreglar.
17. ¿Como has estado? ¿Que tal te ha ido?
18. ¿Es facil o dificil hacer estos dibujos?
19. No se lo di a el; se lo di a Luis.
20. Tengo mucha fe, pero no se si funciona.
21. Yo solo quiero que me des mi parte.
22. ¿Por que llegaste tan tarde?
23. Porque no habia con quien venirme.
24. El trasatlantico llego al Oceano Artico.
25. Me fui por via aerea y regrese en camion.
26. ¿Quien fue el que te dio eso?
27. Yo no se quien fue.
28. Pero el si sabe quien fue.
29. ¿Adonde se fue el?
30. ¿Para que quieres saber?
31. Yo no se adonde se fue.
32. Este juguete es fragil, aunque pesa 2 o 3 kilos.
33. En cambio, este es debil.
34. Quiero que me des un datil.
35. Yo no se si se fue en camion.
36. Pero si se que se regresaron en avion.
37. Mi estereo llego por via aerea.
38. Me lo mando mi tia Maria.

39. El area de fisica es esta.

40. ¿Y esta de que es?

41. Yo no se de que sea.

42. Pero si se que es muy util.

43. ¿A ti quien te pregunto?

44. Yo solo di mi opinion.

45. Pues dasela a el, no a mi.

Valor: 4 puntos cada una

Calificación:	Revisó:

Son 100 los acentos que faltan en las 45 oraciones anteriores, por lo que cada uno de éstos vale un punto. Pero hay que restar un punto por cada acento puesto donde no se debía. Por ejemplo, si alguien puso correctamente 93 de los acentos que faltaban, pero puso dos acentos donde no se debía, su calificación será de 91.

4.2 REGLAS PARA EL USO DE GRAFÍAS: *C, Z, S, X, B* Y *V*

La *c* y la *z* son primas hermanas; además, son muy buenas amigas y se intercambian continuamente (como dos amigas que se prestan ropa y zapatos). Ambas están "peleadas a muerte" con la *s*, a la que "no pueden ver ni en pintura". Por su parte, la *s* es muy envidiosa y jamás intercambia algo con la *c* o con la *z*.

Lo anterior quiere decir que, **cuando una palabra lleva *s* en su origen o raíz, llevará *s* en todos sus compuestos o derivados**. **Ejemplo**: *casa, casita, casota, caserío*. En cambio, **cuando una palabra lleva *c* o *z* en su origen o raíz, sus derivados podrán ir con *c* o con *z*, según la vocal que siga a esa letra**. **Ejemplo**: *cazar, cacería, él cazó, yo cacé*.

1 La *c* y la *z* en singulares y plurales

Regla

Las palabras que, en singular, terminan con z, llevan el plural con c.

En español, la c y la z se intercambian con mucha frecuencia. Ninguna de ellas se intercambia con la s.

Ejercicio

Escribe correctamente el singular y el plural de las siguientes palabras.

Ejemplo Singular: es <u>locuaz</u> Plural: son <u>locuaces</u>.

SINGULAR	PLURAL	SINGULAR	PLURAL
1. Una perdi______	dos ______________	**4.** Es feli______	son ______________
2. Una ______________	dos codorni______	**5.** Una ______________	dos lombri______
3. Un lápi______	dos ______________	**6.** El ______________	los desli______

SINGULAR	PLURAL	SINGULAR	PLURAL
7. El rapa______	los ______________	**17.** Le dio una co______	le dio dos ______________
8. El ______________	los capata______	**18.** Una ______________	las vo______
9. Es muy capa______	son muy ______________	**19.** Es muy soe______	son muy ______________
10. Es ______________	son morda______	**20.** El ______________	los jue______
11. Es pertina______	son ______________	**21.** Una ve______	dos ______________
12. Un ______________	dos cáli______	**22.** El ______________	los pe______
13. Estrella fuga______	estrellas ______________	**23.** La pa______	las ______________
14. Una ______________	las lu______	**24.** La ______________	las raí______
15. Es muy auda______	son muy ______________	**25.** Un ha______ de luz	dos ______________ de luz
16. Un ______________	dos alcatra______		

Valor: 4 puntos cada una

Calificación: Revisó:

2 La *c* y la *z* se intercambian

Regla

Las palabras que llevan *z* en las combinaciones *za, zo* y *zu*, cambian la *z* por *c* en las combinaciones *ce* y *ci*.

En español, la *c* y la *z* se intercambian con mucha frecuencia. Ninguna de ellas se intercambia con la *s*.

Ejercicio

Las siguientes palabras se pueden escribir con *z* o con *c* (aunque tal vez algunas se escriban con *s*). Escribe lo que creas correcto.

Ejemplo calzar calceta calzado calcetín

1. Re___ar	yo re___é	él re___ó	
2. Ca___ar	yo ca___é	él ca___ó	a___ería
3. Mo___o	mo___edad	mo___uelo	mo___ito
4. Alcan___ar	lo alcan___é	lo alcan___ó	
5. Ro___ar	un ro___ón	lo ro___é	
6. Revi___ar	yo revi___é	él revi___ó	
7. Ameni___ar	yo ameni___é	él ameni___ó	
8. Amena___ar	yo amena___é	él amena___ó	
9. Aterri___ar	yo aterri___é	él aterri___ó	
10. Pla___a	pla___ita	pla___ota	
11. Reali___ar	yo reali___é	él reali___ó	

12. Expre____ar	yo expre____é	él expre____ó
13. Conven____er	yo conven____o	lo conven____í
14. Amane____er	Cuando amane____ca	ya amane____ió
15. Estreme____er	me estreme____co	se estreme____ió
16. Enterne____er	me enterne____co	se enterne____ió
17. Pertene____er	yo pertene____co	él pertene____ió
18. Cre____er	yo cre____co	él cre____ía
19. La ta____a	la ta____ita	la ta____ota
20. La ra____a	¡Ah qué ra____ita!	
21. Voy a ver cómo la____an a esa vaca.		Yo ya la____é una.
22. Te voy a alcan____ar.		Quiero que me alcan____es.
23. Vamos a repa____ar Matemáticas.		Yo ya repa____é Física.
24. Yo ya me can____é.		Vamos a descan____ar un rato.
25. Vamos a ca____ar conejos.		Ya ca____é muchas ardillas.

Valor: 4 puntos cada una

Calificación: **Revisó:**

3 Palabras en *ción*

Regla

Las palabras que terminan en *ción* se escriben con *c* cuando tienen un pariente o derivado que termine en *do, dor, dorio, divo* o en *to, tor, torio, tivo*. Algunas palabras terminadas en *ción* se escriben con *c* aunque no tengan este tipo de parientes o derivados.

Ejercicio

De cada una de las siguientes palabras, encuentra y escribe un pariente o derivado con alguna de las terminaciones indicadas arriba, y luego escríbela correctamente.

Ejemplo Comunica__ión <u>Comunicado</u> <u>Comunicación</u>

1. Atrac__ión ____________ ____________
2. Resolu__ión ____________ ____________
3. Sincroniza__ión ____________ ____________
4. Can__ión ____________ ____________
5. Motiva__ión ____________ ____________

6. Participa__ión ______ ______
7. Aplica__ión ______ ______
8. Sensa__ión ______ ______
9. Lec__ión ______ ______
10. Precau__ión ______ ______
11. Intui__ión ______ ______
12. Produc__ión ______ ______
13. Requisi__ión ______ ______
14. Preescrip__ión ______ ______
15. Construc__ión ______ ______
16. Atribu__ión ______ ______
17. Reac__ión ______ ______
18. Designa__ión ______ ______
19. Comunica__ión ______ ______
20. Negocia__ión ______ ______
21. Trasla__ión ______ ______
22. Coloca__ión ______ ______
23. Numera__ión ______ ______
24. Emo__ión ______ ______
25. Prohibi__ión ______ ______

Calificación: **Revisó:**

4 Palabras en *sión*

Regla

Las palabras que terminan en *sión* se escriben con *s* cuando tienen un pariente o derivado que termine en *so, sor, sorio* o *sivo*. Algunas palabras terminadas en *sión* se escriben con *s* aunque no tengan este tipo de parientes o derivados.

Ejercicio

De cada una de las siguientes palabras, encuentra y escribe un pariente o derivado con alguna de las terminaciones indicadas arriba, y luego escríbela correctamente.

Ejemplo Pri__ión Preso Prisión

1. Remi__ión ______ ______
2. Compren__ión ______ ______

3. Ilu__ión	__________	__________
4. Televi__ión	__________	__________
5. Deci__ión	__________	__________
6. Emi__ión	__________	__________
7. Revi__ión	__________	__________
8. Trasmi__ión	__________	__________
9. Pa__ión	__________	__________
10. Conce__ión	__________	__________
11. Promi__ión	__________	__________
12. Vi__ión	__________	__________
13. Inver__ión	__________	__________
14. Supervi__ión	__________	__________
15. Retrovi__ión	__________	__________
16. Inclu__ión	__________	__________
17. Intromi__ión	__________	__________
18. Transfu__ión	__________	__________
19. Efu__ión	__________	__________
20. Ascen__ión	__________	__________
21. Confu__ión	__________	__________
22. Pose__ión	__________	__________
23. Repul__ión	__________	__________
24. Confe__ión	__________	__________
25. Inva__ión	__________	__________

Valor: 4 puntos cada una

Calificación: **Revisó:**

5 Palabras en *ción* y en *sión*. Repaso

Ejercicio

De cada una de las siguientes palabras, encuentra y escribe un pariente o derivado con alguna de las siguientes terminaciones:

do, dor, dorio, divo *to, tor, torio, tivo*	van con *ción*
so, sor, sorio, sivo	van con *sión*

Ejemplo Compul__ión <u>compulsivo</u> <u>compulsión</u>

1. Goberna__ión ______________ ______________
2. Dedica__ión ______________ ______________
3. Profe__ión ______________ ______________
4. Moderniza__ión ______________ ______________
5. Opre__ión ______________ ______________
6. Invita__ión ______________ ______________
7. Compren__ión ______________ ______________
8. Participa__ión ______________ ______________
9. Emi__ión ______________ ______________
10. Aproxima__ión ______________ ______________
11. Repre__ión ______________ ______________
12. Rela__ión ______________ ______________
13. Especula__ión ______________ ______________
14. Negocia__ión ______________ ______________
15. Remi__ión ______________ ______________
16. Instruc__ión ______________ ______________
17. Confu__ión ______________ ______________
18. Federa__ión ______________ ______________
19. Deci__ión ______________ ______________
20. Crea__ión ______________ ______________
21. Efu__ión ______________ ______________
22. Procura__ión ______________ ______________
23. Revi__ión ______________ ______________
24. Convic__ión ______________ ______________
25. Impre__ión ______________ ______________

Valor: 4 puntos cada una

Calificación:	**Revisó:**

6 Palabras con *ce ci se si*

Regla

Para saber si el sonido *ce-ci* se escribe con *c* (*ce-ci*) o con *s* (*se-si*), tienes dos opciones: o te las aprendes de memoria o analizas su origen o raíz. Si en su origen o en su raíz llevan una *s*, todos sus derivados se escribirán siempre con *s*. Si en su origen o en su raíz llevan una *c* o una *z*, todos sus derivados se escribirán con *c*.

Ejercicio

Completa las siguientes palabras y oraciones con *ce-ci* o con *se-si,* según creas correcto.

Ejemplos

Ca____ría Yo ya ca____ un conejo.

Ca<u>ce</u>ría Yo ya ca<u>cé</u> un conejo.

1. Ha____r. Ya hi____ las maletas.
2. Me____r.Ella me____ el columpio.
3. Amane____r. Mira que ya amane____ó.
4. Requi____to. Hay que llenar la requi____ ____ón.
5. Ne____ ____dad. Ne____ ____to una pluma.
6. Avi____n. Ne____ ____to que le avi____s.
7. De____ ____ón. Es el partido de____ ____vo.
8. Fá____l. Tiene mucha fa____lidad.
9. Difí____l. Es el exámen más difí____l.
10. ____tá____os.La ballena es un ____tá____o.
11. Cactá____as. El nopal es una cactá____a.
12. Esca____an. Hay mucha esca____z.
13. Pre____n____a. Se notaba su pre____n____a.
14. Au____en____a. Se notaba su au____n____a.
15. Estan____a. Su estan____a fue muy corta.
16. Pa____as. Vamos a dar un pa____o.
17. Ofi____o. La ofi____na de los ofi____ales.
18. Cari____a. Ya no la acari____es.
19. Ali____a ____ ____lia Horten____a Patri____a
20. Ambulan____a toleran____a arrogan____a.
21. An____ano. La an____anidad es una etapa difícil.
22. An____oso. La an____edad se debe dominar.
23. So____o. Formemos una so____edad.
24. Su____o. La su____edad trae enfermedades.
25. O____o. La o____o____dad es madre de todos los vi____os.

Valor: 2 puntos cada una

Calificación:	Revisó:

7 Palabras con sce y con sci

Regla

En algunas palabras, el sonido *ce-ci* se escribe con *sce* o con *sci*. Algunas de ellas son las siguientes:

PALABRAS CON *SCE*		PALABRAS CON *SCI*	
Asceta	Discernir	Abscisa	Lascivo
Absceso	Descentrar	Oscilar	Piscina
Obsceno	Escéptico	Escindir	Rescindir
Ascenso	Descenso	Fascinar	Prescindir
Escena	Isósceles	Piscis	Suscitar
Víscera	Evanescer	Descifrar	Discípulo
Adolescencia	Miscelánea	Plebiscito	Fascinación

Aunque *conciencia* se escribe sin *sc*, sus derivados *consciente* e *inconsciente* sí se escriben con *sc*.

Ejercicio

Completa las siguientes palabras y oraciones con *ce-ci*, con *se-si* o con *sce-sci*, según creas correcto.

Ejemplo Ali_____a está en el e_____nario. Ali<u>ci</u>a está en el e<u>sce</u>nario.

1. El di_____pulo me_____la cuna.
2. El a_____ta está re_____y re_____.
3. El ab_____so ya enroje_____ó.
4. Ese anun_____o es muy ob_____no.
5. La tenden_____a es ha_____a el a_____nso.
6. Hay que tener pa_____en_____a durante el de_____nso.
7. El poli_____a subió hasta el e_____nario.
8. El carni_____ro sacó las ví_____ras del animal.
9. Saber di_____rnir significa saber dilu_____dar.
10. De_____ntrar significa sacar algo de su c_____ntro.
11. No te hagas ilu_____ones, sé un poco más e_____éptico.
12. Es difí_____l dibujar un triángulo isó_____les.
13. La palabra evane_____r significa lo mismo que desvane_____r.
14. Una ab_____sa expresa la distan_____a entre un punto y el eje vertical.

15. O_____lar y me_____r son _____nónimos.
16. La palabra e_____ndir significa _____parar o dividir.
17. Y res_____ndir significa dejar sin efecto un contrato o una obliga_____ón.
18. No podemos pre_____ndir de la _____en_____a para entender esto.
19. Las personas del signo Pi_____s son muy pa_____entes.
20. Para de_____frar un jeroglífico se ne_____ _____ta mucha inteligen_____a.
21. Dioni_____o y _____ _____rón son hombres muy la_____vos.
22. Ali_____a y _____ _____lia ya se metieron a la pi_____na.
23. Quedó incon_____ente, es decir, perdió la con_____encia.
24. El adole_____nte entró a la mi_____lánea.
25. Horten_____a tiene fa_____nación por la mú_____ca.

Valor: 4 puntos cada una

Calificación: **Revisó:**

8 Los diminutivos

Regla

Los diminutivos casi siempre van con *c* (*cito* y *cillo*: *camión* - *camioncito*). Sólo van con *s* (*sito* y *sillo*) cuando la raíz de la palabra lleva una *s* (*casa* - *casita*).

Ejercicio

Completa las siguientes palabras y oraciones con la forma correcta.

Ejemplos

Me___a	Esta me____ita está muy chica.
Mesa	Esta mesita está muy chica.
Gar_a	Esa gar_ita está muy blanca.
Garza	Esa garcita está muy blanca.

1.	Ta__a	¡Qué ta__ita tan pequeña!	9.	Raí__	¡Qué rai__itas tan pequeñas!
2.	Ca__a	¡Qué ca__ita tan pequeña!	10.	Lápi__	Pásame ese lapi__ito.
3.	Peda__o	Es un peda__ito de pastel.	11.	Luis	Háblale a Lui__ito.
4.	Avión	Es un avion__ito de juguete.	12.	Ramón	Háblale a Ramon__ito.
5.	Me__a	Es una me__ita.	13.	Carmen	Háblale a Carmen__ita.
6.	Po__o	Hizo un po__ito en la tierra.	14.	Bol__a	Trae las dos bol__itas.
7.	Ratón	Mira ese raton__ito.	15.	Mor__a	La morsa y la mor__ita.
8.	O__o	Es un o__ito de peluche.	16.	Lombri__	La lombri__ita café.

17. Ri__a	Soltó una ri__ita.	**22.** Duende	El duende__illo travieso.
18. Jarrón	Rompió el jarron__ito.	**23.** Sastre	El sastre__illo valiente.
19. Noche	¡Qué noche__ita pasamos!	**24.** Valle	El valle__illo dorado.
20. Piso	Compró un pi__ito muy bonito.	**25.** Blu__a	Ponte la blu__ita azul.
21. Fiesta	Mañana haremos otra fieste__ita.		

Valor: 4 puntos cada una

Calificación: **Revisó:**

Las grafías *b* y *v* se suelen confundir, ya que tienen el mismo sonido. A continuación haremos algunos ejercicios para diferenciarlas claramente.

9 La *b* antes de consonante

Regla

Antes de cualquier consonante se escribe *b*. **Ejemplos**: *subsidiar, absolver, obnubilar, sublimación, subcomisión, subrayar.*

En particular, siempre se escribe b en las combinaciones *bra, bre, bri, bro, bru* y en las combinaciones *bla, ble, bli, blo* y *blu*. **Ejemplos**: *palabra, sable.*

Ejercicio

Algunas de las siguientes palabras están escritas correctamente y otras no. Si consideras que la palabra está bien escrita, pon una señal de correcto (paloma) en el espacio de la izquierda. Si crees que está mal escrita, escríbela correctamente en el espacio de la derecha.

Ejemplos Abrir ______ ✓ Covrar Cobrar

1. Cubra	☐	______	**13.** Brazo	☐	______
2. Habla	☐	______	**14.** Novle	☐	______
3. Ruvro	☐	______	**15.** Vronco	☐	______
4. Suvsanar	☐	______	**16.** Bruto	☐	______
5. Hombro	☐	______	**17.** Blanco	☐	______
6. Brinco	☐	______	**18.** Tavla	☐	______
7. Blindado	☐	______	**19.** Avrir	☐	______
8. Blusa	☐	______	**20.** Oblea	☐	______
9. Somvra	☐	______	**21.** Cuvrir	☐	______
10. Savle	☐	______	**22.** Libro	☐	______
11. Sobre	☐	______	**23.** Ovstáculo	☐	______
12. Roble	☐	______	**24.** Ruvro	☐	______

25. Suvlimar	☐	______________	**38.** Creíble	☐	______________
26. Covre	☐	______________	**39.** Calambre	☐	______________
27. Amavle	☐	______________	**40.** Curable	☐	______________
28. Abra	☐	______________	**41.** Suvsistir	☐	______________
29. Avrigo	☐	______________	**42.** Cable	☐	______________
30. Horrivle	☐	______________	**43.** Costumbre	☐	______________
31. Tratable	☐	______________	**44.** Suvlime	☐	______________
32. Potable	☐	______________	**45.** Brioso	☐	______________
33. Covrador	☐	______________	**46.** Temible	☐	______________
34. Loavle	☐	______________	**47.** Savroso	☐	______________
35. Lievre	☐	______________	**48.** Ovligado	☐	______________
36. Cantable	☐	______________	**49.** Abrochar	☐	______________
37. Hambre	☐	______________	**50.** Público	☐	______________

Valor: 4 puntos cada una

Calificación: **Revisó:**

10 La *b* y la *v* en los sonidos *mb* y *nv*

Regla

Después de *m* se escribe *b*, y después de *n* se escribe *v*, en las combinaciones *mb* y *nv*. **Ejemplos**: *ámbar, convivir.*

Ejercicio

En las siguientes palabras incompletas, escribe *mb* o *nv* según creas correcto.

Ejemplos Ca____iar Cambiar E____iar Enviar

1. Co____inar	**9.** Costu____re	**17.** Cu____re	**25.** Tra____ía	**33.** Tu____a
2. Co____exo	**10.** Ru____o	**18.** Ci____ra	**26.** I____erso	**34.** No____re
3. Ro____o	**11.** Li____o	**19.** Sie____ra	**27.** Ca____iar	**35.** Ma____o
4. Á____ar	**12.** E____asar	**20.** I____ento	**28.** Ha____re	**36.** Co____enio
5. A____os	**13.** Pela____re	**21.** A____erso	**29.** E____iar	**37.** Bo____a
6. Co____ite	**14.** Cha____a	**22.** É____olo	**30.** I____ocar	**38.** Tu____ar
7. Lu____re	**15.** Zo____i	**23.** Ru____a	**31.** E____idia	**39.** E____inar
8. Á____ito	**16.** I____asor	**24.** E____onar	**32.** A____iguo	**40.** Zu____ar

41. E_____iciar
42. Co_____icto
43. I_____itar
44. Tro_____a
45. Colo_____ia
46. Co_____ersar
47. E_____ase
48. Ta_____or
49. La ba_____a
50. Co_____idar

Valor: 2 puntos cada una

Calificación: Revisó:

11 La *b*: terminaciones en *bilidad, bulo, bula* y *bundo*

Regla

Se escribe *b* en las palabras que terminan con los siguientes sufijos:

bilidad	**Ejemplo**: *amabilidad.* **Excepciones**: *movilidad* y *civilidad.*
bulo	**Ejemplo**: *sonámbulo.* **Excepciones**: *párvulo* y *óvulo.*
bula	**Ejemplo**: *mandíbula.* **Excepción**: *válvula.*
bundo	**Ejemplos**: *tremebundo, vagabundo.*

Ejercicio

En cada una de las oraciones siguientes se incluye una de las palabras explicadas en la regla. Algunas están bien escritas y otras están mal escritas. Si consideras que están bien escritas, déjalas como están, y pon una señal de correcto (paloma) en el espacio de la derecha. Si consideras que están mal escritas, escríbelas correctamente en el espacio de la derecha.

! Ejemplos

Mostró gran amabilidad. ✓

No hay compativilidad. compatibilidad

1. Parece que no existe governavilidad. ____________
2. No leí el preámbulo. ____________
3. Tiene gran durabilidad. ____________
4. Le rompieron la mandívula. ____________
5. Estaba muy meditavundo. ____________
6. Luis es sonámbulo. ____________
7. Lleva la contavilidad. ____________
8. En esta colonia no hay prostívulos. ____________
9. Este principio tiene aplicavilidad. ____________
10. Lo mandaron al patíbulo. ____________
11. Posee gran havilidad. ____________
12. Me gusta mucho esa fávula. ____________

13. ¡Demuestren civilidad! ¡Compórtense! __________ [ ]
14. Se descompuso la válbula. __________ [ ]
15. Cuando llegué, ya estaba moribundo. __________ [ ]
16. Ese perro es un vagavundo. __________ [ ]
17. Se le nota la culpavilidad. __________ [ ]
18. El niño ya entró a párbulos. __________ [ ]
19. Demostró disponibilidad para el trabajo. __________ [ ]
20. Yo deambulo por las calles. __________ [ ]
21. Tiene gran mobilidad. __________ [ ]
22. Se utilizaron dos óbulos. __________ [ ]
23. Cuando perdió, se puso furibundo. __________ [ ]
24. Se quedó en el vestívulo. __________ [ ]
25. Esta inversión es de gran rentavilidad. __________ [ ]

Valor: 4 puntos cada una

Calificación:	**Revisó:**

12 Verbos en *aba*

Regla

Los verbos de la primera conjugación (los que terminan en *ar*) construyen el tiempo copretérito (o pretérito imperfecto) con la terminación *aba*. **Ejemplos**: *amar – amaba, tomar – tomabas, cantar – cantábamos, robar – robaban.*

Los verbos terminados en *er* y en *ir* construyen el tiempo copretérito con la terminación *ía*. Ejemplos:*comer- comía, servir – servía.* Se exceptúa el verbo *ir*, cuyo copretérito es iba (*yo iba, tú ibas, el iba …*).

Algunos verbos terminados en var conjugan algunos de sus tiempos en ava. Por **ejemplo**, *él cava, ella lava.* Asimismo, algunas palabras que no son verbos también tienen terminaciones en *ava* (*la lava, la grava*) o en *aba* (*la guayaba, la aldaba*).

Ejercicio

En cada una de las oraciones siguientes hay por lo menos una palabra que debe terminar en aba o en ava. Algunas están bien escritas y otras están mal escritas. Si consideras que están bien así, déjalas como están y pon una señal de correcto (paloma) en el espacio de la derecha. Si consideras que están mal escritas, corrígelas ahí mismo y pon una señal de incorrecto (tache) en el espacio de la derecha.

Ejemplos

Luisa labava la ropa. [✗]

Mientras Juan cantaba una canción. [✓]

1. El volcán arrojava mucha lava. __________ [ ]
2. Ya nos ívamos, pero nos tuvimos que regresar. __________ [ ]

3. No jugaba béisbol desde que estava en la escuela. ______________________ [ ]
4. Pedro siempre cantava cuando se bañaba. ______________________ [ ]
5. Silvia silvava siempre que caminaba. ______________________ [ ]
6. La esclaba lazaba los perros. ______________________ [ ]
7. Cuando limava los tubos, siempre dejaba revavas. ______________________ [ ]
8. La lava bajava por la ladera del volcán. ______________________ [ ]
9. Juan toreaba a la vaca más braba. ______________________ [ ]
10. Cuando estudiava allá, siempre me iva en camión. ______________________ [ ]
11. Esa guayava estaba muy ácida. ______________________ [ ]
12. No me gustaba el lugar donde trabajava. ______________________ [ ]
13. Lupe cantaba una octaba más arriba. ______________________ [ ]
14. Cuando yo jugava, siempre ganávamos. ______________________ [ ]
15. Siempre tratava de quedar bien. ______________________ [ ]
16. Cuando nevava o helaba, no podíamos salir. ______________________ [ ]
17. Yo nunca hiba solo al cine, siempre iva con alguien. ______________________ [ ]
18. Cuando usaba esos zapatos, se me hinchavan los pies. ______________________ [ ]
19. Si me portava bien, me premiaban. ______________________ [ ]
20. Pero si gritaba muy fuerte, me regañavan. ______________________ [ ]
21. Cuando estudiava, me levantava muy temprano. ______________________ [ ]
22. Yo también, porque me iba en camión. ______________________ [ ]
23. A mí siempre me llevava mi hermano. ______________________ [ ]
24. Si me despertava tarde, me dejaba. ______________________ [ ]
25. Si llegaba tarde, no me dejavan entrar. ______________________ [ ]

Valor: 4 puntos cada una

Calificación:	Revisó:

13 Estuve, tuve y anduve

Regla

Estar, tener y *andar* son verbos irregulares que en el tiempo pretérito (o pasado) incorporan una *v*. Para recordar esta regla, existe la siguiente rima: *Estuve, tuve y anduve, no hay v si al presente sube*. Los derivados del verbo *tener* (*mantener, contener, retener, detener, sostener, obtener, abstener, atener, entretener*) se conjugan como éste, es decir, con *v* en el tiempo pretérito.

Por otro lado, en el tiempo copretérito (o pretérito imperfecto) los verbos *estar* y *andar* incorporan una *b*: *yo estaba, yo andaba*. El copretérito de *tener* es *tenía*.

ESTAR		TENER		ANDAR	
PRETÉRITO	COPRETÉRITO	PRETÉRITO	COPRETÉRITO	PRETÉRITO	COPRETÉRITO
Estuve	Estaba	Tuve	Tenía	Anduve	Andaba
Estuviste	Estabas	Tuviste	Tenías	Anduviste	Andabas
Estuvo	Estaba	Tuvo	Tenía	Anduvo	Andaba
Estuvimos	Estábamos	Tuvimos	Teníamos	Anduvimos	Andábamos
Estuvisteis	Estabais	Tuvisteis	Teníais	Anduvisteis	Andabais
Estuvieron	Estaban	Tuvieron	Tenían	Anduvieron	Andaban

Ejercicio

En cada una de las oraciones siguientes se incluye una de las palabras explicadas en la regla. Algunas de ellas están bien escritas (con b o con v, según al caso) y otras están mal escritas. Si consideras que están bien así, déjalas como están y pon una señal de correcto (paloma) en el espacio de la derecha. Si consideras que están mal escritas, corrígelas ahí mismo y pon una señal de incorrecto (tache) en el espacio de la derecha.

Ejemplos

El libro estaba donde me dijiste. ✓

No tube que buscarlo mucho. ✗

1. Yo no estava en la ciudad cuando pasaron esa película. ____________ ☐
2. ¿Dónde estabas? ____________ ☐
3. Estube tres días en México y luego me fui a Cuernavaca. ____________ ☐
4. Cuando tú estabas en Cuernavaca, yo andava en Querétaro. ____________ ☐
5. Mi perra tubo cuatro perritos, pero uno se murió. ____________ ☐
6. La canción dice: "Yo te tube, te mantuve, y te tube y te di". ____________ ☐
7. Cuando estava más chico, me gustaba andar en bici. ____________ ☐
8. De chico yo andava en triciclo. ____________ ☐
9. Yo tube una bici, pero la tuve que vender. ____________ ☐
10. La otra canción dice: "Cuando andávamos cortando rábanos…" ____________ ☐
11. Nosotros estávamos cortando manzanas. ____________ ☐
12. Cuando estubimos en México, andábamos a pie. ____________ ☐
13. Para pasar la materia, tubieron que estudiar mucho. ____________ ☐
14. Nosotros no tuvimos que estudiar nada, nos exentaron. ____________ ☐
15. Lupe mantubo tres perritos desde que nacieron. ____________ ☐
16. Cuando crecieron, sólo retuvo uno de ellos. ____________ ☐
17. A pesar de las críticas, Pedro sostubo su punto de vista. ____________ ☐
18. Juan obtuvo el trabajo gracias a su formación. ____________ ☐
19. Nos entretubimos jugando a las escondidas. ____________ ☐
20. ¿Por qué te abstuviste de votar? ____________ ☐
21. Luis se portó mal y se atubo a las consecuencias. ____________ ☐
22. Todos estubieron muy contentos en la fiesta. ____________ ☐

23. Estavan felices cuando anduvieron por acá. ____________ [ ]
24. Arturo me detuvo cuando me iba a caer. ____________ [ ]
25. Tubimos suerte, porque el profesor estaba distraído. ____________ [ ]

Valor: 4 puntos cada una

Calificación:	Revisó:

14 Palabras con *bi* y *vi*

Regla

Hay algunas palabras que empiezan con *bi* y otras que empiezan con *vi*.

Se escriben con *b* en los siguientes casos:

- Cuando el prefijo *bi* significa dos, dos veces, doble. **Ejemplo**: *bimotor*, de dos motores.
- Cuando el prefijo *bio* significa vida. **Ejemplo**: *biodiversidad*, diversidad de vida.
- Cuando el prefijo *bien* (ben, bene, bon) significa bien, bondad, bueno. **Ejemplo**: *bienestar.*
- Cuando el prefijo *biblio* significa libro. **Ejemplos**: *Biblia, biblioteca.*

En cambio, se escriben con *v* cuando el prefijo *vi, viz, vice* significa subordinación, que actúa en lugar de. **Ejemplos**: *virrey, vicepresidente, vizconde.*

Otras palabras pueden empezar con *bi* o con *vi* sin seguir estas reglas. Las debes aprender de memoria.

Ejercicio

Completa las siguientes palabras y oraciones con *bi* o con *vi* según creas correcto.

Ejemplos

___mestre.	El ___mestre termina en Marzo.
<u>Bi</u>mestre.	El <u>bi</u>mestre termina en Marzo.

1. ____ípedo. El mono y el hombre son ____ípedos.
2. ____rrey. El ____rrey de la Nueva España.
3. ____cicleta. Las ____cicletas no contaminan.
4. ____cio. Fumar es un ____icio.
5. ____imembre. ____imembre significa que tiene 2 miembros.
6. ____ital. El agua es un líquido ____ital.
7. ____ifocal. Mi papá usa lentes ____focales.
8. ____tral. El ____itral de la iglesia.
9. ____imotor. Me fui en un avión ____imotor.
10. ____olencia. Luis es muy ___olento.
11. ____opsia. Le hicieron una ___opsia.

12.	____sturí.	El ____sturí está muy filoso.
13.	____lingüe.	El diccionario es ____lingüe.
14.	____ctoria.	La ____ctoria es nuestra.
15.	____anual.	El congreso es ____anual.
16.	____omedicina.	Se especializó en ____omedicina.
17.	____mensual.	Tenemos una junta ____mensual.
18.	____gencia.	El permiso aún está ____gente.
19.	____odegradable.	Este detergente es ____odegradable.
20.	____lateral.	Es un espejo ____lateral.
21.	____l.	Arturo es una persona ____l.
22.	____oquímica.	Tenemos clase de ____oquímica.
23.	____tácora.	El piloto lleva su ____tácora.
24.	____ino.	____sitamos la Compañía ____nícola.
25.	____ósfera.	La ____ósfera es donde existe vida.

Valor: 4 puntos cada una

Calificación:	Revisó:

15 La *v*: prefijos en *adv, eva, eve, evi, evo* y *ven*

Regla

Se escribe *v* en las palabras que inician con los siguientes prefijos:

adv	**Ejemplo**: *advenedizo.*
eva	Se exceptúa *ébano* y sus derivados. **Ejemplo**: *evacuación.*
eve	**Ejemplo**: *evento.*
evi	**Ejemplo**: *evidencia.*
evo	**Ejemplo**: *evocar.*
ven	Siempre que el prefijo no signifique bien, bueno, bondadoso. **Ejemplo**: *venerar, ventisca.*

Ejercicio

En cada una de las oraciones siguientes se incluye una de las palabras explicadas en la regla. Algunas están bien escritas y otras están mal escritas. Si consideras que están bien escritas, déjalas como están, y pon una señal de correcto (paloma) en el espacio de la derecha. Si consideras que están mal escritas, escríbelas correctamente en el espacio de la derecha.

Ejemplos

Va a venir Juan.	✓
Esos hongos son benenosos.	venenosos

1. Ese fulano es un adbenedizo. ______________________ [ ]
2. Ebelia y Camelia son buenas amigas. ______________________ [ ]
3. Voy a bender mi aparato de música. ______________________ [ ]
4. La ruta de ebacuación está claramente indicada. ______________________ [ ]
5. Es evidente que no venía preparado. ______________________ [ ]
6. Es un proceso ebolutivo. ______________________ [ ]
7. Utiliza bien esos adbervios. ______________________ [ ]
8. El ebento salió como lo esperábamos. ______________________ [ ]
9. Dicen que la benganza es dulce. ______________________ [ ]
10. Debemos evaluar el proyecto. ______________________ [ ]
11. Debemos ebitar cualquier error. ______________________ [ ]
12. Dice que va a ebocar a los espíritus. ______________________ [ ]
13. Nunca menosprecies a tus adversarios. ______________________ [ ]
14. Es un trabajador ebentual, no es de planta. ______________________ [ ]
15. Pagué el recibo antes de su vencimiento. ______________________ [ ]
16. El agua se ebaporó por completo. ______________________ [ ]
17. Ese accidente era ebitable. ______________________ [ ]
18. Es algo digno de beneración. ______________________ [ ]
19. Fue un resultado adberso para todos. ______________________ [ ]
20. No existe ninguna evidencia en contra. ______________________ [ ]
21. Me van a cambiar el bendaje. ______________________ [ ]
22. No respondió, salió con puras ebasivas. ______________________ [ ]
23. Yo creo en la ebolución de las especies. ______________________ [ ]
24. Es un aparato para la bentilación. ______________________ [ ]
25. Ya te lo adbertí muchas veces. ______________________ [ ]

Valor: 4 puntos cada una

Calificación:	**Revisó:**

16 La *v*: sufijos en *avo, ava, ivo, iva* y *voro*

Regla

Se escribe *v* en las palabras que terminan con los siguientes sufijos:

avo, ava	Se utiliza en los números partitivos. **Ejemplo**: *octavo, octava.*
ivo, iva	Se exceptúan *estribo, recibo, iba, amiba, ceiba, criba y jaiba.* **Ejemplo**: *corrosivo, corrosiva.*
voro	Que significa comer, que se alimenta de… **Ejemplo**: *herbívoro.*

Ejercicio

En cada una de las oraciones siguientes se incluye una de las palabras explicadas en la regla. Algunas están bien escritas y otras están mal escritas. Si consideras que están bien escritas, déjalas como están, y pon una señal de correcto (paloma) en el espacio de la derecha. Si consideras que están mal escritas, escríbelas correctamente en el espacio de la derecha.

Ejemplos

Firmaron el acta constitutiva. ✓

Lo tuvieron cautibo una semana. cautivo

1. Me tocó un dieciochoabo. ______ ☐
2. Se puso a la defensiva. ______ ☐
3. Es un animal insectíboro. ______ ☐
4. Es un pronombre acusatibo. ______ ☐
5. Mi respuesta es definitiba. ______ ☐
6. Me dijo que es hijo adoptivo. ______ ☐
7. Ésa es una quinceava parte. ______ ☐
8. Es una persona muy negatiba. ______ ☐
9. Yo soy omnívoro, como de todo. ______ ☐
10. Es una persona muy aprehensiva. ______ ☐
11. Esa ley no tienen carácter retroactivo. ______ ☐
12. Se trata de números consecutibos. ______ ☐
13. Me encontré una moneda de cinco centabos. ______ ☐
14. Me entregaron un distintibo. ______ ☐
15. La vaca es un animal herbíboro. ______ ☐
16. Juan es muy comunicatibo. ______ ☐
17. Estoy en un momento reflexibo. ______ ☐
18. Ya atraparon al fugitivo. ______ ☐
19. Un veinteavo es la vigésima parte de algo. ______ ☐
20. Esta narración es muy descriptiba. ______ ☐
21. Las gallinas son graníboras, comen granos. ______ ☐
22. Se trata de un evento educatibo. ______ ☐
23. Tiene un significado peyoratibo. ______ ☐
24. Es una persona muy cooperatiba. ______ ☐
25. No se dice "quinceavo" lugar, sino decimoquinto lugar. ______ ☐

Valor: 4 puntos cada una

Calificación:	Revisó:

17 Uso de la x

Regla

En México, la letra *x* se puede pronunciar de diversas maneras.

Se pronuncia con el sonido *ks* en la mayoría de las palabras provenientes del latín y de lenguas extranjeras. **Ejemplos**: *extraño, explicar, conexión, laxo.*

Sin embargo, en palabras provenientes del náhuatl (y de algunas otras lenguas indígenas), la *x* puede pronunciarse de otras maneras. La explicación histórico-cultural es que los españoles no tenían una letra para significar el sonido de algunas palabras, por lo que utilizaron la *x* para escribirlas. De aquí que la *x* pueda tener los siguientes sonidos:

- Puede tener el sonido *j* como en *México, Oaxaca, Xalapa* y *Xicoténcatl.* También tiene este sonido en otras palabras que no son de origen indígena, como en *Texas* y *Xavier.*
- Puede tener el sonido *s* como en *Xochimilco.*
- Puede tener el sonido *sh* como en *Uxmal* y *Xola.*

Ejercicio

Algunas de las siguientes palabras están bien escritas (con *x* o sin ella, según el caso), y otras están mal escritas. Si consideras que están bien escritas, déjalas como están y pon una señal de correcto (paloma) en el espacio de la derecha. Si crees que están mal, corrígelas ahí mismo y pon una señal de incorrecto (tache) en el espacio de la derecha.

Ejemplos

México ✓

Sochimilco <u>Xochimilco</u>

1. Axesorio			**17.** Mixiote		
2. Examinar			**18.** Acsioma		
3. Espectativas			**19.** Ecsacto		
4. Ecsepcional			**20.** Tascco		
5. Jicoténcatl			**21.** Hexágono		
6. Xochicalco			**22.** Accidente		
7. Esperimento			**23.** Serigrafía		
8. Miscoac			**24.** Ortodocso		
9. Istapalapa			**25.** Exhibición		
10. Esclusivo			**26.** Axila		
11. Acción			**27.** Clacson		
12. Meshicas			**28.** Excelente		
13. Ushmal			**29.** Ócsido		
14. Estremo			**30.** Inconexo		
15. Asficsia			**31.** Oxígeno		
16. Explicación			**32.** Escursión		

33. Xóchitl	______	☐	**42.** Expedición	______	☐
34. Tuspan	______	☐	**43.** Xola	______	☐
35. Extraño	______	☐	**44.** Ecsótico	______	☐
36. Bocsear	______	☐	**45.** Esclamación	______	☐
37. Axionista	______	☐	**46.** Ixtle	______	☐
38. Xilófono	______	☐	**47.** Flexible	______	☐
39. Esquisito	______	☐	**48.** Axesible	______	☐
40. Explicar	______	☐	**49.** Espulsar	______	☐
41. Esterior	______	☐	**50.** Ixtlazíhuatl	______	☐

Valor: 4 puntos cada una

Calificación:	Revisó:

4.3 HOMÓFONOS

Las palabras homónimas pueden ser de dos tipos: homógrafas u homófonas. Más que los homógrafos, **son los homófonos los que presentan dificultad para su correcta escritura**, ya que suenan igual pero se escriben de manera diferente.

TIPOS DE PALABRAS	CARACTERÍSTICAS
HOMÓNIMOS Los homónimos pueden ser	Son iguales en la forma (de escribirlos y/o de pronunciarlos), pero tienen significados diferentes.
a) **HOMÓGRAFOS**	Se escriben y pronuncian de la misma manera, pero tienen significados diferentes. **Ejemplos**: *vela* (de un barco) – *vela* (de cera, para iluminar).
b) **HOMÓFONOS**	Se pronuncian de la misma manera, pero se escriben de manera diferente y tienen significados diferentes. **Ejemplos**: *cegar* – *segar*.

En primer lugar, estudiaremos algunas palabras homófonas en los que intervienen la *c*, la *s* y la *z*.

1 Abrazar, abrasar; bazar, basar; lazo, laso

Regla

Se les llama **homófonas** a dos o más palabras que suenan igual, pero que se escriben de manera diferente y tienen significados diferentes.

Abrazar significa estrechar o ceñir con los brazos. (*Te voy a abrazar de cariño*). Sus parientes o derivados van con *z* o con *c*.	**Abrasar** significa quemar, calentar demasiado, reducir a brasa. (*Esa carne se va a abrasar, ya sácala*). Sus parientes o derivados siempre van con *s*.
Bazar es un mercado público o tienda en la que se venden productos de diversos tipos. (*Lo compré en un bazar*).	**Basar** significa asentar algo sobre una base. (*Para la discusión, me voy a basar en este libro*). Sus parientes o derivados siempre van con *s*.

Lazo es una atadura o nudo de cintas o hilos. También es el presente del verbo *lazar*. (*Le echó un lazo al perro*).

Laso significa flojo, cansado. (*Anda muy laso, no tiene ganas de nada*).

Ejercicio

En cada una de las palabras indicadas en la regla. Algunas están escritas correctamente, y otras no. Si consideras que están bien escritas, déjalas como están y pon una señal de correcto (paloma) en el espacio de la derecha. Si crees que están mal, escríbelas correctamente en el espacio de la derecha.

Ejemplos

Esta camisa la compré en ese bazar. ✓

Es mejor que aquel otro basar. bazar

1. ¿En qué te bazas para afirmar eso? ________ ☐
2. No seas tímido, déjate abrasar por los que te quieren. ________ ☐
3. En ese basar venden muchas curiosidades. ________ ☐
4. Atrapé la vaca con un laso. ________ ☐
5. Si te quedas mucho tiempo al sol, te vas a abrasar. ________ ☐
6. Después de hacer ejercicio, me siento muy laso. ________ ☐
7. Un abraso es una muestra de cariño. ________ ☐
8. Esta casa está bien basada, tiene buenos cimientos. ________ ☐
9. En Internet encontré un bazar electrónico. ________ ☐
10. Si no quieres que esa carne se abrase, sácala del asador. ________ ☐
11. Estar lazo significa estar cansado, agotado. ________ ☐
12. A los niños no les gusta que sus mamás los abracen en público. ________ ☐
13. Este lazo es para el perro. ________ ☐
14. Las bases de la columna son firmes. ________ ☐
15. Mi primo es muy tímido, nunca abraza a nadie. ________ ☐
16. Yo soy buen cocinero, nunca se me abraza la comida. ________ ☐
17. En un basar no venden computadoras. ________ ☐
18. Un estudiante laso no pone mucha atención. ________ ☐
19. Sin baces suficientes, no podemos proceder. ________ ☐
20. Sin un laso, no podrás detener esa vaca. ________ ☐
21. Es su cumpleaños, dale un abrazo. ________ ☐
22. Este bazar es diferente a los demás. ________ ☐
23. El juego de fut los dejo a todos completamente lasos. ________ ☐
24. Se distrajo hablando por teléfono, y la comida se abrazó. ________ ☐
25. El lazo amarillo es para la perrita café. ________ ☐

Valor: 4 puntos cada una

Calificación:	Revisó:

2 Asechar, acechar; consejo, concejo; cegar, segar

Regla

Se les llama **homófonas** a dos o más palabras que suenan igual, pero que se escriben de manera diferente y tienen significados diferentes.

Asechar significa poner o armar asechanzas, engaños o artificios para hacer daño a alguien. (*En la política son muy comunes las asechanzas*). Sus parientes o derivados van con *s*.	**Acechar** significa observar, aguardar cautelosamente con algún propósito. (*Están al acecho*). Sus parientes o derivados van con *c*.
El **consejo** es un órgano colegiado. También es una opinión, parecer o dictamen que se da o toma para hacer o no hacer algo. (*Sigue mi consejo*).	El **concejo** es el ayuntamiento o el municipio, o la reunión celebrada por quienes lo integran. (*El Concejo tuvo su reunión mensual*).
Cegar significa quitar la vista a alguien, dejarlo ciego. (*No te ciegues ante estos argumentos*). Sus parientes o derivados van con *c*.	**Segar** significa cortar mieses o hierba con la hoz, la guadaña o cualquier máquina que sirva para este propósito. (*Ya es tiempo de segar*). Sus parientes o derivados van con *s*.

Ejercicio

En cada una de las oraciones siguientes se utiliza alguna de las palabras indicadas en la regla. Algunas están escritas correctamente, y otras no. Si consideras que están bien escritas, déjalas como están y pon una señal de correcto (paloma) en el espacio de la derecha. Si crees que están mal, escríbelas correctamente en el espacio de la derecha.

Ejemplos

Ya van a segar estos campos. ✓

Los otros, los cegarán después. segarán

1. El lobo acecha para matar corderos. ____________ ☐
2. Te voy a dar un buen concejo. ____________ ☐
3. La Biblia nos previene de las asechanzas del demonio. ____________ ☐
4. El jardinero segó las malas hierbas. ____________ ☐
5. El Concejo Municipal está en sesión. ____________ ☐
6. No te siegues ante la verdad, enfréntala. ____________ ☐
7. La envidia es la principal causa de las asechanzas. ____________ ☐
8. El ladrón asecha en la oscuridad. ____________ ☐
9. Siempre sigue el consejo de los mayores. ____________ ☐
10. Ver directamente un eclipse te puede cegar. ____________ ☐
11. Ante las acechanzas del mal, hay que ser precavidos. ____________ ☐
12. Ya es la temporada de ciega. ____________ ☐
13. No hubo quórum suficiente en la sesión del Concejo. ____________ ☐
14. Por el accidente, quedó medio siego. ____________ ☐
15. En política, siempre debes cuidarte de posibles acechanzas. ____________ ☐
16. Si no sabes, mejor no andes dando concejos. ____________ ☐

17. Los buitres asechan en busca de comida. _______________ [ ]
18. Asechanzas equivales a decir artimaña. _______________ [ ]
19. Te ayudaremos a cegar el campo. _______________ [ ]
20. El Consejo está integrado por varios regidores. _______________ [ ]
21. Hay que ser ciegos para no ver ese letrero. _______________ [ ]
22. Los bandidos acechan para poner una emboscada. _______________ [ ]
23. Las malas compañías dan malos consejos. _______________ [ ]
24. Tiene una máquina cegadora muy moderna. _______________ [ ]
25. Las decisiones importantes se toman en el Consejo. _______________ [ ]

Valor: 4 puntos cada una

Calificación:	Revisó:

3 Cazar, casar; cocer, coser; cazo, caso

Regla

Se les llama **homófonas** a dos o más palabras que suenan igual, pero que se escriben de manera diferente y tienen significados diferentes.

Cazar significa ir de cacería. (*Voy a cazar conejos*). Sus parientes o derivados van con *z* o con *c*.	**Casar** significa contraer matrimonio. (*Se va a casar el domingo*). Sus parientes o derivados siempre van con *s*.
Cocer significa cocinar algo. (*Va a cocer los frijoles*). Sus parientes o derivados van con *z* o con *c*.	**Coser** significa unir con hilo. (*Va a coser la camisa*). Sus parientes o derivados siempre van con *s*.
Cazo es un recipiente o utensilio de cocina. (*Utilizaré ese cazo para los frijoles*).	**Caso** es un suceso, acontecimiento o asunto. (*Hoy tratarán mi caso*).

Ejercicio

En cada una de las oraciones siguientes se utiliza alguna de las palabras indicadas en la regla. Algunas están escritas correctamente, y otras no. Si consideras que están bien escritas, déjalas como están y pon una señal de correcto (paloma) en el espacio de la derecha. Si crees que están mal, escríbelas correctamente en el espacio de la derecha.

Ejemplos

Van a la sierra a cazar venados. [✓]

Luisa se va a cazar con Pedro. casar

1. Lupe y Arturo se van a cazar. _______________ [ ]
2. Voy a cozer esta camisa, que se me rasgó. _______________ [ ]
3. Juan no está aquí, se fue a casar al monte. _______________ [ ]

4. Este cazo de barro es el más viejo de mi cocina. ____________
5. Este arroz ya se cosió. ____________
6. Mi papá me dijo que, si le cocía este pantalón, me llevaría al cine. ____________
7. Ricardo se casó el mes pasado, y no nos invitó a la boda. ____________
8. Tú nunca me haces cazo no escuchas lo que digo. ____________
9. Estos plátanos cozidos te quedaron muy sabrosos. ____________
10. El cazo de los frijoles se cayó y se rompió. ____________
11. El pasatiempo de Pedro es casar ardillas. ____________
12. Si no me haces caso te golpearé la cabeza con este caso. ____________
13. Mi mamá no quería que me casara con mi novio. ____________
14. Hazme cazo y no compres en esta tienda. ____________
15. Este parche quedó mal cocido, se nota la costura. ____________
16. A ver si ahora sí cazas un venado. ____________
17. Ya estudiaron mi cazo en el comité de becas. ____________
18. Mi mamá me enseñó a coser frijoles de la olla. ____________
19. Mi abuelita me enseñó a cozer y tejer. ____________
20. Berta quiere tanto a Luis, que seguro se va a casar con él. ____________
21. No tiene cazo seguir hablando de esto. ____________
22. Este caso es el mismo que utilizaba mi abuelita en su cocina. ____________
23. No insistas en casar animales; mejor compra la carne en la carnicería. ____________
24. Limpia bien el cazo antes de volverlo a usar. ____________
25. Todavía están crudos; hay que coserlos un poco más. ____________

Valor: 4 puntos cada una

Calificación:	Revisó:

4 Cauce, cause; encauzar, encausar; zumo, sumo

Regla

Se les llama **homófonas** a dos o más palabras que suenan igual, pero que se escriben de manera diferente y tienen significados diferentes.

Cauce es el lecho de los ríos y los arroyos. (*El río sigue su cauce*).	**Cause** es el subjuntivo del verbo *causar*, producir un efecto. (*No quiero que te cause daño*).
Encauzar significa abrir un cauce, o encaminar o dirigir por buen camino un asunto, una discusión, una persona. (*Tienes que encauzar esta discusión*). Sus parientes o derivados van con *z* o con *c*.	**Encausar** significa formar causa a alguien, proceder contra él judicialmente. (*Lo van a encausar por ese delito*). Sus parientes o derivados siempre van con *s*.

Zumo es el líquido que se saca de las hierbas, flores o frutas, al exprimirlas. (*El zumo de la naranja hace arder los ojos*).	**Sumo** significa supremo, altísimo, muy grande, enorme. (*Llegó el sumo sacerdote*). También es el presente del verbo *sumar* y del verbo *sumir*. También es un arte marcial de origen japonés.

Ejercicio

En cada una de las oraciones siguientes se utiliza alguna de las palabras indicadas en la regla. Algunas están escritas correctamente, y otras no. Si consideras que están bien escritas, déjalas como están y pon una señal de correcto (paloma) en el espacio de la derecha. Si crees que están mal, escríbelas correctamente en el espacio de la derecha.

Ejemplos

Este asunto va por buen cauce. ✓

El río se salió de cause. cauce

1. Llovió tanto, que el río se salió de cause. ______ ☐
2. Te ayudaré con zumo placer. ______ ☐
3. No importa qué sea lo que cauce esta enfermedad, hay que curarla. ______ ☐
4. Dicen que el sumo de la hierbabuena puede ayudar para eso. ______ ☐
5. Los padres deben encausar a sus hijos por el buen camino. ______ ☐
6. Si sumo ocho más ocho, me dan dieciséis. ______ ☐
7. El cauze de este río es muy sinuoso. ______ ☐
8. Si lo descubren, lo van a encauzar y lo pueden meter a la cárcel. ______ ☐
9. Después de tantos problemas, todo volvió a su cause normal. ______ ☐
10. Con el zumo del limón puedes hacer una rica limonada. ______ ☐
11. Creo que este motor es el que cauza ese ruido. ______ ☐
12. No es tan viejo, a lo zumo tiene 45 años. ______ ☐
13. Dicen que las cárceles ayudan a encausar a los delincuentes. ______ ☐
14. Después de que los han encausado y condenado en los tribunales. ______ ☐
15. Espero que lo que te voy a decir no te cause risa. ______ ☐
16. Con el zumo de la sábila se curan muchas enfermedades. ______ ☐
17. Antes de castigarlo, lo deben encauzar y encontrarlo culpable. ______ ☐
18. En vez de castigarlos, hay que tratar de encausar a los que actúan mal. ______ ☐
19. Cuando el río se sale de cauce todos los campos se inundan. ______ ☐
20. Esos luchadores de sumo están muy gordos. ______ ☐
21. No sé qué cauce tanta conmoción allá abajo en la calle. ______ ☐
22. Después de encauzarlo, determinaron que era culpable. ______ ☐
23. Con el zumo de las uvas se produce el vino. ______ ☐

24. Ojalá que el ayudarme no te cauce ningún problema. ________ [ ]

25. Quiero que encauses bien la discusión, para llegar rápido a algunas conclusiones. ________ [ ]

Valor: 4 puntos cada una

Calificación:	Revisó:

5 Ciento, siento; cien, sien; censor, sensor; incipiente, insipiente

Regla

Se les llama **homófonas** a dos o más palabras que suenan igual, pero que se escriben de manera diferente y tienen significados diferentes.

Ciento es un conjunto de cien cosas. (*Trae un ciento de hojas*).	**Siento** es el presente del verbo *sentir*. (*No siento nada*).
Cien es un número. (*Traigo cien pesos*).	**Sien** es cada una de las partes laterales de la cara, entre la frente, la oreja y la mejilla. (*Traigo un dolor en la sien*).
El **censor** es la persona que censura o la persona que está a cargo del censo. (*El censor de la academia es muy estricto*).	El **sensor** es un dispositivo que detecta una determinada acción externa (temperatura, presión, etc.) y la trasmite adecuadamente. (*Este sensor nos avisará si entra alguien a la casa*).
Incipiente significa que apenas empieza. (*Es un maestro incipiente*).	**Insipiente** significa falto de sabiduría, juicio o ciencia. (*Es una persona insipiente, ignorante*).

Ejercicio

En cada una de las oraciones siguientes se utiliza alguna de las palabras indicadas en la regla. Algunas están escritas correctamente, y otras no. Si consideras que están bien escritas, déjalas como están y pon una señal de correcto (paloma) en el espacio de la derecha. Si crees que están mal, escríbelas correctamente en el espacio de la derecha.

Ejemplos

Lo siento mucho, no te puedo ayudar. [✓]

Pues yo también lo ciento mucho. siento

1. Se suicidó con un tiro en la cien. ________ [ ]
2. En la fiesta había más de un siento de estudiantes. ________ [ ]
3. Lupe es una cocinera insipiente, no sabe hacer frijoles de la olla. ________ [ ]
4. Este censor detecta el movimiento de una mosca. ________ [ ]
5. No me ciento bien, creo que estoy enfermo. ________ [ ]
6. Una persona incipiente es como un burro o jumento. ________ [ ]

7. Vale más pájaro en mano que un siento volando. ______________ [ ]
8. El censor no permitió proyectar esa película. ______________ [ ]
9. Este acertijo no lo resuelven las personas incipientes, con pocos conocimientos. ______________ [ ]
10. Juan es muy exagerado, dice que ha tenido más de sien novias. ______________ [ ]
11. Ésta es la silla en la que siempre me siento. ______________ [ ]
12. El juego está insipiente, acaba de empezar. ______________ [ ]
13. Me salió una espinilla en la cien izquierda. ______________ [ ]
14. Los sensores ya levantaron el padrón de esta colonia. ______________ [ ]
15. Mándame un siento de tarjetas y un millas de hojas. ______________ [ ]
16. El censor de la temperatura se descompuso. ______________ [ ]
17. Se pintó rayas negras en ambas cienes, parecía un piel roja. ______________ [ ]
18. No ciento la mano, la tengo dormida. ______________ [ ]
19. Este libro trae orientaciones para el escritor incipiente. ______________ [ ]
20. Traigo un gran dolor de cabeza en la cien derecha. ______________ [ ]
21. Un pueblo sin democracia es un pueblo incipiente, ignorante. ______________ [ ]
22. Estos sensores de movimiento son muy modernos. ______________ [ ]
23. Siento mucho que tú no hayas podido asistir. ______________ [ ]
24. Parece que traigo sien agujas clavadas en la sien. ______________ [ ]
25. El sensor es el que censura. ______________ [ ]

Valor: 4 puntos cada una

Calificación:	Revisó:

El sonido *b* también puede plantear algunos problemas, ya que cuando escuchamos una palabra no sabemos si es con *b* o con *v*. Si no escribimos la palabra correctamente, podríamos estar usando un homófono con un significado diferente.

6 Abocar, avocar; acerbo, acervo; rebelar, revelar

Regla

Se les llama **homófonas** a dos o más palabras que suenan igual, pero que se escriben de manera diferente y tienen significados diferentes.

Abocar significa verter el contenido de un cántaro o costal en otro, para lo cual se aproximan las bocas de ambos. Se utiliza para indicar que varias personas se juntan para dedicarse a algo o tratar un negocio. También significa desembocar, ir a parar, comenzar a entrar en un canal o en un puerto. (*Se abocaron a organizar el congreso*). Sus parientes o derivados van con *b*.	**Avocar** significa atraer a sí la resolución de un asunto o causa cuya decisión correspondería a un órgano inferior. Se refiere sobre todo a autoridades judiciales o de gobierno. (*La Procuraduría General se avocó el caso de ese narcotraficante*). Sus parientes o derivados van con *v*.

Acerbo significa áspero al gusto, cruel, riguroso. (*Este guiso quedó muy acerbo*).	**Acervo** es un conjunto o montón de cosas pequeñas, así como un conjunto de bienes morales o culturales acumulados por tradición o herencia. Es el haber que pertenece en común a varias personas, como socios, coherederos o acreedores. (*El acervo cultural de este país es enorme*).
Rebelar significa sublevar, levantar a alguien haciendo que falte a la obediencia debida, oponer resistencia. (*Los del sur se rebelaron contra los del norte*). Sus parientes o derivados van con *b*.	**Revelar** significa quitar el velo, descubrir o manifestar lo ignorado o secreto. En fotografía, significa hacer visible la imagen impresa en la placa o película fotográfica. (*Voy a mandar revelar las fotografías de las vacaciones*). Sus parientes o derivados van con *v*.

Ejercicio

En cada una de las oraciones siguientes se utiliza alguna de las palabras indicadas en la regla. Algunas están escritas correctamente, y otras no. Si consideras que están bien escritas, déjalas como están y pon una señal de correcto (paloma) en el espacio de la derecha. Si crees que están mal, escríbelas correctamente en el espacio de la derecha.

Ejemplos

Nunca te rebeles contra tus profesores. ✓

Yo nunca me revelo contra ellos. rebelo

1. Voy a avocarme a preparar los exámenes. ____________
2. La revelión empezó hace unos días. ____________
3. Pedro tiene un gran acervo de libros. ____________
4. Un tribunal superior se avocó este caso. ____________
5. Tu secreto ya fue rebelado. ____________
6. Esta limonada quedó muy acerba. ____________
7. Los secretos siempre serán rebelados. ____________
8. Juan dice que es un rebelde sin causa. ____________
9. El acerbo de esta biblioteca es enorme. ____________
10. Nos abocaremos a organizar el viaje de prácticas. ____________
11. Tiene un sabor acervo. ____________
12. ¿Ya mandaste revelar las fotos? ____________
13. Pon el costal junto a ese acervo de naranjas. ____________
14. Hay que avocarse a preparar la exposición. ____________
15. Este postre quedó más acerbo que el otro. ____________
16. Arturo es muy revelde con sus padres. ____________
17. Sólo un tribunal superior se puede abocar un caso. ____________
18. La procuraduría se avocó el caso más importante. ____________
19. Estas fotografías quedaron mal rebeladas. ____________
20. Europa posee un gran acerbo cultural. ____________
21. Todos los de tercero se abocaron a organizar la graduación. ____________

22. Su hija se rebeló y la desobedeció. ______________

23. No está sabroso, quedó acervo. ______________

24. La Procuraduría General se avoca los casos de orden federal. ______________

25. En el último capítulo se revela el secreto. ______________

Valor: 4 puntos cada una

Calificación: Revisó:

7 Basta, vasta, ¡basta!

Regla

Se les llama **homófonas** a dos o más palabras que suenan igual, pero que se escriben de manera diferente y tienen significados diferentes.

Basta o **basto**	Significa grosero, tosco, ordinario, burdo, sin pulir. (*La madera está basta*). El *basto* es también uno de los palos de la baraja española. (*Tengo el as de bastos*).
Vasta o **vasto**	Significa muy grande, muy extenso, dilatado. (*Es un vasto territorio*).
¡**Basta**!	Es una interjección, siempre va entre signos de admiración, y significa que ya es bastante, suficiente. El verbo *bastar* significa ser suficiente, tener en abundancia. (*¡Basta! No sigas*).

Ejercicio

En cada una de las oraciones que siguen, hace falta una de las palabras señaladas en la regla. Completa cada oración con la palabra que le haga falta, de acuerdo con el sentido de la oración.

Ejemplo Es una meseta muy ____________.

Es una meseta muy vasta.

1. La madera está muy ____________, hay que pulirla.
2. El Estado de Coahuila tiene un territorio muy ____________.
3. ¡____________! ¡Ya cállense!
4. Él solo se ____________, es autosuficiente.
5. Es un trozo de madera muy ____________, muy grande.
6. No ____________ con haber terminado la carrera.

7. Tu madre es muy ____________ cuando nos invita a comer.
8. Con que me lo digas una vez, ya ____________.
9. Es un lago muy ____________, muy extenso.
10. ¡Dejen de pelear! ¡Ya ____________!
11. La estatua está todavía muy ____________, hay que terminarla.
12. No ____________ con pulirla, hay que pintarla también.
13. ____________ con que vayamos tres de nosotros.
14. Es una persona muy ____________, no tiene muchos estudios.
15. Es una persona muy ____________, muy generosa.
16. ____________ con que le pidas un favor, y te lo hace inmediatamente.
17. ¡____________! ¡No sigas!
18. Esa mesa está todavía muy ____________, me enterré una astilla.
19. Me salió el ocho y el nueve de ____________.
20. Nos sirvió una comida muy ____________, muy abundante.
21. No ____________ con que me pidas perdón.
22. Con una cucharada de azúcar ____________.
23. No entiendes, eres muy ____________.
24. Es un manantial muy ____________, sale agua en abundancia.
25. ¡Es suficiente! ¡Ya ____________!

Valor: 4 puntos cada una

Calificación:	Revisó:

8 Bello, vello; barón, varón; botar, votar; bienes, vienes

Regla

Se les llama **homófonas** a dos o más palabras que suenan igual, pero que se escriben de manera diferente y tienen significados diferentes.

Bello significa hermoso. (*Es un lugar muy bello*).	**Vello** es el pelo más corto y más suave que el de la cabeza, que sale en algunas partes del cuerpo. (*Me arrancó un vello del brazo*).
Barón es un título de dignidad. (*Dice que es el barón de Cuatrociénegas*).	**Varón** significa un ser humano del sexo masculino (*Es un varón muy educado*).
Botar significa hacer saltar una pelota o un balón. (*Vamos a botar la pelota*). Sus parientes o derivados siempre van con *b*.	**Votar** significa emitir un sufragio, un voto. (*Hay que votar por la planilla azul*). Sus parientes o derivados siempre van con *v*.
Bienes significa el patrimonio, hacienda o caudal de una persona. (*Tiene muchos bienes*).	**Vienes** es el presente del verbo *venir*. (*Tú siempre vienes acompañado*). Sus parientes o derivados siempre van con *v*.

3. ____

Indica y explica brevemente tres reglas para el uso de la *b* y la *v*.

3

1. ____

2. ____

3. ____

Escribe la definición de homónimo, homógrafo y homófono.

4

1. Homónimo

____

2. Homógrafo

____

3. Homófono

____

Situación comunicativa del texto personal

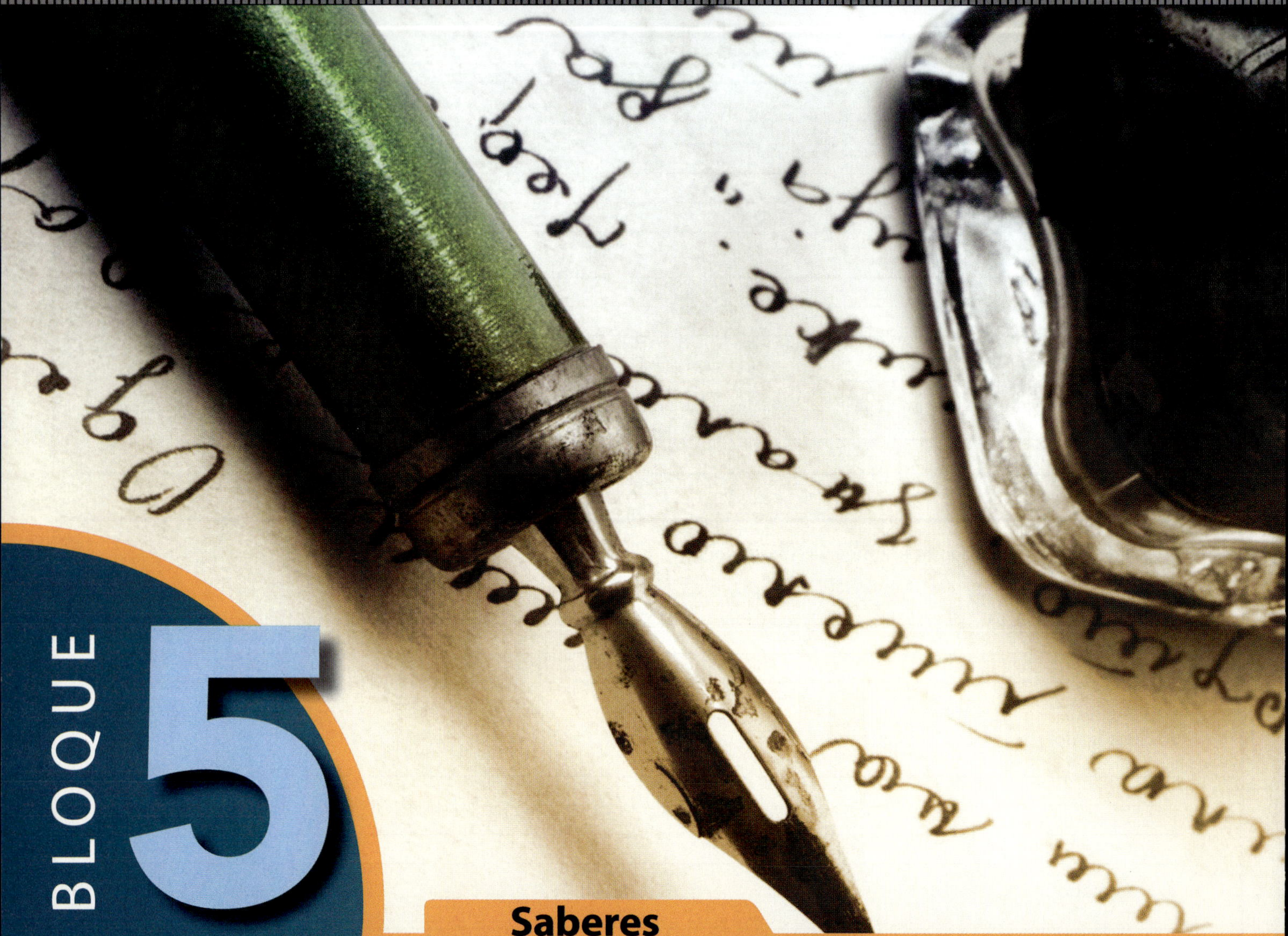

BLOQUE 5

Saberes

Conocimientos

5.1 Reconoce las funciones del lenguaje que predominan en el texto personal.
- Emotiva.
- Apelativa.

5.2 Interpreta las funciones que predominan en el texto personal.
- Función apelativa.
- Función emotiva.

5.3 Clasifica las características de los textos personales.
- Externas.
- Internas.

Unidades de competencia

Utiliza la función emotiva y la función apelativa en la redacción de textos personales, que expresen connotativamente su contexto cotidiano.

¿Qué sabes hacer ahora?

En equipos de 4 o 5 personas, respondan las siguientes preguntas:

1. ¿Cuáles son los textos personales?
2. ¿Cuáles son las funciones del lenguaje que predominan en el texto personal?
3. ¿Qué significa la función apelativa del lenguaje?
4. ¿Qué significa la función emotiva del lenguaje?
5. ¿Qué características debe tener un texto personal?

En plenario, y bajo la coordinación del profesor, se realizarán las siguientes actividades:

1. Cada equipo expondrá las conclusiones a las cinco preguntas planteadas inicialmente.
2. Se analizará lo acertado de las respuestas dadas por los equipos.
3. El profesor complementará las ideas expuestas sobre las funciones y las características de los textos personales.

Habilidades

- Explica las funciones del lenguaje en el texto personal.
- Clasifica las funciones del lenguaje en el texto personal, según el tipo de mensaje que quiere transmitir.
- Aplica las características de los textos personales en la redacción de escritos.

Actitudes y valores

- Promueve la comunicación como elemento socializador en la aplicación de las funciones del lenguaje.
- Asume una actitud reflexiva y crítica en la redacción de textos personales.
- Colabora con responsabilidad en las redacciones realizadas en equipo para clasificar las características de los textos personales.
- Fomenta actitudes propositivas y empáticas al interpretar las características de los textos personales en la redacción de diálogos.

Situación didáctica

¿Cómo lo resolverías?

En la clase de historia leyeron un fragmento de la *Historia verdadera de la conquista de la Nueva España,* de Bernal Díaz del Castillo, el cual se presenta a continuación.

Después de leerlo, unos compañeros decían que se trataba de un texto expositivo de carácter histórico, mientras que otros afirmaban que se trataba de un texto personal de carácter histórico.

¿Se trata de un texto personal o de un texto expositivo? Deben dar una respuesta fundamentada.

gura 5.1

Y también en ese instante, ya que queríamos partir, vinieron cuatro grandes principales, que envió el gran Montezuma ante Cortés, a quejarse de Pedro de Alvarado, y lo que dijeron llorando muchas lágrimas de sus ojos, que Pedro de Alvarado salió de su aposento con todos los soldados que le dejó Cortés, y sin causa ninguna dio en sus principales y caciques que estaban bailando y haciendo fiesta a sus ídolos, con licencia que para ello les dio Pedro de Alvarado, y que mató e hirió muchos de ellos, y que por defenderse le mataron seis de sus soldados; por manera que daban muchas quejas de Pedro de Alvarado. Y Cortés les respondió a los mensajeros algo desabrido y que él iría a México y pondría remedio en todo; y así fueron con aquella respuesta a su gran Montezuma; y dizque la sintió muy mala, y hubo enojo de ella. Y asimismo luego despachó Cortés cartas para Pedro de Alvarado, en que envió a decir que mirase que Montezuma no se soltase, y que íbamos a grandes jornadas, y le hizo saber de la victoria que habíamos habido contra Narváez, lo cual ya sabía el gran Montezuma.

Pedro de Alvarado estaba cercado y México rebelado… Cortés habló a los de Narváez: que sintió que no irían con nosotros de buena voluntad a hacer aquel socorro, y les rogó que dejasen atrás enemistades pasadas por lo de Narváez, ofreciéndoseles de hacerlos ricos y darles cargos… Cortés que llevaba gente para poder entrar muy a nuestro salvo en México; y demás de esto, en Tlaxcala nos dieron los casiques [sic] dos mil indios de guerra… y llegamos a México… y no aparecían por las calles casiques y capitanes, ni indios conocidos, sino todas las casas despobladas…

[…] visto y hablado con Pedro de Alvarado y los soldados que con él se quedaron, y ellos nos daban cuenta de las guerras que los mexicanos les daban […] Cortés oyó, le dijo muy enojado que era muy mal hecho y gran desatino […] dicen algunas personas que Pedro de Alvarado, por codicia de haber mucho oro y joyas de gran valor con que bailaban los indios, les fue a dar guerra, yo no lo creo… ni es de creer que tal hiciese…

[…] el gran Montezuma les hablaba desde una azotea, y les dijo que cesaran las guerras, y que nos queríamos ir de su ciudad. Y cuando al gran Montezuma se lo fueron a decir de parte de Cortés, dicen que dijo con gran dolor "¿Qué quiere ya de mi Malinche, que yo no deseo vivir ni oírle?… y le dieron tres pedradas, una en la cabeza, otra en un brazo y otra en una pierna; y puesto que le rogaban que se curase y comiese y le decían sobre ello buenas palabras, no quiso… y vinieron a decir que era muerto.

Bernal Díaz del Castillo, *Historia verdadera de la conquista de la Nueva España.*

Secuencia didáctica

¿Qué tienes que hacer?

1. Se leerá el texto de Bernal Díaz del Castillo.
2. Se analizará el contenido del tema: situación comunicativa del texto personal.
3. Se organizarán cuatro o cinco equipos de trabajo. Cada equipo preparará su respuesta fundamentada al problema que se planteó en la situación didáctica.
4. Se presentarán en clase las respuestas de los equipos.
5. Se hará un debate sobre las características esenciales de los textos personales.
6. Al término del bloque se llevará a cabo la evaluación del mismo.

Rúbrica

¿Cómo sabes que lo hiciste bien?

El estudiante se autoanalizará y responderá esta rúbrica, en relación con las competencias alcanzadas a lo largo de esta unidad.

COMPETENCIA REQUERIDA	VALORACIÓN		
	Logro individual	Logro con ayuda	No lo he logrado
1. Distingo las funciones del lenguaje que predominan en el texto personal al realizar una lectura de interés común.			
2. Establezco el uso de las funciones en los textos personales al redactar mensajes cotidianos.			
3. Distingo las características de los textos personales para aplicarlas en la redacción de mensajes y en la lectura de textos de interés personal o social.			
4. Identifico las características externas e internas de los textos personales, en diferentes tipos de lecturas: noticias de actualidad, artículos de investigación o temas literarios, entre otros.			
5. Redacto textos personales utilizando situaciones reales o de mi vida cotidiana, destacando la importancia de la correcta aplicación de sus características.			

INTRODUCCIÓN

Llamamos textos personales a los que utilizamos en la vida diaria, para narrar o describir lo que hacemos. Pueden ser **históricos** (como el diario, la autobiografía y la memoria), **familiares** (como la carta, la anécdota y el mensaje electrónico) o **escolares** (como la agenda, los apuntes de clase y el cuaderno de trabajo).

En este bloque analizaremos las **características generales de los textos personales**. Posteriormente, estudiaremos las características particulares de cada una de las variedades de textos personales.

Son dos **los aspectos que definen a un tipo o variedad de texto**: por un lado, su situación comunicativa, de la que depende su intención comunicativa y las funciones que cumple; y por otro, las características tanto externas como externas que posee ese texto.

5.1 FUNCIONES DEL LENGUAJE QUE PREDOMINAN EN EL TEXTO PERSONAL

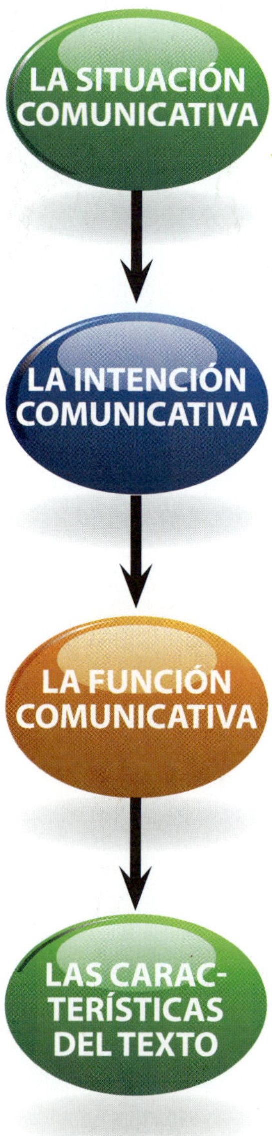

La intención comunicativa de un texto define la función que éste cumple o debe cumplir. Los textos pueden cumplir una o varias de las siguientes funciones: emotiva, conativa o apelativa, referencial o informativa, metalingüística, fática y poética.

Los textos personales que estudiaremos en este libro **pueden cumplir varias de estas funciones**, dependiendo de la situación en la que sean expresados o elaborados. Veamos algunos ejemplos.

- Cuando escribes tus **apuntes en clase**, o cuando haces anotaciones en tu **cuaderno de trabajo**, tus escritos cumplen una función referencial, ya que a través de ellos estás haciendo alusión a la información que ves en clase o que estudias en tu casa. Si en ellos incluyes tus opiniones o tus sentimientos sobre lo que estás apuntando, también cumplen una función emotiva.
- Lo mismo sucede cuando llevas una **agenda** de las actividades pendientes o una **bitácora** de las actividades que has realizado. Estos escritos cumplen también una función referencial.
- Cuando llevas un **diario personal** o cuando escribes tus **memorias**, estos escritos no sólo cumplen una función referencial, sino también una función emotiva, ya que en ellos estás plasmando tus emociones y sentimientos, que son parte de tu historia de vida, parte de tu personalidad.
- Lo mismo sucede cuando alguien escribe su **autobiografía** o cuando escribe sus impresiones sobre algún **viaje** realizado.
- Cuando escribes una **carta** a tus familiares o amigos, cuando les mandas **mensajes electrónicos** o cuando **platicas en línea** con ellos (cuando "chateas"), estás cumpliendo varias funciones:
  - **La función referencial o informativa,** porque a través de tus mensajes estás proporcionando datos o información sobre algo.
  - **La función emotiva**, no sólo porque a través de tu forma de escribir expresas tu formación y personalidad, sino también porque mediante tus escritos expresas tus sentimientos.
  - **La función conativa o apelativa**, porque en tus cartas y mensajes te diriges a otras personas.
  - **La función fática**, porque a través de estos textos estás estableciendo y conservando una relación con tus familiares y amigos.

Así pues, podemos decir que la **situación** en la cual estableces alguna comunicación (ya sea oral o escrita) es la que determina la **intención comunicativa** del texto que emites o produces y, por tanto, la **función** que está destinado a cumplir ese texto. A su vez, de la función comunicativa dependen las **características** que debe poseer el texto, con el fin de que la pueda cumplir cabalmente.

Evaluación formativa

En equipos de cuatro o cinco personas, respondan las siguientes preguntas:

1. ¿Cómo definen la situación comunicativa de un texto?

____

____

____

2. ¿Cómo definen la intención comunicativa de un texto?

____

____

____

3. ¿Cómo definen la función comunicativa de un texto?

____

____

4. A manera de conclusión, dramaticen un caso de la vida real que se relacione con las respuestas que obtuvieron.
5. Analizar los trabajos presentados e identificar los aciertos y errores que cada equipo tuvo, asumir las críticas de forma constructiva y objetiva.

5.2 FUNCIONES QUE PREDOMINAN EN EL TEXTO PERSONAL

Aunque los textos personales pueden cumplir las seis funciones que explicamos anteriormente, podemos decir que **en ellos predominan las siguientes tres**:

- **La función emotiva**, ya que es en este tipo de textos donde plasmamos nuestras opiniones, nuestras emociones, nuestros sentimientos, nuestros planes futuros, nuestros ideales, etcétera.
- **La función conativa o apelativa**, ya que para dirigirnos a nuestros familiares y amigos necesitamos hacer uso de algunos de los textos personales.
- **La función fática**, ya que mediante algunos de estos textos logramos mantener el contacto con nuestros familiares y amigos, a veces aun sin tener nada especial que comunicarnos.

Este predominio se entiende más fácilmente si analizamos la relación texto-función a partir de las funciones mismas, de la siguiente manera:

- **Para cumplir la función emotiva**, necesariamente debemos utilizar alguno de los textos personales.
- **Para cumplir la función conativa o apelativa**, la mejor manera de hacerlo es mediante el uso de alguno de los textos personales.
- **Para cumplir la función fática**, necesariamente debemos utilizar alguno de los textos personales.

5.3 CARACTERÍSTICAS DE LOS TEXTOS PERSONALES

Cada texto es diferente, dependiendo de su intención comunicativa y de la función que esté cumpliendo en determinada situación.

Esas diferencias se manifiestan tanto en las **características externas** o visibles (la forma) del texto, como en sus **características internas** o de contenido (el fondo).

Evaluación formativa

En equipos de cuatro o cinco personas, indiquen en la columna derecha, las principales funciones que cumple cada uno de los textos personales anotados en la columna izquierda.

Textos personales	Funciones que predominan
Autobiografía	
Diario	
Memorias	
Cuaderno de viaje	
Anécdota	
Carta	
Mensaje electrónico	
Agenda	
Bitácora	
Apuntes de clase	
Cuaderno de trabajo	

Características externas del texto personal

En cuanto a su **forma externa**, cada tipo de texto posee sus propias características.

Por ejemplo, en cuanto a la **extensión** del mismo:

- Una **anécdota** podrá ser narrada en unos minutos o escrita en media página o cuartilla.
- En cambio, un **cuaderno de viaje** puede tener más de 50 páginas de extensión.
- Y un **mensaje electrónico** puede ser de dos o tres renglones únicamente.
- Mientras que una **autobiografía** puede tener cientos de páginas.

El **medio** que se utiliza para trasmitir el texto también es variable y depende del tipo de texto de que se trate.

- Para los **textos orales**, se utiliza la palabra hablada; en cambio, para los **textos escritos** se usa la palabra impresa en una hoja, papel, cartulina, lámina u otro medio que la pueda aceptar.
- El **diario personal** por lo general, se escribe en un cuaderno grueso con pastas duras.
- Los **apuntes de clase** se llevan en cuadernos más ligeros.
- La **agenda** se lleva en calendarios o libretas especialmente diseñadas para eso.
- Los **mensajes electrónicos** se mandan por computadora.

Figura 5.2
Diario Personal

También en cuanto a su **estructura externa** los textos pueden ser diferentes.

- Una **carta** empieza por la fecha, luego el saludo a la persona a la que se dirige la carta, luego el contenido, para finalizar con la firma. Si algo se olvidó, se pone una posdata.
- Las **agendas**, las **bitácoras**, los **diarios personales** y las **autobiografías** llevan un orden cronológico, por fechas.
- Los **apuntes de clase** se organizan por materias y luego por sesión de clase.
- La **plática en línea** por internet tiene la forma de un diálogo, en el que cada persona va escribiendo por turnos, no más de dos o tres renglones a la vez.

Dependiendo de la intención comunicativa y, por lo tanto, de la función comunicativa que se va a cumplir, se selecciona el tipo de texto o mensaje más adecuado, con las características externas que cumplan dicha función.

Características internas del texto personal

Pero los diferentes tipos de texto no sólo varían en cuanto a sus características externas, sino también en cuanto a sus características internas, **de fondo**, de contenido.

El contenido o las ideas que se expresan mediante cada tipo de mensaje o de texto es un aspecto de fondo que los hace diferentes entre sí.

- En un **diario personal**, unas **memorias**, un **cuaderno de viaje** o una **autobiografía**, el texto se refiere a los pensamientos, a los sentimientos, a las experiencias de la persona que los escribe.
- En una **agenda** se anotan las actividades que debe realizar la persona, mientras que en una **bitácora** se relata el desarrollo de las actividades que ya se llevaron a cabo.
- En los **apuntes de clase** y en los **cuadernos de trabajo** se anotan las ideas que va captando la persona, sus comentarios, sus dudas, sus inquietudes.
- En las **cartas**, **mensajes electrónicos** y **plática en línea**, es la persona misma la que se está expresando o manifestando.

Cada variedad de textos utiliza de manera preferente alguno de los **prototipos textuales** que analizamos anteriormente.

- En los **apuntes de clase** y en los **cuadernos de trabajo** se utilizan textos expositivos.

Figura 5.3
Los correos y mensajes electónicos se mandan por computadora.

Figura 5.4
Diario personal.

Figura 5.4
Apuntes de clase.

Figura 5.6
Plática en línea.

- En el **diario personal**, las **memorias**, los **cuadernos de viaje** y las **autobiografías**, se utiliza más el texto narrativo y el descriptivo.
- En la **bitácora** se utiliza más el texto narrativo y el expositivo.
- En la **plática en línea** se utilizan los textos dialógicos y conversacionales.
- En las **cartas** y en los **mensajes electrónicos** se pueden utilizar los textos narrativos, descriptivos, expositivos y conversacionales.

También **la manera de escribir o de utilizar el lenguaje** marca una diferencia entre cada variedad textual.

- En las **agendas** se puede escribir de manera abreviada, tipo telegráfico.
- En los **apuntes de clase** se pueden utilizar las abreviaturas o el acortamiento de palabras, así como otro tipo de signos que representen las palabras que más se utilizan. Como las agendas y los apuntes de clase son para uso exclusivo de la persona que los elabora, basta con que ella se entienda.
- En cambio, en las **bitácoras** y en las **autobiografías** se debe utilizar el lenguaje completo, sin abreviar, ya que serán leídos por otras personas.
- En las **cartas** y en los **mensajes electrónicos** se debe utilizar también un lenguaje completo, aunque se pueden abreviar algunas palabras de uso común, que se supone que la otra persona va a entender.
- En la **plática en línea**, se ha hecho una costumbre utilizar un lenguaje más degradado, que se ha convertido en una jerga y a veces en una jerigonza (como ejercicio, te encargamos consultar estas dos palabras en el diccionario).

Aunque todos los textos que estudiaremos ahora son textos personales, cada uno de ellos se diferencia de los demás tanto por su intención comunicativa como por sus características internas y externas.

EF

En plenario, y bajo la coordinación del profesor, se realizarán las siguientes actividades:

1. Cada equipo expondrá las conclusiones a las tres preguntas planteadas inicialmente.
2. El profesor complementará las ideas expuestas sobre los temas planteados.
3. Se analizará lo acertado de las respuestas dadas por los equipos.

Evaluación formativa

1. ¿Cuáles son las características externas que distinguen a una variedad de textos personales de otra?

____

____

____

____

____

2. ¿Cuáles son las características internas que diferencian a una variedad de textos personales de otra?

____

____

____

____

____

3. Selecciona una lectura de tu interés y menciona cuáles son sus características internas y externas.

Evaluación formativa

En plenario, y bajo la coordinación del profesor, se realizarán las siguientes actividades:

1. Cada equipo expondrá las conclusiones a las dos preguntas planteadas inicialmente.
2. El profesor complementará las ideas expuestas sobre los temas planteados.
3. Se analizará lo acertado de las respuestas dadas por los equipos.

En el siguiente bloque, analizaremos las características particulares de algunos textos personales de carácter histórico, de otros textos personales en el ámbito familiar y de otros en el ámbito escolar.

Para tu Reflexión

Lee el siguiente texto de Bernal Díaz del Castillo (escrito en 1517) para luego responder las preguntas que se indican al final.

Cómo descubrimos la Provincia de Yucatán

En ocho días del mes de febrero del año de mil quinientos diez y siete salimos de la Habana, del puerto de Axaruco, que es en la banda del norte, y en doce días doblamos la punto de Santo Antón, que por otro nombre en la isla de Cuba se llama Tierra de los Guanahataveyes, que son unos indios como salvajes. Y doblada aquella punta y puestos en alta mar, navegamos a nuestra ventura hacia donde se pone el sol, sin saber bajos ni corrientes ni qué vientos suelen señorear en aquella altura, con gran riesgo de nuestras personas, porque en aquella sazón nos vino una tormenta que duró dos días con sus noches, y fue tal que estuvimos para perdernos; y desde que abonanzó, siguiendo nuestra navegación, pasados veintiún días que habíamos salido del puerto, vimos tierra, de que nos alegramos y dimos muchas gracias a Dios por ello. La cual tierra jamás se había descubierto ni se había tenido noticia de ella hasta entonces, y desde los navíos vimos un gran pueblo que, al parecer, estaría de la costa dos leguas, y viendo que era gran poblazón y no habíamos visto en la isla de Cuba ni en la Española pueblo tan grande, le pusimos por nombre el Gran Cairo. Y acordamos que con los dos navíos de menos porte se acercasen lo más que pudiesen a la costa, para ver si habría fondo para que pudiésemos anclar junto a tierra; y una mañana, que fueron cuatro de marzo, vimos venir diez canoas muy grandes, que dicen piraguas, llenas de indios naturales de aquella poblazón, y venían a remo y vela. Son canoas hechas a manera de artesas, y son grandes y de maderos gruesos y cavados de arte que están huecos; y todas son de un madero, y hay muchas de ellas en que caben cuarenta indios.

Quiero volver a mi materia. Llegados los indios con las diez canoas cerca de nuestros navíos, con señas de paz que les hicimos, y llamándoles con las manos y capeando para que nos viniesen a hablar, porque entonces no teníamos lenguas que entendiesen la de Yucatán y mexicana, sin temor ninguno vinieron, y entraron en la nao capitana sobre treinta de ellos, y les dimos a cada uno un sartalejo de cuentas verdes, y estuvieron mirando por un buen rato los navíos. Y el más principal de ellos, que era cacique, dijo por señas que se querían torna en sus canoas e irse a su pueblo; que para otro día volverían y traerían más canoas en qué saltásemos en tierra.

Bernal Díaz del Castillo, *Historia de la conquista de Nueva España.*

1. ¿Cuál es la situación comunicativa de este texto?

____

____

____

2. ¿Cuál es su intención comunicativa?

____

____

____

Unidades de competencia

Emplea la clasificación de los textos personales como parte fundamental para emitir e interpretar mensajes de manera asertiva en los ámbitos personal, familiar, escolar, social y cultural.

¿Qué sabes hacer ahora?

En equipos de 4 o 5 personas, respondan las siguientes preguntas:

1. ¿Qué textos personales de carácter histórico conocen?
____
____
2. ¿Qué textos personales de carácter familiar conocen?
____
____
3. ¿Qué textos personales de carácter escolar conocen?
____
____
4. ¿Qué cosa es una bitácora?
____
5. ¿Qué cosa es un cuaderno de trabajo?
____

En plenario, y bajo la coordinación del profesor, se realizarán las siguientes actividades:

1. Cada equipo expondrá las conclusiones a las cinco preguntas planteadas inicialmente.
2. Se analizará lo acertado de las respuestas dadas por los equipos.
3. El profesor complementará las ideas expuestas sobre los tipos y características de los textos personales.

Habilidades

- Redacta diversos textos personales, destacando cada una de sus características y funciones.
- Identifica las diferencias que existen entre los tipos de textos personales
- Distingue las características externas e internas en los diferentes tipos de textos personales.
- Aplica las características de los diferentes tipos de textos personales señalando las diferencias.

Actitudes y valores

- Colabora en la elaboración de una memoria sobre los sucesos más representativos de su plantel, compartiendo información, puntos de vista y tolerancia a la diferencia de ideas.
- Fomenta la participación para hacer un uso correcto de los diferentes textos familiares.
- Promueve la creatividad y la opinión personal para la redacción de una carta con un tema de interés personal.
- Respeta el trabajo de los demás con una postura tolerante y muestra interés al compartir dudas u opiniones.
- Muestra su cuaderno de trabajo, destacando las características que lo representan.

Situación didáctica

¿Cómo lo resolverías?

Se hará una exposición en la escuela, con ejemplos de los diferentes tipos de textos personales. A esta exposición se invitará a los padres de familia, para que vean los trabajos que realizan sus hijos.

En la exposición se exhibirá únicamente un trabajo de cada salón de clase, por cada tipo de texto personal: una autobiografía, un cuaderno de viaje, una carta, una agenda, etcétera.

En tu salón se hará una presentación previa, con el fin de seleccionar los textos que los representarán en la exposición de la escuela.

Secuencia didáctica

¿Qué tienes que hacer?

1. Se analizará el contenido del tema: clasificación de textos personales.
2. Se organizarán cuatro o cinco equipos de trabajo. Cada equipo preparará un ejemplo de cada tipo de texto, con el fin de presentarlo ante la clase.
3. Los equipos prepararán sus ejemplos de cada texto personal.
4. Se hará la exposición interna en el salón de clase, de todos los ejemplos de textos preparados por los equipos.
5. Habrá un jurado que califique los productos, con el fin de obtener el mejor ejemplo de cada tipo de texto.
6. El profesor retroalimentará a los estudiantes acerca de los aciertos y errores que tuvieron en sus productos.
7. Al término del bloque se llevará a cabo la evaluación del mismo.

Rúbrica

¿Cómo sabes que lo hiciste bien?

El estudiante se autoanalizará y responderá esta rúbrica, en relación con las competencias alcanzadas en esta unidad.

COMPETENCIA REQUERIDA	VALORACIÓN		
	Logro individual	Logro con ayuda	No lo he logrado
1. Elaboro una autobiografía, a partir de su función y características.			
2. Dramatizo una anécdota de mi vida, destacando su función y características, así como las diferencias que existen entre ésta, una carta y un mensaje electrónico.			
3. Produzco textos personales empleando las normatividad de este tipo de textos.			
4. Elaboro textos personales destacando sus características y funciones de la lengua.			
5. Redacto con precisión, adecuación y coherencia, diferentes mensajes relacionados con mi entorno.			
6. Expreso las diferencias entre los distintos tipos de textos para reproducir ideas y conceptos que me permitan expresarme y comunicarme de manera clara en los ámbitos personal, familiar, escolar.			

INTRODUCCIÓN

En el bloque anterior estudiamos las funciones y características generales de los textos personales. Ahora **vamos a estudiar de manera más particular cada uno de los textos personales**, con el fin de que desarrolles la capacidad para redactarlos correctamente. Para este estudio, clasificaremos a los textos personales en tres tipos: los de carácter histórico, los familiares y los escolares.

6.1 TEXTOS HISTÓRICOS

Denominamos textos históricos aquellos que tienen como finalidad el narrar o describir **sucesos o acontecimientos reales que son dignos de recordar**, ya sean públicos o privados.

En este caso, vamos a hablar de los **textos personales que tienen un carácter histórico**, es decir, que están orientados a narrar o describir acontecimientos personales que son dignos de recordar. En particular, vamos a hablar de la autobiografía, del diario personal, de las memorias y del cuaderno de viaje.

Para cada uno de estos textos **analizaremos primero sus características particulares (tanto externas como internas), y luego presentaremos algunas orientaciones para elaborarlos correctamente.** Terminaremos cada apartado con algunos ejercicios, en los cuales puedas practicar las orientaciones que te presentamos.

Autobiografía

Llamamos autobiografía a la vida de una persona escrita por ella misma. Se llama simplemente biografía a la narración de la vida de una persona por alguien diferente a ella.

La **intención comunicativa** de una autobiografía es relatar, narrar o describir la vida de la persona que los escribe, con el fin de publicarla o hacerla del conocimiento de otras personas.

Así pues, las principales **funciones** que cumple una autobiografía son la **referencial** y la **emotiva**. De estas funciones brotan las características que se explican a continuación.

Características particulares

En cuanto a sus **características externas**, podemos indicar las siguientes:

- Por lo general, las autobiografías se escriben en **cuadernos**, en hojas sueltas o, actualmente, en algún procesador de textos en la computadora. Una vez concluidas, serán publicadas a manera de libro.
- La **estructura u organización** de una autobiografía es cronológica, y debe seguir un orden estricto, desde el nacimiento de la persona hasta el momento actual de su vida.
- Por lo general, las autobiografías son **extensas**, ya que abarcan toda la vida de una persona.

En cuanto a sus **características internas**, podemos anotar las siguientes:

- Las autobiografías pertenecen al prototipo de textos **narrativos** y **descriptivos**.
- **Contenido**: En ellas se van anotando los hechos principales de la vida de una persona, sus recuerdos, sus vivencias, sus experiencias. En la autobiografía se incluyen tanto aspectos familiares y personales, como escolares y laborales. Se trata de relatar la vida completa de una persona, bajo todos sus aspectos o facetas.
- En las autobiografías se debe utilizar un **lenguaje más formal**, ya que su destino es ser publicadas con el fin de que otras personas las lean.

Orientaciones prácticas

Quien escribe su autobiografía debe seguir un **orden cronológico**, desde su nacimiento (o desde antes, describiendo a su familia y el lugar donde habrá de nacer) hasta el momento actual.

Figura 6.1
Escritor.

Vale la pena indicar que una autobiografía no es lo mismo que un **currículum vítae** (texto funcional que analizaremos en el segundo semestre del Taller de Lectura y Redacción). Mientras que un currículum vítae o currículo se estructura en función de los diferentes aspectos de la vida de la persona (datos personales, escolares, laborales, publicaciones, etc.), la autobiografía se estructura por orden cronológico, en función de las diferentes etapas de la vida. Además, en un currículo simplemente se **enlistan** los principales aspectos de la vida de una persona, mientras que en una autobiografía se **narran**, se relatan, se describen los principales acontecimientos en su vida.

El lenguaje que se utiliza en una autobiografía es más formal, pero puede ser del tipo **literario** en cuanto que puede emplear todos los elementos propios de este lenguaje: la narración, la descripción, el diálogo, las figuras literarias, etc. Dado que el objetivo de una autobiografía es dar a conocer a otros la historia de nuestra vida, hay que hacerlo con un lenguaje atractivo, que capture la atención de los lectores.

Ya que se trata de un trabajo más complejo o más completo es preciso que, antes de empezar a elaborar una autobiografía, se tenga un **plan general** de la obra, es decir, el esquema general o la estructura que se seguirá, las partes en que se subdividirá, los capítulos que contendrá, etcétera.

Si has llevado un diario personal o si has escrito algunas memorias parciales sobre algunas etapas o algunos acontecimientos particulares de tu vida, tendrás más elementos para escribir tu autobiografía.

Taller

Describe una época de tu vida, como si fuera parte de una autobiografía en tu cuaderno.

Una vez terminado el ejercicio, te puedes reunir con otro compañero, para leer y corregirse mutuamente su trabajo, en especial verificar que hayan respetado las reglas de la acentuación, la ortografía y la redacción.

Diario personal

Figura 6.2
Diario personal.

Llamamos diario a la relación histórica de lo que ha ido sucediendo por días o día por día. Un diario personal es la relación histórica de los principales hechos que le han venido sucediendo a una persona, narrada día por día.

La **intención comunicativa** de este tipo de textos es **intrapersonal**, es decir, que mediante un diario personal el individuo pretende estar en contacto consigo mismo y no con otras personas. Un diario personal es un texto que no se escribe para mostrarlo a los demás, para comunicarse con los demás, sino que se escribe para tener un registro de los acontecimientos, pensamientos y sentimientos de la persona que lo va llevando.

Así pues, las principales **funciones** que cumple un diario personal son la **referencial y la emotiva**. De estas funciones brotan las características que se explican a continuación.

Características particulares

En cuanto a sus **características externas**, podemos indicar las siguientes:

- Por lo general, los diarios personales se escriben en **cuadernos pequeños** (tamaño media carta) con pastas gruesas, a manera de libros, los cuales se pueden comprar en las papelerías. Sin embargo, se puede llevar un diario personal en cualquier cuaderno que se tenga.
- La **estructura u organización** de un diario personal es cronológica, ya que en él se van haciendo anotaciones aquellos días que la persona considere que sucedió algo que vale la pena anotar.
- La **extensión** de un diario personal es variable, dependiendo de las veces que escriba la persona y de la cantidad de sucesos, ideas y pensamientos que escriba cada día.

En cuanto a sus **características internas**, podemos anotar las siguientes:

- Los diarios personales pertenecen al prototipo de textos **narrativos** y **descriptivos**.
- **Contenido**: en ellos se van anotando los **acontecimientos** que suceden en la vida de la persona, sus comentarios sobre ellos, sus pensamientos y sus sentimientos.
- **Lenguaje**: en los diarios personales se pueden utilizar las **abreviaturas** o el acortamiento de palabras, así como otro tipo de signos que representen las palabras que más se utilizan. Como estos diarios son para uso exclusivo de la persona que los elabora, basta con que ella los entienda.

Figura 6.3
En el diario personal podemos expresar lo que setnimos y pensamos.

Orientaciones prácticas

Un diario personal es como **un amigo** al que se le puede platicar todo, sin temor de que nos critique o se burle de nosotros.

Hay muchas cosas que podemos platicar con nuestros amigos y compañeros; hay otras que sólo podemos decirle a nuestros familiares; otras que sólo podemos comentar con nuestro amigo o amiga más íntima. Pero hay otras que no nos animamos a platicar con nadie. En estos casos, **el diario personal es una buena opción para expresar lo que nos ha sucedido**, nuestros pensamientos y nuestros sentimientos más íntimos.

Con el fin de que te sientas en confianza para llevar un diario personal, lo primero que debes hacer es **asegurarte de que nadie más lo va a leer**. Por eso, lo debes guardar en un lugar seguro, fuera del alcance de las demás personas. Así no sentirás ningún temor al escribir todo aquello que pienses y sientas.

Aunque existen algunos diarios en forma de libros pequeños con hojas en blanco, que se venden en las papelerías, tú puedes llevar tu diario en **cualquier cuaderno**. Lo que importa es que puedas expresar tus ideas, pensamientos y sentimientos más íntimos, en relación con lo que te va sucediendo durante tu vida.

Aplicación de tus Saberes

Actividad

Proponer al grupo que lleven un diario durante el semestre; cada alumno elegirá si lo lleva o no, argumentando las ventajas y desventajas que tiene el realizarlo.

El profesor realizará un registro de los estudiantes que hayan elegido llevar a cabo su diario, para al final del semestre comentar con el grupo la experiencia que tuvieron.

Llevar un diario no es una obligación, sino una **ayuda de tipo personal**. Por eso, no te sientas obligado a escribir algo todos los días. Se escribe en el diario personal cuando uno siente la **necesidad de expresar algo** que le sucedió, que le angustia o simplemente algo que considera digno de recordar.

A veces, cuando tenemos un **problema existencial** que nos agobia y nos angustia, platicar con alguien más sobre ese problema puede ayudar a solucionarlo, porque entonces vemos reflejada la situación de una manera más objetiva y podemos recibir retroalimentación por parte de la otra persona. Por eso, en la mayoría de las escuelas existen departamentos de orientación psicopedagógica, en los que hay personal entrenado para ayudar a los alumnos a enfrentar sus problemas personales, familiares y existenciales.

Aunque no sea al mismo nivel, el hecho de llevar un diario personal también puede ayudar a resolver esos problemas que se nos presentan, por varias razones:

- En primer lugar, porque el hecho de expresar nuestros problemas, aunque sea de manera escrita, permite un **alivio a la ansiedad** o angustia que sentimos.
- En segundo lugar, porque al tratar de escribir lo que nos está pasando, tenemos que **pensar sobre eso**, es decir, tratamos de razonar la situación, de analizarla. Y eso ayuda a objetivar el problema.
- Por último, porque al escribir lo que nos está sucediendo, lo dejamos plasmado en el papel y **podemos releerlo** o revisarlo al día siguiente o varios días después. De esta manera, podemos analizar nuestros problemas de manera más objetiva.

Ahora bien, un diario personal no se utiliza únicamente cuando tenemos algún problema, sino también cuando estamos pasando por una **situación agradable**, emocionante, bonita, que consideramos digna de recordar.

Escribir en el diario personal es como sacarnos una **fotografía interna** de lo que estamos experimentando en un momento dado, ante algo que está sucediendo y que repercute en nuestra personalidad. De la misma manera, al mirar una fotografía recordamos la ocasión en la que fue tomada, también cuando releemos nuestro diario recordamos la situación o el momento en que escribimos cada parte de él.

Como un diario personal es para uso exclusivo de la persona que lo escribe, se puede **utilizar el lenguaje que se desee**, con nuestras propias abreviaturas, con las expresiones que elijamos. Sin embargo, te recordamos que vale la pena esforzarse por escribir siempre correctamente, aunque nadie más vaya a leer tu escrito.

Además, un diario personal te puede ayudar si posteriormente piensas escribir tus memorias o tu autobiografía.

Memorias

Llamamos memorias a la relación escrita en la que el autor narra su propia vida o algunos acontecimientos de ella. En ocasiones, cuando se realiza algún **foro o congreso** en el que varios expertos presentan ponencias sobre determinados temas, posteriormente se publican las **memorias de dicho evento**, en las que se concentran todas las ponencias presentadas durante el mismo. Sin embargo, en este momento nos ocuparemos únicamente de las **memorias como un texto personal de carácter histórico**, en el que el autor narra su propia vida o algunos acontecimientos de ella.

La **intención comunicativa** de este tipo de textos es relatar, narrar o describir algunos acontecimientos de la vida de la persona que los escribe. En cierto sentido, las memorias se parecen a la autobiografía, aunque siguen un orden menos rígido o estricto que ésta, como veremos más adelante.

Así pues, las principales **funciones** que cumplen las memorias son la **referencial y la emotiva.** De estas funciones brotan las características que se explican a continuación.

Aplicación de tus **Saberes**

Actividad

Redacta, a manera de memorias, algunos recuerdos del lugar donde vives en tu cuaderno. Puedes incluir algunas fotos.

Una vez terminado el ejercicio, te puedes reunir con otro compañero para leer y corregir mutuamente su trabajo, en especial la acentuación, la ortografía y la redacción.

Características particulares

En cuanto a sus **características externas**, podemos indicar las siguientes:

- Por lo general, las memorias se escriben en **cuadernos**, en hojas sueltas o, actualmente, en algún procesador de textos en la computadora. Una vez concluidas, serán publicadas a manera de libro.
- La **estructura u organización** de las memorias es cronológica, aunque no debe seguir un orden tan estricto como las agendas o la autobiografía.
- La **extensión** de las memorias es variable, dependiendo del tiempo o de las actividades que abarquen las mismas. Se puede redactar unas memorias únicamente de una etapa de la vida (memorias o recuerdos de mi infancia), o de una época determinada (por ejemplo de la vida en otra ciudad) o de un suceso determinado (por ejemplo, de una inundación o de un terremoto).

En cuanto a sus **características internas**, podemos anotar las siguientes:

- Las memorias pertenecen al prototipo de textos **narrativos** y **descriptivos**.
- **Contenido**: en ellas se van anotando los **recuerdos y las vivencias** de una persona en determinada etapa o época de su vida o durante una situación o un acontecimiento determinados.
- En las memorias se debe utilizar un **lenguaje más formal**, ya que su destino es ser publicadas con el fin de que otras personas las lean.

Orientaciones prácticas

Quien escribe una **biografía** (o su autobiografía) debe seguir un orden cronológico, desde el nacimiento de la persona hasta el momento actual (o hasta su muerte, si la persona ya murió). En cambio, las memorias, aunque siguen también un orden cronológico, no deben ser exhaustivas, es decir, **no tienen por qué tratar toda la vida de la persona.**

Decir *memorias* equivale a decir *recuerdos*. **Las memorias son los recuerdos que hace una persona durante parte de su vida,** de una época, de un evento, de un acontecimiento, de una situación. De la misma manera que los recuerdos pueden ser fragmentados o incompletos, también las memorias pueden ser de hechos discontinuos, de situaciones diferentes o intermitentes.

Cuando alguien escribe sus memorias es porque **quiere que otros las lean**; por tanto, deben ser escritas con un lenguaje formal, siguiendo las normas de la sintaxis.

Alguien escribe sus memorias porque considera que los hechos que relata en ellas son **dignos de recordarse** por alguna razón y que vale la pena comunicarlos a los demás. Si no fuera así, entonces estaría escribiendo un diario personal, para su uso exclusivo.

Si has llevado un diario personal, y en un momento dado quieres elaborar tus memorias, te será más fácil recordar los principales momentos de tu vida, porque harás referencia a ellos en tu diario. Pero recuerda que las memorias no es lo mismo que el diario, ya que están escritos en lenguaje diferente y se refieren a aspectos distintos de tu vida. Mientras que en el diario escribes para ti mismo, **en las memorias estás escribiendo para los demás**; por tanto, vas a relatar únicamente aquellas cosas que deseas que conozcan.

Si únicamente se desea relatar un hecho aislado, entonces estaríamos hablando de una **anécdota** (que explicaremos más adelante). Pero si se trata de relatar una serie de acontecimientos relacionados entre sí, una etapa o época completa de la vida, entonces estamos hablando de las memorias de una persona.

Cuaderno de viaje

Figura 6.5 Cuaderno de viaje.

Se le llama cuaderno de viaje aquel en el que se describe lo que va sucediendo durante algún viaje. En este sentido, el cuaderno de viaje se parece mucho a una bitácora, con la diferencia de que, mientras la bitácora se aplica sobre todo al medio marítimo, el cuaderno de viaje se puede llevar en cualquier tipo de viaje.

La **intención comunicativa** de este tipo de textos es llevar un registro o relación de todo lo que sucede durante algún viaje, ya sea con el fin de recordarlo posteriormente (uso personal) o de escribir un relato (memorias) para que otros lo lean.

Así pues, la principal **función** que cumple el cuaderno de viaje es la **referencial.** De esta función brotan las características que se explican a continuación.

Características particulares

En cuanto a sus **características externas**, podemos indicar las siguientes:

- Como su nombre lo indica, un cuaderno de viaje es un **cuaderno** o libreta en los que se van anotando las cosas que suceden durante el viaje.
- La **estructura u organización** de un cuaderno de viaje es cronológica, y puede incluir desde el momento en que se empezó a pensar y a organizar el viaje, hasta que se regresa del mismo.
- La **extensión** de un cuaderno de viaje es variable, y depende tanto de la duración del viaje mismo como de la diversidad de situaciones que hayan ocurrido en él.

En cuanto a sus **características internas**, podemos anotar las siguientes:

- Los cuadernos de viaje pertenecen al prototipo de textos **narrativos o descriptivos**.
- **Contenido**: en ellos se van anotando las actividades y acontecimientos relacionados con el viaje al que se refiere el cuaderno.
- El **lenguaje** que se utiliza en un cuaderno de viaje depende del uso que se le vaya a dar. Si es para uso exclusivo de la persona que lo escribe, se puede emplear el lenguaje que desee, con tal de que se pueda entender posteriormente. Si, en cambio, se va a presentar el cuaderno de viaje a manera de reporte de esa actividad o si se desea publicarlo posteriormente para darlo a conocer a otros, entonces se debe utilizar un lenguaje más formal.

Orientaciones prácticas

Dicen que **los viajes ilustran**, y es muy cierto. Cuando uno viaja, conoce no sólo otros lugares, sino también personas, culturas y costumbres diferentes.

Llevar un cuaderno de viaje **ayuda a reflexionar** sobre lo que se puede aprender durante cada viaje, porque nos obliga a fijarnos en las cosas, las personas y las situaciones que estamos viviendo. Por eso te recomendamos que, en cualquier viaje que hagas, ya sea familiar o escolar, acostumbres llevar un cuaderno en el que vayas llevando un registro de todo lo que sucede durante el mismo.

Si llevas un cuaderno de viaje para tu uso exclusivo, entonces se parecerá más a un **diario personal**. En cambio, si llevas un cuaderno de viaje para poder presentar luego un reporte sobre el mismo, entonces se parecerá más a una **bitácora** (texto que analizaremos más adelante).

El cuaderno de viaje debes llevarlo por **orden cronológico**, y puedes iniciarlo desde el momento en que se empezó a pensar en hacer ese viaje, incluyendo todo lo relacionado con la preparación y organización del mismo.

Luego, puedes utilizar una página nueva para **relatar lo sucedido cada día**. Es importante que escribas no sólo sobre los lugares que estás visitando, sino también sobre las personas que estás conociendo, sus costumbres, sus creencias, sus tradiciones. Asimismo, en un cuaderno de viaje se pueden incluir anécdotas de aquellos hechos que te llamaron especialmente la atención.

De las personas que conozcas, puedes anotar su dirección, teléfono y dirección electrónica, para poder comunicarte posteriormente con ellos. Muchas **buenas amistades** se han iniciado durante algún viaje.

Si se trata de un viaje escolar (como las prácticas de campo, visitas a empresas o aun un viaje deportivo) y te piden entregar luego un **reporte** del mismo, tendrás que incluir otros elementos que tal vez no incluirías en un cuaderno de viaje más personal. Por ejemplo: datos históricos sobre los lugares o las empresas que estés visitando, estadísticas poblacionales o económicas, datos sobre la producción agropecuaria, datos ocupacionales de las personas que los atiendan, etcétera.

Taller

Recuerda el último viaje que hiciste. Redacta en tu cuaderno la descripción de lo que hiciste en un o varios de los días de ese viaje.

Una vez terminado el ejercicio, te puedes reunir con otro compañero para leer y corregir mutuamente su trabajo, en especial la acentuación, la ortografía y la redacción.

Figura 6.6 En las anécdotas se describe un hecho curioso que la persona cree que vale la pena traer a colación.

6.2 TEXTOS FAMILIARES

Además de los textos personales de tipo histórico que estudiamos en el bloque anterior, existen otros **textos personales que se pueden producir en el ámbito familiar** y que vale la pena estudiar.

En particular vamos a hablar de las anécdotas, las cartas, los mensajes electrónicos y la plática en línea.

Como en el tema anterior, para cada uno de estos textos analizaremos primero sus características particulares, y luego presentaremos algunas orientaciones para elaborarlos correctamente. Terminaremos cada apartado con algunos ejercicios, en los cuales puedas practicar las orientaciones que te presentamos.

Anécdotas

Llamamos anécdota al relato breve de un hecho divertido o curioso, que se hace como ilustración, ejemplo o entretenimiento.

La **intención comunicativa** de este tipo de textos es relatar, narrar o describir un hecho, ya sea de la vida personal de quien lo narra o de otras personas.

Así pues, las principales **funciones** que cumplen las anécdotas son la **referencial y la emotiva.** De estas funciones brotan las características que se explican a continuación.

Características particulares

En cuanto a sus **características externas**, podemos indicar las siguientes:

- Una anécdota puede trasmitirse de manera tanto oral como escrita. De manera oral se utiliza en casi todo tipo de situaciones: narrativas, descriptivas, expositivas, conversacionales, etcétera.
- La **estructura u organización** de una anécdota es variable, dependiendo del tipo de situación que se esté narrando.
- En cuanto a su **extensión,** las anécdotas deben ser breves. Si fueran demasiado amplias, entraríamos al terreno de las memorias.

En cuanto a sus **características internas**, podemos anotar las siguientes:

- Las anécdotas pertenecen al prototipo de textos **narrativos** y **descriptivos**.
- **Contenido**: en ellas se describe un hecho curioso que la persona cree que vale la pena traer a colación.
- En las anécdotas se debe utilizar un **lenguaje ligero y ameno**, ya que su objetivo es captar la atención de las personas a las que van dirigidas.

Orientaciones prácticas

Son muchas las situaciones en las que uno puede recurrir a la narración de una anécdota:

- Si estás **platicando con tus compañeros** y el tema que están tocando te trae recuerdos de una situación curiosa, entonces la platicas como una anécdota: "Esto me recuerda aquella vez que ..."
- Si estás **escribiendo tus memorias**, las puedes ilustrar narrando situaciones especiales, cada una de las cuales se convierte en una anécdota. "El día que cumplí 13 años ..."
- Si estás **escribiendo una carta** a algún familiar o amigo, le puedes narrar algo curioso que te haya sucedido, es decir, una anécdota.
- Si estás **haciendo una exposición oral** ante el grupo, puedes narrar una anécdota con el fin de atraer la atención de tus compañeros o de ilustrar un aspecto del tema que estás tocando.
- En algunos **trabajos de investigación** (sobre todo los de carácter histórico) puedes incluir una o varias anécdotas que ilustren el tema o la época que estás analizando.

Precisamente por su brevedad, la anécdota es un texto que se puede insertar en una gran diversidad de situaciones.

Una anécdota siempre debe ser **interesante, amena, ilustrativa**. Sin embargo, no es necesario que trate siempre sobre cosas o situaciones divertidas; también se pueden narrar anécdotas sobre situaciones trágicas, tristes, dolorosas, angustiantes. Por ejemplo, sobre la muerte de algún familiar o sobre algún desastre natural (una inundación, un terremoto o un incendio).

Taller

Redacta en tu cuaderno una anécdota personal, un hecho divertido o curioso que te haya sucedido en alguna época de tu vida.

Una vez terminado el ejercicio, te puedes reunir con otro compañero para leer y corregir mutuamente su trabajo, en especial la acentuación, la ortografía y la redacción.

Figura 6.9
Cartas personales.

Cartas

Una carta es un papel escrito que una persona envía a otra, por lo general dentro de un sobre, para comunicarse con ella. De entrada, es preciso hacer una distinción entre carta y oficio, así como entre los diferentes tipos de cartas.

Se le llama **oficio** a una comunicación escrita, referente a los asuntos de las administraciones públicas. Se podría decir que un oficio es una carta emitida por alguna oficina de la administración pública. Además de tratar asuntos de carácter administrativo, los oficios se distinguen porque deben ir foliados o numerados, con el fin de poder hacer posteriormente referencia a ellos.

Algunas empresas o instituciones de carácter privado, cuando se dirigen a oficinas públicas administrativas, utilizan también los oficios. Sin embargo, cuando se dirigen a otras personas o dependencias (clientes, proveedores, sucursales, etc.) utilizan **cartas de negocios**, que no están foliadas o numeradas, por lo que no se denominan oficios.

En este tema, estamos hablando de las **cartas personales**, no de las cartas de negocios ni de los oficios. Una carta personal es la que envía alguien a algún familiar o amigo.

La **intención comunicativa** de una carta personal es entrar en contacto o mantener el contacto con la persona a la que se dirige la carta, ya sea para informarle de algo, para expresarle nuestros pensamientos o sentimientos, o simplemente para mantener viva la relación con ella.

Así pues, las principales **funciones** que cumple una carta son la referencial y la emotiva, aunque también pueden cumplir la función **conativa y la fática**. De estas funciones brotan las características que se explican a continuación.

Características particulares

En cuanto a sus **características externas**, podemos indicar las siguientes:

- Por lo general, las cartas personales se escriben en **hojas sueltas**, las cuales pueden ser de diversos tamaños, formas y colores. La hoja se introduce en un sobre y se cierra para enviarla al destinatario.
- La **estructura u organización** de una carta es la siguiente: data, saludo, contenido, despedida, firma y posdata (si la hubiere).
- La **extensión** de una carta es variable, dependiendo del contenido que quiera comunicar la persona que la escribe. Puede haber cartas de media página y cartas de 20 o 30 páginas.

En cuanto a sus **características internas**, podemos anotar las siguientes:

- Las cartas personales pueden pertenecer a varios prototipos de textos: **narrativos**, **descriptivos**, **expositivos**, **argumentativos** o **conversacionales**, dependiendo del contenido de la misma.
- **Contenido**: como ya se indicó, el contenido de una carta puede ser variable. En una carta se puede narrar o relatar algo que sucedió, se puede describir a una persona o una situación, se pueden exponer las ideas sobre algo, se puede discutir sobre algún tema o simplemente se puede platicar con la otra persona.
- El **lenguaje** que se utiliza en las cartas personales también puede ser muy variado, dependiendo de la persona a la que se dirige la carta, así como del contenido de la misma. Si se dirige la carta a una persona mayor (al padre, la madre, al abuelo, a un tío, etc.) se debe utilizar un lenguaje más formal. Si se dirige a un amigo o amiga íntima, se puede utilizar un lenguaje más informal. Si se trata de una carta de amor, se puede utilizar un lenguaje literario o poético. En general, se recomienda no utilizar abreviaciones, a no ser que se tenga la seguridad de que la otra persona las entenderá.

Orientaciones prácticas

Una carta personal tiene una estructura muy bien definida, compuesta de seis elementos: la data, el saludo, el contenido, la despedida, la firma y la posdata. Analicemos cada uno ellos.

La **data** es la indicación del lugar y tiempo en que se escribe la carta. En una **carta personal**, la data siempre debe ir al inicio, en la parte de arriba y del lado derecho del papel que se utiliza para escribirla. En los **oficios**, en cambio, la fecha suele ir hasta el final del mismo, inmediatamente antes de la firma.

Si la carta va dirigida a una persona que vive en otra ciudad, en la data se debe indicar la ciudad, el estado y la fecha en que se escribe. Si la carta va dirigida a una persona que vive en la misma ciudad que el que la escribe, es suficiente con indicar la fecha en que se elabora la carta.

Algunas indicaciones para escribir la data correctamente son las siguientes:

- La data empieza con los nombres de la ciudad y el estado, ambos con mayúscula inicial y separados por una coma. Después de estos dos nombres se pone un punto. **Ejemplo**: *Torreón, Coahuila.*
- Luego se escribe la fecha, indicando el día, el mes y el año. No se debe poner la preposición *A* antes de la fecha, como se hacía antiguamente. Antiguamente se ponía la fecha de la siguiente manera: *A los catorce días del mes de Octubre del año de mil novecientos treinta y cuatro.* La forma moderna es más práctica, por lo que es **incorrecto** escribir: *A 15 de octubre de 2009.* Es **correcto**: *15 de octubre de 2009.*
- El nombre del mes puede ir con mayúscula, aunque también es correcto escribirlo con minúscula. **Ejemplos**: *15 de Octubre… 15 de octubre.*
- Antes del año, se debe escribir la preposición de, aunque también es correcto utilizar la contracción del. **Ejemplos**: *15 de Octubre de 2009* o *15 de octubre del 2009.*

El **saludo** se debe poner inmediatamente después de la data, pero del lado izquierdo de la carta.

Por lo general, el saludo es breve y se compone de dos elementos: un adjetivo y el nombre de la persona a la que se dirige la carta. El nombre puede ser sustituido por un sustantivo que indique la relación con esa persona. Después del saludo se incluyen dos puntos. **Ejemplos**: *Estimado Pedro:…, Querido papá:…, Queridísimo colega:…, Amada Rosy:…*

El **contenido** de la carta depende del objetivo que se pretenda con ella. Por lo general empieza con una breve introducción. **Ejemplos**: *¿Cómo has estado?… Espero que te encuentres bien, como nosotros por acá… Te hemos extrañado mucho…*

Después de la introducción se procede a escribir el cuerpo de la carta, que puede ser un relato, una descripción, un poema, una explicación o simplemente una conversación.

Una vez cumplido el objetivo de la carta, se escribe la **despedida** que, igual que el saludo, varía según la persona a la que se escriba. **Ejemplos**: *Te mandamos muchos saludos…, Te quiere tu hijo…, Te recuerdo con cariño…* En las **cartas oficiales** se acostumbra poner una leyenda como la siguiente: *Sin otro particular por el momento, me despido atentamente…*, o simplemente *Atentamente…* Sin embargo, en la despedida de una **carta personal** se debe manifestar el sentimiento que tiene quien la escribe hacia la otra persona.

Después de la despedida se pone la **firma** de la persona que escribe la carta. En las **cartas oficiales**, además de la firma, se debe poner completo el nombre de la persona que envía la carta. Sin embargo, en una **carta personal** no se acostumbra poner el nombre completo, ya que se supone que el destinatario sabe quién la está enviando.

La **posdata** es un elemento que no siempre debe ir en una carta personal. Es un recurso que se utiliza cuando uno ya se despidió y firmó la carta, pero luego recuerda algo importante que se le olvidó escribir en el cuerpo de la misma. Si éste fuera el caso, se escribe la palabra *Posdata* (o simplemente su abreviatura *P. D.*), luego dos puntos, y luego el mensaje que se había olvidado. **Ejemplo**: *P. D.: Se me olvidaba decirte que…* En las **cartas oficiales** no se acostumbra poner ninguna posdata; si a quien la escribe se le olvidó incluir algún asunto, tiene que rehacer la carta para que vaya completa.

Una vez redactada la carta, ésta se introduce en un **sobre**, con el fin de mandarla por correo. En la parte del frente del sobre se deben indicar claramente los datos completos, tanto del remitente (quien envía la carta) como del destinatario (la persona a la que va dirigida).

Los datos del **remitente** se escriben en la parte superior izquierda del frente del sobre (aunque también se pueden escribir en la parte superior central del reverso del sobre). Es necesario anotar estos datos, por las siguientes razones: en primer lugar, para que la persona que recibe la carta sepa inmediatamente quién la está enviando y, en segundo lugar para que, en caso de no encontrar al destinatario, el personal del servicio de correos sepa a quién se le debe regresar.

Los datos del **destinatario** se deben escribir en la parte central del frente del sobre. Si no se anotan completos los datos, el personal de correos no sabrá a quién entregar la carta.

En ambos casos (remitente y destinatario), **los datos que se deben escribir** son los siguientes: nombre completo de la persona, dirección completa (calle, número exterior y número interior), colonia (o delegación), ciudad y código postal.

Antes de depositar la carta en el correo, hay que pegarle las **estampillas** que sean necesarias. La tarifa del servicio de correo depende del lugar al que se debe enviar la carta (si es a la misma ciudad, a otra ciudad en el país, o a una ciudad del extranjero), del tipo de servicio que se desee (ordinario, por avión, urgente, con firma de recibido) y del tamaño y peso del sobre. Por eso, lo mejor es ir a la oficina de correo más cercana, mostrar el sobre con la carta y pedir las estampillas necesarias para enviarla. Una vez pegadas éstas, se puede dejar el sobre para que lo envíen y entreguen al destinatario.

Taller

En una hoja de tu cuaderno de trabajo, redacta una carta a algún familiar o a algún amigo, en la que tomes en cuenta todas las indicaciones que aquí hemos presentado.

Comenta en clase el tipo de carta que realizaste, destacando sus características.

Mensajes electrónicos

Figura 6.9
Correo electrónico o *e-mail*.

Un mensaje es un recado que envía alguien a otra persona. Un mensaje electrónico es el recado que se envía por medio de un medio electrónico, es decir, por medio de la computadora, a través de **internet**, la red informática mundial.

A este medio de comunicación se le denomina **correo electrónico** (en inglés, *electronic mail* o simplemente *e-mail*). Como su nombre lo indica, se trata de un correo en el que no se utiliza el papel (como en las cartas) para comunicarse con los demás, sino un medio electrónico (la computadora).

De la misma manera que las cartas, los correos electrónicos se deben enviar a una **dirección electrónica** determinada.

La **intención comunicativa** de un correo electrónico es entrar en contacto o mantener el contacto con la persona a la que se dirige el mensaje, ya sea para informarle de algo, para expresarle nuestros pensamientos o sentimientos, o simplemente para mantener viva la relación con ella.

Así pues, las principales **funciones** que cumple un correo electrónico son la **referencial y la emotiva**, aunque también puede cumplir las funciones **conativa** y la **fática**. De estas funciones brotan las características que se explican a continuación.

Características particulares

En cuanto a sus **características externas**, podemos indicar las siguientes:

- Los correos o mensajes electrónicos se escriben mediante el **teclado de la computadora**, y quedan guardados dentro de un programa (*software*) especialmente diseñado para este fin.
- La **estructura u organización** de un mensaje electrónico es la siguiente: dirección del destinatario (o de los destinatarios, si se va a enviar copia a varias personas), asunto y cuerpo del mensaje. El cuerpo del mensaje, a su vez, tiene una estructura muy flexible, dependiendo de la persona a la que se le mande. Por lo general contiene tres elementos: saludo, contenido y firma.
- En cuanto a su **extensión:** por lo general los mensajes electrónicos son breves, aunque pueden llegar a ser muy extensos, sobre todo si se envían (o reenvían) mensajes recibidos previamente o si se anexa algún archivo con información adicional.

En cuanto a sus **características internas**, podemos anotar las siguientes:

- Los mensajes electrónicos pueden pertenecer a varios prototipos de textos: **narrativos**, **descriptivos**, **expositivos**, **argumentativos** o **conversacionales**, dependiendo del contenido de los mismos.
- **Contenido**: Como ya se indicó, el contenido de un mensaje electrónico puede ser variable. En un correo electrónico se puede narrar o relatar algo que sucedió, se puede describir a una persona o una situación, exponer las ideas sobre algo, discutir sobre algún tema o simplemente platicar con la otra persona. A veces se utiliza este medio para hacer circular entre la red de contactos, algunos chistes, bromas, mensajes con contenido espiritual o filosófico, o las llamadas cadenas.
- El **lenguaje** que se utiliza en los mensajes electrónicos también puede ser muy variado, dependiendo de la persona a la que se dirigen, así como del contenido de los mismos. Sin embargo, por tratarse de un medio más ágil que el correo ordinario, también el lenguaje que se utiliza en ellos es más ágil, menos formal.

Orientaciones prácticas

Lo primero que se debe hacer para utilizar este medio de comunicación es **conocer el programa** adecuado para hacerlo, la manera de aprovecharlo al máximo, así como las opciones que incluye cada programa. Para no convertir este Taller en un curso de computación, vamos a dar por supuesto que ya conoces bien los programas mediante los cuales puedes mandar y recibir mensajes electrónicos, y que ya tienes una dirección personal en la cual recibir tus correos. Así pues, no daremos indicaciones de tipo técnico sobre la manera de utilizar este medio.

El correo electrónico es una **forma moderna** de estar en contacto continuo y rápido con las personas que queremos. Con este medio se eliminan el papel y el sobre de las cartas, las estampillas, tener que ir a la oficina postal para depositar la carta, esperar que le llegue al destinatario, esperar que nos responda y que nos llegue la carta de regreso. Desde el escritorio de la casa o de la escuela, se mandan los correos, y ahí mismo se reciben, sin más costo que el que está uno cubriendo por estar conectado a internet.

Si no se escribe una **dirección electrónica** en el espacio destinado para eso, el mensaje no se enviará. Si se escribe mal la dirección, el mensaje no llegará a su destinatario. A veces es más fácil **responder** a un mensaje recibido, ya que en ese caso la dirección del destinatario se incluye de manera automática en el mensaje de salida.

En el espacio destinado al **asunto**, hay que indicar brevemente, de manera telegráfica, el asunto principal de que trata el mensaje. Si no se escribe nada en el espacio destinado al "asunto", posiblemente no se mande el mensaje, ya que algunos programas requieren que se llene este campo.

Debido a que la comunicación con la otra persona es más rápida y continua, el **lenguaje** que se utiliza en los mensajes electrónicos es también más **ágil**, más concreto, sin tantos formalismos como en las cartas. A pesar de este hecho, no debemos olvidar la **corrección al escribir**, sobre todo lo que se refiere a la ortografía, la acentuación y la puntuación.

En la mayoría de los programas destinados a enviar y recibir correos electrónicos se puede programar una **firma electrónica**, para que ésta se coloque de manera automática en todos los mensajes de salida.

No está de más hacer algunas **recomendaciones** en cuanto al uso de este medio electrónico para enviar y recibir correo.

- En todo momento hay que ser **respetuosos** con las demás personas. No debes utilizar este medio para enviar mensajes obscenos, chistes de mal gusto o recados con malas palabras. **No hagas a otros lo que no quieras que te hagan a ti**.
- Trata de evitar, en la medida de lo posible, enviar o reenviar **cadenas**. Y si lo llegas a hacer, procura borrar antes los nombres y direcciones que vengan en los mensajes que te lleguen. Asimismo, si vas a reenviar el mensaje a todos tus contactos, procura hacerlo **con copia oculta**, es decir, escribiendo las direcciones no en el espacio que dice "para" ni en el espacio que dice "CC" (con copia para), sino en el espacio que dice "CCO" (con copia oculta). De esta forma, en los mensajes que envíes no se verán los nombres ni las direcciones de todas las personas a los que se los mandes.

- Recuerda que algunas compañías aprovechan estas cadenas para obtener nombres y direcciones electrónicas y poder luego enviar **publicidad no requerida** (lo que se denomina correo *spam*). Si tú ocultas los nombres y direcciones de las personas cuando envías correos masivos o cadenas, evitas que se propague esta publicidad no requerida.

Taller

Practica en la computadora el envío de correos con copia oculta a varias personas.

Imprime uno o varios de los mensajes electrónicos que hayas enviado últimamente, con el fin de analizar en grupo su contenido.

Menciona la importancia que tiene en nuestras vidas este medio de comunicación y su uso adecuado.

Plática en línea

Además del correo electrónico, que rebasó en velocidad al correo tradicional, existe un medio mucho más rápido para estar en contacto con otras personas. Nos referimos a la plática o a la conversación en línea, a la que popularmente se le denomina chatear, por su origen inglés (la palabra *chat* significa platicar, conversar). Debido a que la palabra *chatear* es un anglicismo aún no autorizado por la Real Academia Española, utilizaremos el concepto de **plática en línea**.

Para platicar en línea se requiere estar incorporado a un programa (*software*) especial, de los que existen muchos en internet. Para participar en algún grupo de plática, uno debe tener una dirección electrónica y un **apodo** (*nickname*) con el cual será admitido y reconocido dentro del grupo.

Ya estando dentro, uno puede platicar directamente, por escrito, con las demás personas que están conectadas en ese momento al grupo. Dado que la conversación puede ser vista por cualquier otro miembro del grupo, uno puede escoger a una persona e irse a platicar con ella en privado a un **cuarto virtual**, con el fin de que nadie más se entere de la conversación.

La **intención comunicativa** de esta forma de comunicación es mantener el contacto con alguna persona o conocer y entrar en contacto con gente nueva.

Así pues, las principales **funciones** que cumple la plática en línea son la **referencial** y la **emotiva,** aunque también puede cumplir las funciones **conativa** y **fática**. De estas funciones brotan las características que se explican a continuación.

Características particulares

En cuanto a sus **características externas**, podemos indicar las siguientes:

- La plática en línea se lleva a cabo escribiendo la conversación mediante el **teclado de la computadora**; la plática queda escrita dentro de un programa (*software*) especialmente diseñado para este fin.
- La **estructura u organización** de la plática en línea es completamente dialógica; es decir, una persona habla (escribe) y la otra le contesta.
- En cuanto a su **extensión**: por lo general, cada intervención es muy breve, de una o dos líneas de escritura. La duración de la plática puede ser indefinida, ya que dos personas pueden estar en contacto todo el tiempo que lo deseen.

En cuanto a sus **características internas**, podemos anotar las siguientes:

- La plática en línea puede pertenecer a varios prototipos de textos: **narrativos**, **descriptivos**, **expositivos**, **argumentativos** o **conversacionales**, dependiendo del contenido de la misma.
- **Contenido**: como ya se indicó, el contenido de la plática en línea puede ser variable. Durante la plática se puede narrar o relatar algo que sucedió, describir a una persona o una situación, exponer las ideas sobre algo, discutir sobre algún tema o simplemente platicar con la otra persona.

- El **lenguaje** que se utiliza en la plática en línea también puede ser muy variado, dependiendo de la persona con la que se esté platicando, así como del contenido de la misma. Sin embargo, por tratarse de un medio mucho más ágil que el correo electrónico, también el lenguaje que se utiliza en ella es más ágil, menos formal.

Figura 6.10
Plática en linea.

Orientaciones prácticas

Como en los mensajes electrónicos, lo primero que se debe hacer para poder platicar en línea es **conocer el programa** adecuado para hacerlo, la manera de aprovecharlo al máximo, así como las opciones que incluye cada programa. Tampoco aquí daremos indicaciones de carácter técnico, sino que suponemos que ya conoces un programa adecuado para platicar en línea y que ya puedes hacerlo.

La plática en línea es también una **forma moderna** de estar en contacto rápido y continuo con las personas que queremos. Tiene todas las ventajas del correo electrónico, pero además tiene una mayor velocidad que éste.

Para un uso adecuado de la plática en línea, te hacemos las siguientes **recomendaciones**.

- En todo momento hay que ser **respetuosos** con las demás personas. No debes utilizar este medio para pláticas obscenas, para contar chistes de mal gusto o para utilizar malas palabras. **No hagas a otros lo que no quieras que te hagan a ti**.
- Aunque la conversación se lleve a cabo mediante frases cortas, trata de **escribirlas siempre con precisión**, es decir, con buena ortografía y con los correspondientes acentos. Procura no utilizar abreviaciones.
- En la medida de lo posible, **procura entrar en contacto sólo con personas que conozcas directamente** o por referencias confiables de algún familiar o amigo. Como la identidad real de la otra persona se esconde detrás de un apodo, tú nunca puedes estar seguro de quién es la otra persona, a no ser que ya sepas de quién se trata. Hay hombres que dicen que son mujeres, mujeres que dicen ser hombres, adultos que dicen ser jóvenes, jóvenes que dicen ser adultos, etcétera.
- Hay personas que utilizan este medio de conversación únicamente para satisfacer algún **morbo sexual**; otros para burlarse de los demás; y hay quienes lo aprovechan para convencer a algún muchacho o muchacha de participar en actividades abiertamente **pornográficas**. **Nunca está de más ser precavido**.
- En algunos programas de plática en línea, la otra persona te puede enviar algún **archivo adjunto** con información adicional. Nunca aceptes bajar este tipo de archivos, a no ser que conozcas a la persona que te los envía y que tengas la total seguridad de que su computadora no contiene ningún **virus informático**. A través de este tipo de archivos se puede infectar tu computadora y provocar daños que pueden ser irreversibles.

Hay personas maliciosas (de los llamados **piratas informáticos** o *hackers*), que mandan fotografías o archivos adjuntos aparentemente inofensivos o inocuos, pero que esconden programas espías que les trasmitirán la información interna u oculta de tu computadora, la cual utilizarán para sus propios fines. **Más vale prevenir que lamentar**.

Por último, te recomendamos que **no pierdas el tiempo inútilmente** utilizando la plática en línea. Este medio de comunicación es un recurso muy valioso para estar en contacto con las personas que queremos. Pero también nuestro tiempo es un recurso valioso, y no debemos perderlo en actividades intrascendentes.

Taller

Practica en la computadora la plática en línea.

Imprime un trozo de la conversación que hayas sostenido con algún familiar o amigo, con el fin de analizar en grupo su contenido.

Comenta con tus compañeros la importancia que tiene este medio de comunicación en tu medio escolar, social, familiar, cultural, etcetera.

6.3 TEXTOS ESCOLARES

Además de los textos personales de tipo histórico y de carácter familiar que hemos estudiado, existen otros **textos personales que son de más utilidad en el ámbito escolar**, por ejemplo: la agenda, la bitácora, los apuntes de clase y el cuaderno de trabajo.

Para cada uno de estos textos, analizaremos primero sus características particulares y luego presentaremos algunas orientaciones para elaborarlos correctamente. Terminaremos cada apartado con algunos ejercicios, en los cuales puedas practicar las orientaciones que te presentamos.

Agenda

Llamamos **agenda** al libro, libreta o cuaderno en el que se apunta, para no olvidarlo, aquello que se ha de hacer.

La **intención comunicativa** de este tipo de textos es contar con un registro de todas las acciones, actividades o tareas que tienes que realizar o elaborar durante el semestre. La principal utilidad de una agenda consiste en que evitas que se te olvide alguna actividad o tarea importante.

Así pues, la principal **función** que cumplen las agendas es la **referencial**. De esta función brotan las características que se explican a continuación.

Características particulares

En cuanto a sus **características externas**, podemos indicar que la **estructura u organización** de una agenda es cronológica, por días, por semanas y por meses.

En cuanto a su **presentación física**, existen muchos tipos de agenda.

- Se pueden utilizar algunos **calendarios**, de los que se cuelgan en la pared, siempre y cuando tengan espacio suficiente para anotar las actividades a realizar cada día.
- Algunas **agendas de escritorio** están organizadas por meses. En cada página viene un mes, con un pequeño recuadro para cada día, en el que se pueden anotar las actividades y tareas para ese día.

SEPTIEMBRE						
DOMINGO	LUNES	MARTES	MIÉRC.	JUEVES	VIERNES	SÁBADO
				1	2	3
4	5	6	7	8	9	10
11	12	13	14	15	16	17
18	19	20	21	22	23	24
25	26	27	28	29	30	

- **Otras agendas** (de escritorio o de bolsillo) vienen organizadas por semanas. En cada página se incluyen los siete días de una semana, con espacio suficiente para anotar las actividades y tareas que se deben hacer ese día. La mayoría de estas agendas traen señaladas las horas de cada día, con el fin de incluir también el horario en que se debe llevar a cabo cada actividad.

LUNES	MARTES	MIÉRCOLES	JUEVES	VIERNES	SÁBADO
8	8	8	8	8	
9	9	9	9	9	
10	10	10	10	10	
11	11	11	11	11	
12	12	12	12	12	
13	13	13	13	13	
14	14	14	14	14	DOMINGO
15	15	15	15	15	
16	16	16	16	16	
17	17	17	17	17	
18	18	18	18	18	
19	19	19	19	19	

- **Otras agendas** vienen organizadas por días. Traen una hoja para cada día del año. Como son muy gruesas, son siempre de escritorio, y las utilizan las secretarias en oficinas en las que hay que registrar muchas actividades de diferentes personas.
- Por último, existen las **agendas electrónicas** que tienen muchas otras funciones, además de recordar los compromisos, actividades o tareas para cada día.

En cuanto a sus **características internas**, podemos anotar las siguientes:

- Las agendas pertenecen al prototipo de **textos descriptivos.**
- **Contenido**: en ellas se van anotando las actividades por realizar, las tareas o trabajos por entregar o los **compromisos** por cumplir.
- **Lenguaje**: en las agendas también se pueden utilizar las abreviaturas o el acortamiento de palabras, así como otro tipo de signos que representen las palabras que más se utilizan. Como las agendas son para uso exclusivo de la persona que los elabora, basta con que ella entienda su contenido.

Orientaciones prácticas

Por lo general, en la escuela llevas **muchas actividades de manera simultánea**: tienes cinco, seis o siete clases diferentes cada día, actividades deportivas, actividades extracurriculares, trabajos en equipo, etc. En cada materia te encargan un gran número de tareas diferentes: problemas por resolver, libros por leer, ensayos o composiciones por escribir, investigaciones por desarrollar, prácticas o experimentos por realizar, cuestionarios por responder, exámenes por preparar, material por comprar, exposiciones por preparar, etcétera.

Con tantas y tan distintas tareas y actividades, no te puedes confiar en tu memoria, ya que te arriesgas a que se te olviden varias de ellas, a que no las hagas o no las entregues a tiempo y, por tanto, a que saques calificaciones muy bajas en una o varias materias.

Por eso, es indispensable llevar una agenda. La palabra *agenda* proviene del latín, y literalmente significa *las cosas por hacer.*

La **agenda básica es el horario de clases**, el cual es proporcionado por la escuela al principio del semestre. Es importante tener siempre a la vista el horario de clases, porque para cada materia debes llevar diferente material: para algunas, basta con que lleves el cuaderno y libro de texto; para otras, tienes que llevar reglas, calculadora, hojas especiales o algún cuaderno especial. "No me acordaba que hoy teníamos historia y se me olvidó traer el libro". Cada uno de estos olvidos puede equivaler a puntos menos en la calificación.

Si llevas un cuaderno de trabajo, acostúmbrate a anotar en él todas las tareas, trabajos y actividades que te encarguen. Algunos profesores **indican las tareas** hasta al final de su clase, casi hasta el momento en que suena el timbre que marca el final de la misma. Muchos estudiantes, cuando lo escuchan, se levantan de su asiento y salen del salón. Si el profesor encargó una tarea en ese momento, lo más seguro es que la mitad del grupo no la lleve. Procura que no te pase eso; por el contrario, acostúmbrate a no salir del salón hasta que el profesor así lo indique y hasta que hayas anotado las tareas o trabajos por hacer.

Una vez que llegues a tu casa, debes pasar en limpio tus apuntes, y **anotar en tu agenda** todas las tareas y trabajos que te hayan encargado, en la fecha en que debes entregarlos.

Hay tareas y trabajos que son relativamente sencillos, y que puedes terminarlos en una tarde. Sin embargo, **hay otras tareas que requieren mucho trabajo** y que te tomarán varios días. Por lo general, las tareas sencillas las encargan los profesores para la siguiente clase; pero las tareas más complejas, las encargan con dos o tres semanas de anticipación. Si por ejemplo, un profesor les pide leer un libro de 150 páginas y hacer el reporte de lectura correspondiente, seguramente se los encargará con varias semanas de anticipación.

La agenda sirve también para **programar el tiempo que le vas a dedicar a estas tareas más complejas**. Si la vas dejando para el último día, seguramente no podrás hacer la tarea completa, lo cual te bajará puntos en la calificación. "Nos dejaron leer un libro, pero es hasta la semana próxima", es una frase que uno escucha decir a los estudiantes. Recuerda que si un profesor les encarga una tarea con dos o tres semanas de anticipación, es porque esa tarea les va a requerir mucho trabajo y mucho tiempo.

Así pues, en tu agenda debes anotar no sólo la fecha en que debes entregar esas tareas, sino que también debes **programar los tiempos que le vas a dedicar** a hacerlas.

Ejemplo

El día 15, el profesor de psicología les encargó leer un libro de 150 páginas y presentar por escrito un reporte de lectura. Deben entregar el reporte el día 5 del mes siguiente.

Lo primero que debes anotar en tu agenda, en el día 5 del mes siguiente, es lo siguiente: "Psicología, entregar reporte de lectura".

Supongamos que ese día es un martes. Entonces, el fin de semana anterior (sábado 2 y domingo 3) deberás anotar: "Redactar reporte de psicología y pasarlo en limpio".

Dependiendo de tu velocidad de lectura, así como de las otras ocupaciones que tengas, deberás programar los tiempos que le vas a dedicar a la lectura del libro, y anotarlos en tu agenda. Si lees unas 20 páginas por hora, tendrás que programar por lo menos ocho horas de lectura. Si tienes muchas tareas y actividades entre semana, tal vez tengas que programar estas ocho horas en los dos fines de semana que quedan entre el día 15 (fecha en que el profesor les encargó la lectura) y el día 2 (fecha en que has programado la redacción del reporte). En tu agenda debes programar los tiempos que necesites para la lectura del libro.

En la agenda también debes anotar las **fechas y horarios para las reuniones de tu equipo de trabajo**, cuando algún profesor les haya encargado alguna tarea en equipo. "No llegué a la reunión, porque se me olvidó", es la excusa que algunos estudiantes ponen cuando faltan a alguna de estas reuniones.

Si acostumbras llevar una agenda y anotar en ella todos tus compromisos, evitarás que se te "encimen" varias actividades el mismo día y a la misma hora. "No pude ir a la reunión, porque se me había olvidado que ese día tenía otra actividad", es otra excusa muy común entre los estudiantes.

Taller

En la siguiente página de una agenda, anota todos tus compromisos, tareas y actividades que debes realizar la próxima semana.

LUNES	MARTES	MIÉRCOLES	JUEVES	VIERNES	SÁBADO
8	8	8	8	8	
9	9	9	9	9	
10	10	10	10	10	
11	11	11	11	11	
12	12	12	12	12	
13	13	13	13	13	DOMINGO
14	14	14	14	14	
15	15	15	15	15	
16	16	16	16	16	
17	17	17	17	17	
18	18	18	18	18	
19	19	19	19	19	

Bitácora

La palabra *bitácora* proviene del **medio marítimo**, y significa el libro en que se apunta el rumbo, velocidad, maniobras y demás accidentes de la navegación.

En otros ámbitos, llamamos bitácora a la **descripción detallada de todas las actividades que se llevaron a cabo** para la realización de algún trabajo. Por ejemplo, un ingeniero puede llevar una bitácora de la construcción de una casa. Un abogado puede llevar una bitácora de las actividades que ha llevado a cabo en el seguimiento de un caso. Un experto en computadoras puede llevar una bitácora de la instalación de un sistema en una empresa.

La **intención comunicativa** de este tipo de textos es llevar un registro de todas las acciones o actividades que se han realizado, con el fin de poder presentar posteriormente el informe correspondiente. Si tienes un cuaderno de trabajo en el que vas anotando todas tus actividades, se te facilitará la elaboración de una bitácora.

Así pues, la **función** principal que cumplen las bitácoras es la **referencial**. De esta función brotan las características que se explican a continuación.

Características particulares

En cuanto a sus **características externas**, podemos indicar que la **estructura u organización** de una bitácora es cronológica, aunque no en un orden tan estricto como el de una agenda. Mientras que una agenda contiene todos los días del año, por semanas y por meses, en una bitácora no se hacen anotaciones todos los días, sino únicamente aquellos en los que sucede algo que valga la pena anotar. En este sentido, la bitácora se parece más a un diario personal, sólo que no se refiere a cuestiones internas y personales, sino a actividades externas de carácter operativo.

En cuanto a su **presentación física**, podemos decir que originalmente, en el medio marítimo, la bitácora es un libro grueso, de grandes dimensiones, con hojas en blanco, en las que se van anotando las vicisitudes de la navegación. Fuera del medio marítimo, la bitácora se puede llevar en un cuaderno de notas delgado o se puede hacer en hojas sueltas impresas en computadora, las cuales se presentan a manera de reporte. La presentación física depende del uso final que se le vaya a dar a la bitácora.

La **extensión** de una bitácora es variable, dependiendo de la duración de la actividad que se esté reportando en ella.

En cuanto a sus **características internas**, podemos anotar las siguientes:

- Las bitácoras pertenecen al prototipo de **textos descriptivos**.
- **Contenido**: en ellas se van anotando las actividades y acontecimientos relacionados con el trabajo al que se refiere la bitácora.
- El **lenguaje** que se utiliza es más formal, porque por lo general las bitácoras se presentan en un momento dado ante otras personas, a manera de reporte del trabajo al que corresponden.

Orientaciones prácticas

En algunas materias, el profesor te pedirá llevar una **bitácora de lo sucedido en la clase durante todo el semestre**. En estos casos, te recomendamos tener un cuaderno dedicado exclusivamente a ello, en el que vayas anotando todo lo relacionado con esa materia.

Por ejemplo, si te piden llevar una bitácora de todo lo sucedido en el semestre, tendrás que ir anotando en ella lo siguiente:

- En primer lugar, tienes que escribir una **relación de lo sucedido en cada clase**: un resumen de los temas que se vieron, de los ejercicios y prácticas que se realizaron, de los problemas resueltos, de las actividades que se llevaron a cabo.
- También debes ir anotando **las tareas que fuiste realizando en tu casa**, los libros que leíste, los ejercicios desarrollados, las composiciones que escribiste, las exposiciones que fuiste preparando durante el semestre.
- Si el profesor les pidió realizar algún **trabajo en equipo**, también debes ir anotando una relación de todas las sesiones que llevó a cabo el equipo, quiénes asistieron a cada una, qué temas vieron o estudiaron, qué trabajos realizaron, etcétera.

Recuerda que una bitácora se debe ir escribiendo por **orden cronológico**, aunque no todos los días escribas algo en ella. Si llevas un cuaderno de trabajo, luego te será más fácil ir pasando en tu bitácora, en limpio, aquellas cosas que consideres importantes.

Por lo general, una bitácora escolar va acompañada de un **portafolios**. La palabra *portafolios* significa una cartera de mano para llevar libros, papeles u otras cosas. En la escuela, el portafolios se utiliza para ir guardando todos aquellos trabajos o productos que vas elaborando durante el semestre, con el fin de presentarlos al final, como una evidencia de todo el trabajo realizado. Mientras que en la bitácora únicamente se escribe una relación de las actividades y trabajos realizados, en el portafolios se guardan todos los productos a los que se hace alusión en la bitácora.

En el Taller de Lectura y Redacción, por ejemplo, en el portafolios irás guardando todas aquellas composiciones, ejercicios, trabajos, investigaciones y proyectos que hayas realizado a solicitud del profesor, con las correcciones o anotaciones hechas por éste.

En el portafolios vas guardando todos tus productos: láminas, grabaciones, videos, dibujos, mapas, trabajos, investigaciones, acetatos, esquemas de exposiciones, etc. Puede ser que algunos productos no quepan físicamente en una cartera o portafolios; no importa. Se le llama portafolios a la presentación física de todos los productos elaborados durante el semestre, aunque no quepan físicamente en una cartera. Puedes llevarlos en una caja de cartón o en una bolsa de plástico.

Algunos profesores acostumbran pedir una bitácora no de lo sucedido en la clase durante todo el semestre, sino únicamente del trabajo en equipo que les haya encargado a sus alumnos.

! Ejemplo

A principios del semestre, el profesor de historia organizó equipos de trabajo de cuatro o cinco alumnos cada uno. Les encargó que desarrollaran una investigación amplia y profunda sobre un tema de la historia de México. El reporte final de la investigación contará 25 puntos para la calificación final.

Como la investigación es en equipo, el profesor se quiere asegurar de que todos los integrantes participaron activamente en su desarrollo. Por eso, además del reporte final de la investigación, les pide que elaboren y entreguen una bitácora de las actividades que realizaron en equipo mientras iban desarrollando esa investigación.

En estos casos, la bitácora consiste en la relación de lo sucedido en cada una de las sesiones del equipo: quiénes asistieron a cada una, qué temas vieron o estudiaron, qué trabajos realizaron, cómo participó cada uno, qué aportó cada uno para el trabajo final, etcétera.

Taller

Supón que el profesor de alguna de las materias que llevas este semestre (tú escoge la que quieras) les pidió llevar una bitácora de todo el curso. A manera de ejercicio, escribe la bitácora de la última clase que tuviste con ese profesor.

Una vez que hayas terminado, te puedes reunir con tres o cuatro compañeros para comparar el trabajo que hicieron.

Los apuntes de clase

Llamamos **apuntes de clase** a las anotaciones que hacen los alumnos sobre los temas que se están viendo en cada clase, en especial a partir de las exposiciones que hace el profesor.

La **intención comunicativa** de este tipo de textos es conservar un registro de las ideas que se han tratado en cada clase, con el fin de recordarlas posteriormente. La principal utilidad de los apuntes de clase consiste en que son un gran **apoyo para la preparación de los exámenes** que hay que presentar.

Así pues, la **función** principal que cumplen los apuntes de clase es la **referencial**. De esta función brotan las características que se explican a continuación.

Figura 6.14
Apuntes en clase.

Características particulares

En cuanto a sus **características externas**, podemos indicar las siguientes:

- Por lo general, los apuntes de clase se escriben en **cuadernos** relativamente ligeros, uno para cada materia que se está llevando ese semestre. También se pueden utilizar cuadernos más gruesos, con cuatro o cinco separaciones, una para cada materia.
- Los apuntes se organizan o **estructuran** en función de las materias que se están llevando. Dentro de cada materia, se organizan por orden cronológico, por cada sesión de clase que se haya tenido en esa materia.
- La **extensión** de los apuntes es variable para cada materia, dependiendo de si se está utilizando un libro de texto o no, así como de la cantidad de información que acostumbre presentar el profesor en sus exposiciones.

En cuanto a sus **características internas**, podemos anotar las siguientes:

- Los apuntes de clase pertenecen al prototipo de **textos expositivos.**
- **Contenido**: en ellos se van anotando las ideas que va captando la persona, sus dudas, sus inquietudes, sus comentarios.
- **Lenguaje**: en los apuntes de clase se pueden utilizar las **abreviaturas** o el acortamiento de palabras, así como otro tipo de signos que representen las palabras que más se utilizan. Como los apuntes de clase son para uso exclusivo de la persona que los elabora, basta con que ella los entienda.

Orientaciones prácticas

Tomar apuntes en clase requiere varias habilidades.

- La primera es **escuchar con atención**, con el fin de captar todas las ideas que está presentando el profesor en sus exposiciones.
- La segunda habilidad es **saber captar la esencia de las exposiciones**, y no reproducir textualmente todo lo que dice el profesor (lo que sería imposible, a no ser que se grabaran todas las clases), sino únicamente las ideas principales con sus respectivas explicaciones.
- La tercera habilidad consiste en **saber captar la estructura de la exposición** que presenta el profesor, para hacer un esquema de la misma y poder enlazar unas ideas con otras.
- Otra habilidad consiste en **saber escribir rápido**, para anotar todas las ideas que uno considere importantes, sin que se escape ninguna y sin perder el hilo de la exposición.
- Para lograr una mayor rapidez en la elaboración de los apuntes, ayuda mucho utilizar **abreviaturas y signos** que representen palabras. Por ejemplo: *pq* puede significar *por que*; → puede significar *para que*; ∴ puede significar *por tanto*; ↓ puede significar *de aquí que*… ; √ puede significar bien; ~ puede significar la terminación de los adverbios en *mente*; > puede significar *es mayor que*; < puede significar *es menor que*, etcétera.

A continuación te presentamos otras orientaciones prácticas para tener apuntes de clase que te ayuden a preparar tus exámenes.

- Siempre elabora tus **propios apuntes**, no dependas de otros compañeros para este trabajo.
- Al hacer los apuntes, te obligas a prestar **más atención** a lo que se dice en clase y, por tanto, lo podrás entender y recordar mejor al momento de los exámenes.
- Además, como cada quien escribe lo que le parece más importante, si estudias en los apuntes de un compañero no tienes la seguridad de estar revisando todo el material pertinente. Si a tu compañero se le pasó una

idea importante para el tema, a ti también se te pasará. Asimismo, te será difícil entender no sólo la caligrafía de tus compañeros, sino sobre todo las abreviaciones y signos que utilicen.

- Al tomar tus apuntes, **subraya** todas las palabras cuyo significado desconozcas, para que las puedas consultar posteriormente en un diccionario.
- Nunca dudes en **preguntar** al profesor algo que no hayas entendido, aunque para esto debes tomar en cuenta las costumbres de cada profesor. Hay algunos a los que no les gusta que los interrumpan cuando exponen, pero que permiten preguntas al terminar su presentación.
- Si consideras que el profesor habla demasiado rápido, le puedes pedir amablemente que vaya más despacio.
- Todo lo que el profesor escribe o anota en el **pizarrón**, lo debes transcribir en tus apuntes personales.

La última orientación práctica que te queremos presentar es un poco más complicada, pero te ayudará mucho en tus clases y exámenes. Esta recomendación consta de tres pasos.

El **primer paso** consiste en tener un cuaderno más grueso, en el que vayas tomando en sucio todos los apuntes de todas las clases, día por día, clase por clase. Como veremos más adelante, éste se llama **cuaderno de trabajo**.

Evaluación formativa

En las columnas de abajo, anota los símbolos y las abreviaturas que utilizas para elaborar tus apuntes con mayor rapidez. Luego comparte tus anotaciones con dos o tres de tus compañeros, con el fin de que tengas más recursos para la rápida elaboración de apuntes.

SÍMBOLO O ABREVIATURA	SIGNIFICADO

Este cuaderno lo vas a ir utilizando hoja por hoja, desde el principio del cuaderno. En cada hoja anotarás el día de que se trate (por ejemplo *martes16 de noviembre*), la materia de que se trate (por ejemplo *Matemáticas*) y la hora de la clase (por ejemplo *8:45* a *9:35*). Luego anotarás tus apuntes de esa clase. Para la siguiente materia, utilizas la siguiente hoja del mismo cuaderno, y así para todas las materias que estés llevando cada día durante el semestre.

Además de este cuaderno más grueso, tendrás un cuaderno (más delgado) para cada una de las materias que estés llevando. El **segundo paso** consiste en que, al llegar a tu casa, **pases en limpio** tus apuntes de cada materia en el cuaderno correspondiente. De esta manera, tus cuadernos de apuntes estarán siempre al día y siempre limpios. Si algún día no puedes hacer este trabajo al regresar de clases, procura que no se te pase el fin de semana sin ponerte al corriente de pasar en limpio todos los apuntes de la semana.

Al pasar en limpio tus apuntes de esta manera, estás **repasando** todos los temas vistos ese día en tus clases, con lo que se quedarán grabados en tu memoria. Además, al pasarlos en limpio el mismo día no corres el riesgo de que después no recuerdes qué es lo que escribiste o qué es lo que significa ese signo que pusiste en tus apuntes en sucio.

El **tercer paso** de esta recomendación consiste en la elaboración adicional de **resúmenes** de cada una de las materias. Este trabajo se puede hacer de manera mensual, antes de cada uno de los exámenes parciales y como preparación para éstos.

Puedes dejar las últimas diez hojas de cada cuaderno para la elaboración de estos resúmenes. Al inicio de cada resumen indicarás el periodo de que se trata; por ejemplo, *RESUMEN DEL PRIMER MES…*, *RESUMEN DEL SEGUNDO MES…* El resumen de cada mes no debe ser mayor de una página; si no, no sería resumen. En estos resúmenes puedes utilizar esquemas y cuadros sinópticos, con el fin de tener una visión de conjunto del contenido visto cada mes.

Al elaborar estos resúmenes, estás repasando los temas vistos, los estás estudiando y te estás preparando para los exámenes. Además, al final del semestre tendrás un resumen de cuatro o cinco páginas, elaborado por ti mismo, con el que te podrás preparar para el examen final.

Cuaderno de trabajo

Llamamos **cuaderno de trabajo** al que se utiliza para hacer anotaciones de apoyo para cualquier actividad académica, las cuales no es preciso conservar de manera permanente o en limpio.

Figura 6.15
Cuadernos de trabajo.

La **intención comunicativa** de este tipo de textos es contar con un registro inmediato de todas las acciones o actividades que estás realizando, con el fin de recordarlas posteriormente. La principal utilidad de un cuaderno de trabajo consiste en que, a partir de ese registro inmediato de todas tus acciones, posteriormente podrás recuperar lo que creas conveniente, ya sea para pasar en limpio tus apuntes o para elaborar una bitácora.

Si llevas a la práctica la última recomendación que te hicimos al explicar los apuntes de clase (tomarlos primero en sucio y luego pasarlos en limpio), el cuaderno de trabajo es en el que tomas en sucio todos tus apuntes para luego pasarlos en limpio en el cuaderno de cada materia.

Así pues, la **función** principal que cumplen los cuadernos de trabajo es la **referencial**. De esta función brotan las características que se explican a continuación.

Características particulares

En cuanto a sus **características externas**, podemos indicar las siguientes:

- Por lo general, el cuaderno de trabajo es **más grueso** que los que se utilizan para los apuntes de clase, ya que sirve para ir anotando **todo** lo que sucede en todas las clases y **todas** las actividades que se llevan a cabo.
- La **estructura u organización** de un cuaderno de trabajo es cronológica, ya que en él se van haciendo todas las anotaciones de apoyo para las actividades académicas que se llevan día con día.

En cuanto a sus **características internas**, podemos anotar las siguientes:

- Los cuadernos de trabajo pertenecen al prototipo de **textos expositivos.**
- **Contenido**: en ellos se van anotando las ideas que va captando la persona, sus dudas, sus inquietudes, sus comentarios, los problemas que se van resolviendo, los resúmenes de textos que se van leyendo, etcétera.

EF

En equipos de tres o cuatro personas, compartan las experiencias en cuanto a la manera de utilizar un cuaderno de trabajo en la escuela.
Si ya tienen la costumbre de usar un cuaderno de trabajo, traerlo físicamente para ver la manera como lo utilizan.
Analizar las ventajas y desventajas de utilizar un cuaderno de trabajo.

- **Lenguaje**: en los cuadernos de trabajo también se pueden utilizar las abreviaturas o el acortamiento de palabras, así como otro tipo de signos que representen las palabras que más se utilizan. Como los cuadernos de trabajo son para uso exclusivo de la persona que los elabora, basta con que ella los entienda.

Orientaciones prácticas

El objetivo general de un cuaderno de trabajo es poder **anotar todo lo que sucede** durante tu vida académica, es decir, que no se te olvide nada.

"Se me olvidó anotar la tarea que nos pidió el profesor", "se me pasó anotar la fecha en que teníamos que entregar ese trabajo", "estoy seguro de que sí escribí el esquema que puso el profesor, pero no sé dónde lo puse, ya se me perdió", "en algún lado escribí la forma de solucionar ese problema, pero no la encuentro", "me puso una calificación muy baja en el trabajo, porque se me olvidó ponerle las ilustraciones que nos había indicado…"

El cuaderno de trabajo sirve para que no te suceda esto. La idea es que tengas un lugar donde anotar **todo** lo que sucede durante las clases, y que no andes haciendo anotaciones en papeletas, papelitos, en otros cuadernos y hasta en las manos o brazos.

Si tienes la costumbre de llevar un cuaderno de trabajo, **puede ser que no necesites llevar a la escuela ningún otro cuaderno** (aparte de tus libros de texto), ya que en él podrás ir haciendo las anotaciones necesarias para todas tus materias. Posteriormente, cuando llegues a tu casa, revisarás este cuaderno de trabajo y podrás pasar en limpio aquello que consideres necesario, ya sea en tus apuntes de cada clase, en una bitácora o para cualquier otro trabajo que te hayan encargado.

Entre otras cosas, en el cuaderno de trabajo podrás ir anotando lo siguiente:

- Los **apuntes** de cada clase, para luego pasarlos en limpio en tu casa.
- Las **tareas y trabajos** que te soliciten los profesores, para luego pasarlos a tu agenda. Al anotar estas tareas, no se te olvide indicar la fecha en que las debes entregar, así como las orientaciones que les dé el profesor sobre las características que deben tener.
- En las clases de **física** y **matemáticas**, el cuaderno de trabajo te sirve para resolver los problemas que se vayan viendo en clase.
- En los **laboratorios** de física, química o biología, el cuaderno de trabajo te sirve para ir anotando los pasos de los experimentos o prácticas que vayan realizando. De esta manera, podrás hacer luego el reporte correspondiente.
- Cuando tengan que hacer un **trabajo en equipo**, en el cuaderno de trabajo podrás ir anotando lo que hacen en cada reunión, así como los nombres de las personas que asistieron a ella, con el fin de que luego puedas elaborar la bitácora correspondiente.
- Si te encargan leer un libro y presentar un **reporte de lectura**, en el cuaderno de trabajo puedes ir haciendo las anotaciones necesarias, el resumen del libro, las ideas que tengas sobre ello, tus comentarios, etc. Luego podrás pasar en limpio estas ideas para presentar tu reporte de lectura.
- Si te encargan elaborar un **ensayo** o un **reporte de investigación**, en el cuaderno de trabajo puedes ir anotando en sucio todas las ideas que te vayan surgiendo, para luego pasarlas en limpio en tu trabajo definitivo.
- Si te encargan hacer una **composición**, en tu cuaderno de trabajo puedes redactarla en sucio, corregirla, borrarla, tacharla, rehacerla, para luego pasarla en limpio.

6.4 DIFERENTES TIPOS DE TEXTOS PERSONALES

A continuación se presentan tres cuadros que debes completar. El primero se refiere a los textos personales de carácter histórico; el segundo, a los textos familiares; y el tercero, a los textos de carácter escolar.

En la primera línea de cada cuadro, se indican los tipos de textos que hemos explicado en cada apartado. En la primera columna se indican los aspectos bajo los cuales se pueden comparar esos tipos de texto. Debes completar el cuadro, anotando para cada tipo de texto lo que se indica en esa primera columna.

Taller

	Autobiografía	Diario personal	Memorias	Cuaderno de viaje
Intención comunicativa				
Función comunicativa				
Características externas				
Características internas				
Orientaciones prácticas				

	Anécdota	Carta	Mensaje electrónico	Plática en línea
Intención comunicativa				
Función comunicativa				
Características externas				
Características internas				
Orientaciones prácticas				

	Agenda	Bitácora	Apuntes de clase	Cuaderno de trabajo
Intención comunicativa				
Función comunicativa				
Características externas				
Características internas				
Orientaciones prácticas				

Comprueba *tus saberes*

Ha llegado la hora de que demuestres realmente cuánto has aprendido, hemos terminado este bloque y ahora ya conoces muchas cosas nuevas. En esta sección encontrarás una evaluación que abarca todo el conocimiento adquirido en este bloque, contéstalo lo mejor que puedas.

El propósito de toda evaluación es detectar si se han cumplido o no, y en qué medida, los objetivos que se plantearon en el inicio.

En nuestro caso, el propósito de la evaluación es detectar si se han logrado o no, y en qué medida, las competencias que se plantearon como objetivo de cada bloque.

Con el fin de lograr este propósito, la evaluación consta de cuatro momentos:

- Evaluación de los conocimientos alcanzados en el bloque.
- Autoevaluación de cada estudiante, por medio del llenado de una rúbrica de carácter formativo.
- Coevaluación o evaluación coparticipativa, por medio del trabajo en equipos.
- Evaluación por parte del docente, con respecto al logro alcanzado por cada estudiante.

La evaluación obtenida de esta manera se traducirá en una calificación, de acuerdo con los criterios y porcentajes que determine el profesor.

1 Indica tres textos personales de carácter histórico, y describe brevemente sus principales características.

1. ______________________________

____

____

2. ______________________________

____

____

3. ______________________________

____

____

2 Indica tres textos personales de carácter familiar, y describe de manera breve sus principales características, menciona la importancia que tiene hacer uso de ellos en nuestra vida cotidiana.

1. ______________________________

____

____

2. ______________________________

____

____

3. ____
____
____

Indica tres textos personales de carácter escolar, y describe bre-vemente sus principales características.

3

1. ____
____
____

2. ____
____
____

3. ____
____
____

COEVALUACIÓN

En equipos de trabajo, se llevarán a cabo las siguientes actividades:

- Exponer y analizar las rúbricas individuales que respondieron en la actividad anterior.
- Detectar los aprendizajes logrados, así como los que no se lograron de la manera esperada.
- Detectar las causas o factores que influyeron, tanto de manera favorable como desfavorablemente al logro de los aprendizajes.
- Definir algunas estrategias que pudieran contribuir al mejor logro de los aprendizajes, para plantearlas ante el grupo.

Se llevará a cabo una sesión plenaria, en la que un representante de cada equipo exponga las conclusiones a las que llegaron en el momento anterior.

EVALUACIÓN POR PARTE DEL DOCENTE

El profesor evaluará el logro alcanzado por cada estudiante, de acuerdo con los criterios que establezca para eso. Se recomienda tomar en cuenta por lo menos los siguientes elementos:

- La participación activa en las actividades grupales y de equipo.
- El portafolios de evidencias que presente el estudiante, en el que se incluyan los siguientes productos:
  - Producto en equipo: ejemplos de los tipos de texto personales que presentaron en la exposición.
  - Productos individuales:
    - Redacción de una parte de su autobiografía.
    - Redacción de una parte de sus memorias.
    - Redacción de un cuaderno de viaje.
    - Redacción de una anécdota.
    - Redacción de una carta.
    - Impresión de un mensaje electrónico.
    - Impresión de un fragmento de plática en línea.
    - Agenda personal de una semana.
    - Bitácora de una clase.

Uso del léxico y semántica (2)

BLOQUE 7

Saberes

Conocimientos

7.1 Reconoce el uso de los signos de puntuación:
- Coma.
- Punto y coma.
- Punto.

7.2 Comprende o conoce las reglas ortográficas para el uso de las grafías:
- G, J y H.

7.3 Analiza las reglas correspondientes para el uso de homófonos.
- G, J y H

Unidades de competencia

El estudiante podrá aplicar las reglas de los signos de puntuación en redacción y lectura de diversos tipos de textos, empleando ejemplos relacionados con su vida personal, familiar, escolar, cultural y social.

¿Qué sabes hacer ahora?

En equipos de 4 o 5 personas, respondan las siguientes preguntas:

1. ¿Qué reglas de puntación conocen?
   ____
   ____
2. ¿Cuáles son los principales problemas que tienen con la puntuación?
   ____
   ____
3. ¿Cuáles son los principales problemas al diferenciar la G y la J?
   ____
   ____
4. ¿Cuáles son los principales problemas con el uso de la H?
   ____
5. ¿Qué homófonos conocen en los que se pueda confundir la G y la J?
   ____

En plenario, y bajo la coordinación del profesor, se realizarán las siguientes actividades:

1. Cada equipo expondrá las conclusiones a las cinco preguntas planteadas inicialmente.
2. Se analizará lo acertado de las respuestas dadas por los equipos.
3. El profesor complementará las ideas expuestas sobre la puntuación, el uso de algunas grafías y los homófonos.

Habilidades

- Redacta diferentes tipos de texto haciendo uso correcto de los signos de puntuación.
- Aplica las reglas de puntuación estudiadas en la lectura y la escritura de diversos tipos de textos.
- Distingue cuándo utilizar los signos de puntuación, en función del mensaje que se desea transmitir.

Actitudes y valores

- Promueve la creatividad en su expresión escrita mediante el uso correcto de los signos de puntuación.
- Respeta el uso de las reglas ortográficas estudiadas al realizar una exposición sobre alguna temática de su interés.
- Participa en la construcción de oraciones o textos modelo con palabras homófonas.

Situación didáctica

¿Cómo lo resolverías?

La empresa a la que fueron a impartir el curso de ortografía y acentuación quedó muy contenta con los resultados alcanzados. Ahora les han pedido que preparen e impartan la segunda parte del curso, pero con especial hincapié en la redacción y en la puntuación, también para el personal administrativo de la empresa.

Secuencia didáctica

¿Qué tienes que hacer?

1. Se analizará el contenido del tema: léxico y semántica, puntuación y ortografía.
2. Se organizarán cuatro o cinco equipos de trabajo. Cada equipo diseñará el curso que impartirán a la empresa que lo solicitó. En clase, se seleccionará el mejor curso para ir a impartirlo.
3. Los equipos diseñarán su curso, con material de apoyo, ya sea por computadora o con láminas y carteles.
4. Se revisarán en clase los cursos diseñados por cada equipo, y se seleccionará el mejor preparado.
5. Cada equipo corregirá su presentación de acuerdo con las observaciones recibidas.
6. Si es posible, se buscarán destinatarios a los cuales se pueda impartir realmente el curso.
7. Al término del bloque se llevará a cabo la evaluación del mismo.

Rúbrica

¿Cómo sabes que lo hiciste bien?

El estudiante se autoanalizará y responderá esta rúbrica, en relación con los indicadores de desempeño para el logro de las unidades de competencias que se establecen en este bloque.

COMPETENCIA REQUERIDA	VALORACIÓN		
	Logro individual	Logro con ayuda	No lo he logrado
1. Redacto noticias de la vida cotidiana, mediante la correcta aplicación de las palabras homófonas.			
2. Establezco el uso correcto de los signos de puntuación señalando el cambio de significado en los textos correctos e incorrectos.			
3. Distingo el significado de los homófonos en la redacción de enunciados.			
4. Redacto distintos tipos de textos demostrando su riqueza de léxico, precisión semántica y ortográfica.			

Ejercicio

En las siguientes oraciones no hemos puesto ninguna *coma*. Detecta las frases circunstanciales, y divídelas del resto mediante *comas*.

1. Mi tío Pedro nació en Autlán Jalisco en 1947 cuando aún no se inventaba la televisión.
2. Mi papá nació en Guadalajara Jalisco en 1949 porque su familia se mudó para allá.
3. Reprobé matemáticas el año pasado cuando estaba en segundo porque no estudié lo suficiente.
4. En la tienda que está en esta avenida enfrente de una lavandería junto a un restaurante venden ropa muy moderna.
5. Encontré este tema explicado en el libro de Rodríguez en la página 18 en el capítulo cinco.
6. Me encontré a mi amigo Juan a la hora del recreo junto a la tiendita cuando estaba comprando un refresco.
7. Fuimos a hacer las prácticas a la sierra más allá de la ciudad de Durango junto a un pueblo llamado San Miguel.
8. Cuando veníamos de regreso como teníamos mucha hambre nos detuvimos para desayunar en un restaurante que está sobre la carretera un kilómetro después de otro pueblo que se llama San Rafael.
9. Ese libro lo guardé ayer después de que me dijiste que lo guardara antes de que nos fuéramos al cine.
10. Lo puse en la caja azul la que está en el armario abajo de donde tengo las camisas.
11. El trabajo lo imprimí en la escuela desde la semana pasada en la computadora que está en el laboratorio.
12. Cuando entré a esta escuela me tocó estar en el salón grande el que está en la planta baja junto a la dirección.
13. Después nos pasaron al salón 27 en el segundo piso arriba del laboratorio de cómputo.
14. Tomé un curso sobre hábitos de estudio el año pasado en una escuela que está en el centro cerca de las oficinas del correo.
15. El año pasado cuando me enfermé me atendieron en la Clínica del Magisterio porque mi papá es profesor de esta escuela.
16. En el pueblo donde nací más allá de la labor de don Venancio del otro lado del río hay una llanura muy grande.
17. En la fonda de doña Marta la que está en el centro como tienen muchos años de experiencia hacen una comida muy rica.
18. El equipo de la escuela en el que están Luis y Pedro jugó contra el equipo de la preparatoria en el que están sus primos.
19. El año pasado al inicio del semestre cuando todavía hacía mucho frío casi no salíamos al patio a jugar.
20. Allá en mi pueblo que está ubicado cerca de Ensenada Baja California hace más frío que acá.

Valor: 5 puntos cada una

Calificación:	Revisó:

5 La *coma* en sustitución de un verbo

Regla

En algunas oraciones, para evitar repetir demasiado el mismo verbo, a veces se omite éste, sobre todo cuando ya se supone. En esos casos, en el lugar del verbo que se omite se debe poner una *coma*. Si la oración es muy larga y ya lleva otras *comas*, antes de la frase cuyo verbo se omitió se debe poner *punto y coma*.

Ejercicio

A continuación encontrarás varias oraciones a las que les faltan varias *comas* y/o *puntos y coma*. En algunos casos hemos puesto una *coma* donde debe ir un punto y *coma*. Corrige, pues, las siguientes oraciones, poniendo una *coma* o un *punto y coma* donde consideres que se deban colocar.

Ejemplos

Para no decir: Los *de primero* ***jugaron*** *futbol, los de segundo* ***jugaron*** *básquet y los de tercero* ***jugaron*** *voleibol.*

Se escribe: *Los de primero jugaron futbol; los de segundo, básquet; los de tercero, voleibol.*

1. Luis y Pedro se fueron en avión Jorge y Roberto en su carro los demás en camión.
2. Para estudiar matemáticas, me junto con Arturo, para física con Ramón, para literatura con Lupita, para Inglés con Bety.
3. Fuimos a cenar a un restaurante. Yo pedí tacos al pastor mi hermana tacos de bistec mi papá un alambre.
4. Para el baile de graduación, Luis invitó a Lupita, Arturo a Angélica, Pedro a Patricia, yo a Yolanda.
5. El lunes presenté examen de física el martes de matemáticas el miércoles de español el jueves de literatura.
6. Yo mido 1.70, mi hermano mayor 1.80, mi hermana menor 1.50, el más pequeño un metro.
7. A mí me gusta el color verde a Lupita el morado a Miguel el azul a Rosy el rosa.
8. La ciudad de México es la más grande de la República, Guadalajara la segunda, Monterrey la tercera.
9. Jorge sacó el primer lugar del salón Margarita el segundo Daniel el tercero yo el cuarto.
10. Cuando llegamos a la cabaña, yo me puse a limpiar la sala, Lupita y Luisa la cocina, Juan y José las recámaras, Yolanda el comedor.
11. Yo me fui de vacaciones al mar Arturo a la montaña José a visitar a sus parientes Lupita a Estados Unidos.
12. A Juan le gusta el agua de limón a su papá el agua de tamarindo a su mamá el agua de horchata a su hermano los refrescos.
13. Yo juego de defensa Felipe de delantero Víctor de portero Gerardo de medio.
14. El maestro llegó a la escuela en su carro yo en camión Marta caminando.
15. Yo me saqué nueve en matemáticas Pedro ocho Luis siete Laura y Mónica diez.
16. A mi me gustan las películas de acción a mi hermana las de amor a mi papá las de suspenso a mi mamá las telenovelas.
17. El martes tuvimos el examen de física el miércoles el de química, el jueves el de biología el viernes el de español.
18. Yo me metí a las actividades de teatro Lupita y Marta a las de danza Juan y José a las de ajedrez Arturo a las de música.

19. Luis hizo su tarea el sábado yo el domingo Pedro el lunes Salvador el martes.

20. Yo tengo 18 años mi hermano mayor 21 mi hermana menor 13.

Valor: 5 puntos cada una

Calificación:	Revisó:

6 La *coma* y los elementos de la oración

Regla

El sujeto nunca se debe separar del verbo con una *coma*, a no ser que entre ellos vaya un inciso. Es incorrecto escribir: *el profesor de tercero, es muy estricto*. Es correcto: *el profesor de tercero, aunque se ve buena gente, es muy estricto*. Tampoco se debe separar un verbo, de su complemento directo, a no ser que entre ellos vaya un inciso. Es incorrecto escribir: *Juan le dio, un golpe en la cara*. Es correcto: *Juan le dio, aunque fue sin querer, un golpe en la cara*.

El orden correcto en una oración es sujeto verbo complemento. Si por alguna razón cambias ese orden, debes poner una *coma* para separar el elemento que pusiste en otro orden. Se puede escribir, sin coma, lo siguiente: *yo hago mucho ejercicio en la escuela*. Pero tienes que poner *coma* si cambias el orden lógico de la oración: *En la escuela, yo hago mucho ejercicio*.

Ejercicio

En algunas de las oraciones siguientes, las *comas* están bien puestas. En otras, están mal puestas o no las tienen. Si consideras que están bien así, déjalas e indícalo poniendo una señal de correcto (paloma) en el espacio de la derecha. Si crees que están mal, corrígelas ahí mismo y pon una señal de incorrecto (tache) en el espacio de la derecha.

1. Las matemáticas, constituyen la materia más importante para la carrera de ingeniería. ☐
2. Las matemáticas a pesar de ser difíciles son muy importantes para nuestra formación. ☐
3. Para la carrera de ingeniería las matemáticas son muy importantes. ☐
4. Mis hermanos, hicieron muchas travesuras hoy en la casa. ☐
5. El día de hoy mis hermanos hicieron, muchas travesuras en la casa. ☐
6. Mis hermanos a pesar de su edad hicieron muchas travesuras el día de hoy. ☐
7. José Luis Pedro y Juan, fueron al baile con sus respectivas novias. ☐
8. José Luis Pedro y Juan los de segundo fueron al baile con sus respectivas novias. ☐
9. Con sus respectivas novias llegaron al baile José Luis Pedro y Juan. ☐
10. Los del grupo de estudio, nos tenemos que reunir para preparar los exámenes. ☐
11. El maestro, nos regañó a todos por no traer la tarea. ☐
12. Por no traer la tarea el maestro nos regañó, a todos. ☐
13. Saber inglés y computación, es algo básico hoy en día. ☐

14. Hoy en día, saber inglés y computación, es algo básico.
15. El Distrito Federal, Monterrey y Guadalajara, son las ciudades más grandes de México.
16. En México las ciudades más grandes son el Distrito Federal Monterrey y Guadalajara.
17. Todos mis compañeros de la escuela, son muy buenos amigos.
18. Mi mamá nos preparó, una comida muy rica el día de ayer.
19. El día de ayer mi mamá, nos preparó una comida muy rica.
20. Arturo Luis José y Pedro, se metieron al equipo de fútbol.
21. Los primeros días, fueron los más difíciles.
22. Yo, nunca hago ejercicio en las mañanas.
23. En las mañanas, yo nunca hago ejercicio.
24. Ricardo es muy gritón.
25. Ricardo mi primo es muy gritón.

Valor: 4 puntos cada una

Calificación:	Revisó:

7 La *coma* y los vocativos

Regla

Los vocativos van entre *comas*. Un vocativo es la expresión que se utiliza para llamar a alguna persona o algún animal. Puede tratarse del nombre de la persona o del animal, de un apodo o de otra expresión mediante la cual le hablamos.

Si el vocativo inicia la oración, sólo llevará *coma* después del mismo; si el vocativo concluye la oración, sólo llevará *coma* antes del mismo, para terminar con un *punto*.

Ejercicio

En las siguientes oraciones, no hemos puesto ninguna *coma*. Escribe las *comas* que consideres necesarias.

Ejemplos *¡Oye, güero! Ven para acá.*

1. ¡Oye Lupe! ¿Adónde fueron de vacaciones?
2. Fuimos a Cuernavaca Bety.
3. ¿Tú también fuiste Arturo?
4. No Pedro. No nos alcanzó el tiempo ni el dinero.
5. Juan ven a ver este mapa de carreteras.
6. ¿Qué quieres que vea Lupe?
7. Dile adónde quieren ir ustedes Güicho.
8. ¿Podemos salir al recreo maestra?

9. Todos pueden salir menos tú Gerardo.
10. Pero yo no fui el que tiró el gis maestra.
11. No seas conformista Luis hay que pensar en grande.
12. Con poco dinero no se puede pensar en grande Arturo.
13. Mi perrita se llama Blacky. Blacky ven a saludar.
14. Mi gato se llama Micifuz pero no viene cuando le digo: ¡Ven Micifuz!
15. No te impacientes Guille. También los gatos aprenden.
16. No me impaciento Chaparro sólo me desespero.
17. Compadre venga a sentarse a la mesa.
18. ¿Qué vamos a comer hoy comadrita?
19. La comida típica de Mexicali compadre.
20. ¿Tú eres de allá Felipe?
21. No cuñado. Pero hemos viajado mucho para allá.
22. ¿Y tú Ricardo? ¿De dónde eres?
23. Yo soy de San Luis Potosí Juan.
24. ¡Orden compañeros! Vamos a organizarnos.
25. Siéntate Juan. Guarda silencio Pedro.

Valor: 4 puntos cada una

Calificación:	Revisó:

8 La *coma* y el *punto y coma*

Regla

Se pone *coma* antes de las siguientes conjunciones: *pero, mas, aunque, sino, conque, así que, de manera que, porque* (y sus equivalentes: *ya que, por lo que*...). Si con estas conjunciones se empieza una frase muy larga, que a su vez tiene otras *comas*, se debe poner *punto y coma* antes de ellas.

Ejercicio

En las oraciones siguientes no hemos puesto ninguna *coma*. Escribe la puntuación que sea necesaria; en especial, antes de la conjunción escribe *coma* o *punto y coma*, según consideres correcto.

Ejemplos

1. Fui a la fiesta pero no vi a Luis.
   Fui a la fiesta, pero no vi a Luis.
2. No pude ir a la fiesta porque mi papá no sé por qué razón no me quiso prestar el carro.
   No pude ir a la fiesta; porque mi papá, no sé por qué razón, no me quiso prestar el carro.

1. No le dije nada porque no me cae bien.
2. Nadie ha escuchado lo que yo he dicho pero les aseguro que tarde o temprano me darán la razón.
3. La nueva profesora sabe mucho pero no sabe cómo dar la clase.
4. El otro día me peleé con mi hermano porque no me quiso prestar sus herramientas a pesar de que se las pedí de buena manera.
5. Reprobé el examen porque me puse muy nervioso.
6. Yo sé que es una materia importante pero cuando el profesor no me cae bien se me hace difícil poner atención en clase.
7. El carro está muy bonito pero no cabemos todos en él.
8. Me gustaría verlo haciendo ese trabajo porque al intentar hacerlo se dará cuenta de que no es tan fácil como parece.
9. Me regañó la maestra porque no traje la tarea.
10. El fin de semana salimos a pasear pero a pesar de eso pude terminar toda mi tarea.
11. Cuando uno quiere lograr lo que se propone lo logra porque es parte de la naturaleza humana esforzarse mucho cuando tiene motivación para hacerlo.
12. No voy a ir porque simplemente no me da la gana.
13. Yo quería ir con ellos aunque no me habían invitado pero luego me enteré de que después del cine iban a ir a cenar y yo no traía dinero.
14. A mí me invitaron pero ya tenía otro compromiso.
15. Ya supe que reprobaste el examen de matemáticas pero no te preocupes porque yo te voy a ayudar a prepararte para el examen extraordinario.
16. Te lo agradezco pero no puedo aceptar tu ofrecimiento.
17. Es un problema del que tengo que salir yo solo porque me hice una promesa a mí mismo y tengo que cumplirla.
18. Confío en ti porque sé que puedes lograrlo.
19. Estudia mucho pero no te sobrepases.
20. Este año va a ser el más importante de mi vida porque es cuando voy a decidir qué carrera voy a estudiar y a qué universidad voy a ir.

Valor: 5 puntos cada una

Calificación:	Revisó:

9 El *punto y coma*

Regla

Cuando hay muchas *comas* en una oración muy larga, la *coma* principal se convierte en *punto y coma* (sube de categoría). La *coma* principal es la que indica la división de la oración larga en sus dos partes.

Ejercicio

En las siguientes oraciones, no hemos puesto ninguna *coma*. Escribe las *comas* que consideres necesarias; luego, detecta cuál es la *coma* principal, y conviértela en *punto y coma*.

Ejemplos

Las matemáticas son importantes porque te hacen pensar pero a mí me gustan más la historia la literatura y la biología.

Las matemáticas son importantes, porque te hacen pensar; pero a mí me gustan más la historia, la literatura y la biología.

1. Aunque la sociedad de alumnos de derecho en la que está Luis fue la que ganó por haber tenido más votos a mí me hubiera gustado que quedaran los de ingeniería porque ellos tenían un proyecto mucho mejor.
2. Lupita es muy buena amiga es solidaria y nunca te queda mal pero a mí me cae mejor Leticia porque siempre me ayuda con las tareas.
3. Saquen las mesas las sillas y el escritorio pero dejen el pizarrón las mamparas y el rotafolio.
4. Cuando era chico me gustaba mucho ir a fiestas infantiles pero ahora me gusta más ir a la discoteca al club y a nadar.
5. En la tierra los árboles las plantas y los arroyos embellecen el paisaje y en el cielo las nubes y los rayos del sol producen efectos sorprendentes.
6. Cuando termines tu tarea puedes ver un rato la tele y cuando yo regrese del centro te ayudo a preparar tu examen de mañana.
7. Pedro traerá las botanas los refrescos y los hielos mientras que Luis traerá los lonches las servilletas y la salsa.
8. Por un lado los exámenes son importantes porque nos obligan a estudiar pero por otro lado los trabajos que nos encargan nos obligan a investigar y a leer.
9. El bachillerato según nos dijo el profesor es propedéutico es decir nos prepara para la universidad.
10. Aunque todas las materias son importantes porque nos enseñan a pensar a mí me gustan más las matemáticas porque aprendo muchas cosas que aplico en la vida diaria.
11. De joven la mejor forma de aprender es en la escuela pero cuando sales de la escuela tienes que seguir aprendiendo a lo largo de la vida.
12. La tarea que nos encargaron en matemáticas aunque era difícil la pude terminar bien pero la de química aunque le dediqué mucho tiempo no la pude terminar.
13. Como jugamos muy bien el entrenador de futbol nos felicitó pero el maestro de español nos regañó a todos porque muchos reprobaron el examen.
14. Me gustan las canciones antiguas porque hay algunas muy románticas pero también me gusta la música moderna porque refleja más las inquietudes de los jóvenes.
15. La semana pasada fuimos a jugar boliche sin embargo me gusta más el tenis aunque no lo sé jugar muy bien.
16. El doctor le dijo que si quería bajar de peso tenía que hacer más ejercicio a pesar de eso se la pasa todo el día viendo televisión.
17. Los gatos son muy buenas mascotas porque son muy limpios pero a mí me gustan más los perros porque son más obedientes.
18. Al terminar el año escolar guardamos todos los libros que utilizamos en la escuela al empezar el nuevo ciclo tenemos que comprar nuevos libros.

19. Cuando Pedro viene a mi casa nos pasamos la tarde viendo películas en la televisión pero cuando vamos a su casa tenemos que estudiar para que no nos regañen sus papás.

20. El otro día cuando íbamos a la escuela vimos un accidente de tránsito pero cuando regresamos a la casa ya no se notaba nada porque habían limpiado todo.

Valor: 5 puntos cada una

Calificación:	Revisó:

10 El *punto y seguido*

Regla

Si ya terminó una idea completa y vas a escribir otra idea diferente, debes poner *punto* y no *coma*, aunque estés hablando del mismo tema general. Sabes que una idea ya está completa, porque ya se dijo algo sobre ese sujeto, y la siguiente idea dice otra cosa diferente del mismo sujeto, o habla de otro sujeto diferente. Si continúas en el mismo párrafo, se trata de un *punto y seguido*.

Ejercicio

En las siguientes oraciones, convierte la *coma* en *punto*, cuando la primera idea esté terminada y empiece una nueva idea. Recuerda que después de un *punto* debe ir mayúscula.

Ejemplos

Luis se fue a la fiesta, yo me quedé estudiando en la casa.
Luis se fue a la fiesta. Yo me quedé estudiando en la casa.

1. El salón de clases es muy elegante, las mesas de la biblioteca son muy modernas.
2. El maestro de física es muy exigente, las tareas que nos encarga son muy complicadas, el examen estuvo muy difícil.
3. Fuimos de paseo al parque, el día estaba muy bonito, había mucha gente paseando.
4. El viaje estuvo pesado, cuando llegamos al hotel, ya no queríamos salir a pasear, en la noche fuimos a una disco.
5. En el recreo, jugamos un partido de básquet, al regresar a clases, estábamos agotados, nadie entendió la clase de matemáticas.
6. Las matemáticas son muy interesantes, a mí me gusta mucho la historia, dicen que el español es lo más importante.
7. El carro de Arturo es muy elegante, para ir de cacería, utilizamos la camioneta de Raúl, regresamos con tres conejos.
8. Le hablé por teléfono a Berta, su mamá me dijo que había salido de compras, le dejé un recado con ella.
9. En la biblioteca hay libros muy interesantes, las computadoras son muy modernas, se puede consultar internet en todas ellas.

10. Los perros son muy fieles y cariñosos, los gatos son muy ladinos, yo prefiero no tener ninguna mascota.

11. Ha llovido mucho en estos días, la ciudad está muy limpia, las calles están llenas de agujeros.

12. Cuando salimos de vacaciones, andamos todos juntos, a Luis le gusta más la playa, a Lupita le gusta más ir de compras.

13. Aunque no tenía ganas de ir al cine, los acompañé, Arturo compró unas palomitas, Pedro se compró un refresco.

14. Llegamos tarde, pero contentos, Arturo se fue a acostar inmediatamente, Pedro y yo nos pusimos a jugar cartas.

15. Al día siguiente, nos pusimos a cantar y bailar, Arturo sacó a Lupita, Pedro se puso a tocar la guitarra, yo hice como que cantaba.

16. El viaje estuvo divertido, pero cansado, a mí me quedaron ganas de regresar, Pedro empezó a organizar las siguientes vacaciones.

17. El regreso a clases estuvo pesado, muchos profesores faltaron el primer día, yo estaba contento por volver a ver a mis compañeros.

18. La escuela estaba muy cambiada, habían pintado todos los salones, los mesabancos estaban como nuevos.

19. El recreo es lo que más me gusta de la escuela, todos salen corriendo de los salones, Juan siempre se compra unas papitas y un refresco.

20. Después de comer, todos nos pusimos a trabajar, yo me puse a estudiar matemáticas, mi hermano se puso a hacer su tarea de física, Lupita se fue a dormir.

Valor: 5 puntos cada una

Calificación:	Revisó:

11 El *punto y seguido* y el *punto y coma*

Regla

Al terminar una idea, se debe poner *punto y seguido*, antes de empezar a escribir otra idea diferente. Sin embargo, si se quiere hacer notar que las dos ideas tienen una gran relación entre sí, en vez del *punto y seguido* se puede poner un *punto y coma*. En este caso, el *punto y coma* indica que las dos oraciones o ideas están estrechamente relacionadas entre sí; por ejemplo, que una idea es explicación o es consecuencia de la otra.

Si se quiere indicar que la relación es todavía mayor, se puede dejar la *coma* y añadir la conjunción *y*, ya que coma más *y* es igual a *punto y coma*. (, + y = ;).

Conviene señalar que las tres formas pueden ser correctas (con *punto y seguido*, con *punto y coma* o con *coma* más *y*), dependiendo del mensaje que se quiera comunicar.

Ejercicio

En las siguientes oraciones, hemos puesto únicamente *comas*. Conviértelas en *punto y seguido*, en *punto y coma* o en *coma* más *y*, según consideres conveniente. Recuerda que después de un *punto* debe ir mayúscula.

Ejemplos

Luis se fue a la fiesta, yo me quedé estudiando en la casa, alcancé a preparar todos mis exámenes.

Luis se fue a la fiesta. Yo me quedé estudiando en la casa; alcancé a preparar todos mis exámenes.

Luis se fue a la fiesta. Yo me quedé estudiando en la casa, y alcancé a preparar todos mis exámenes.

1. El clima ha mejorado, ha estado lloviendo mucho, los campos están muy verdes.
2. Rogelio prefiere hacer los trabajos a mano, a mí me gusta hacerlos en computadora, los profesores se fijan mucho en la presentación.
3. La planilla azul está muy organizada, sus integrantes han realizado muchas actividades, la planilla roja se ha visto lenta.
4. A Pedro ya le prestan el carro, ya cumplió 18 años, a Luis todavía no lo dejan usarlo.
5. Yo me voy a la escuela en camión, todavía no tengo edad para manejar, varios de mis compañeros ya traen carro.
6. El equipo de básquet va muy bien, ya han ganado varios campeonatos, el equipo de futbol está muy desorganizado.
7. La colonia es muy tranquila, las casas son muy seguras, hay policías rondando toda la noche.
8. A Monterrey nos fuimos en avión, el vuelo estuvo muy tranquilo, no hubo mucha turbulencia.
9. Las águilas tienen muy buena vista, los tiburones tienen buen olfato, son capaces de detectar sangre a varias millas de distancia.
10. La carrera de medicina se me hace muy difícil, prefiero estudiar la carrera de psicología, ahí también podemos ayudar a los demás.
11. Las galletas están duras, el pastel está más rico, Lupita lo hizo ayer.
12. Se fue la luz, la casa quedó a oscuras, todos nos asustamos mucho.
13. Mi tía está triste, se murió su canario preferido, el gato se lo comió.
14. La sala quedó muy bonita, retapizaron todos los muebles, la cocina quedó como antes.
15. Se lucieron con la fiesta, la orquesta tocó hasta las 2 de la mañana, todos bailaron hasta caer agotados.
16. No quise llegar tarde, no sabía qué horas eran, mi reloj se descompuso.
17. Después de la fiesta, nos fuimos a comer pozole, yo pedí unos taquitos, el pozole me hace daño.
18. El lunes llegamos tarde a clases, Pedro ni siquiera llegó a la escuela, le pegó fuerte la desvelada.
19. Todos pidieron de cenar, yo sólo tomé un refresco, no traía mucho dinero.
20. En la clase de historia, casi me duermo, el profesor se la pasó hablando todo el tiempo, el laboratorio de biología estuvo más entretenido.

Valor: 5 puntos cada una

Calificación:	Revisó:

12 El *punto y aparte*

Regla

Si se terminó el tema o asunto del que estabas hablando, y empiezas a hablar de otro tema diferente, debes poner *punto y aparte* y empezar un nuevo párrafo.

Ejercicio

En las siguientes oraciones, hay únicamente *comas*. Debes convertirlas en *punto y seguido* o en *punto y aparte*, cuando consideres correcto. El *punto y aparte* indícalo con una diagonal, como está en el ejemplo. Recuerda que después de un *punto* debe ir mayúscula.

Ejemplos

Los árboles estaban verdes, las flores coloreaban el paisaje, el cielo estaba lleno de nubes, cuando llegamos al parque, sacamos todas las cosas del carro, Marta se encargó de poner el mantel, Lupita se puso a hacer los lonches.

Los árboles estaban verdes. Las flores coloreaban el paisaje. El cielo estaba lleno de nubes. // Cuando llegamos al parque, sacamos todas las cosas del carro. Marta se encargó de poner el mantel. Lupita se puso a hacer los lonches.

1. Metí todos mis cuadernos en la mochila, el estuche de geometría lo tuve que cargar aparte, los lápices y plumones los traigo en una caja especial, en la primera clase, tuvimos que resolver muchos problemas, el profesor de dibujo nos encargó hacer figuras geométricas, en literatura, nos pusieron a leer *El Quijote*.
2. Ayer nos reunimos en mi casa, yo ya había preparado la sala para poder estudiar a gusto, mi mamá tenía listo el café y los refrescos, estudiamos hasta las 12 de la noche, al día siguiente, presentamos el examen, yo me saqué un nueve, Lupita fue la única que sacó diez, todos pasamos bien.
3. El profe de biología organizó un viaje de prácticas, fuimos a Torreón y a Chihuahua, íbamos 20 compañeros en un camión, nos acompañaron dos profesores, las prácticas estuvieron padres, estudiamos las plantas de los climas semiáridos, estuvimos un día en un desierto estudiando las cactáceas.
4. A mí me gusta mucho la escuela, hay materias muy interesantes, la mayoría de los profesores son a todo dar, soy amigo de casi todos ellos, el año pasado, hubo un concurso de ortografía, yo quedé en segundo lugar, Arturo quedó en primero.
5. Es importante hacer deporte, a mí me gusta jugar futbol, el básquet nada más lo veo por televisión, el domingo pasado fui al estadio, jugaron los del Santos contra las Chivas, ganaron los del Santos.
6. En mi casa, tengo dos mascotas, el perro se llama Blacky, el gato se llama Micifuz, yo me encargo de alimentarlos, un día, Micifuz se escapó de la casa y no regresó hasta el tercer día, Blacky estaba triste, cuando regresó el gato, todos nos pusimos contentos, pero más Blacky.
7. En las mañanas, todos andamos de carrera, yo trato de entrar primero al baño, porque mi hermana se tarda mucho, mi papá siempre se enoja, mi mamá se pone a preparar el desayuno, mi papá nos lleva a todos, primero dejamos a mi hermana, a veces cargamos gasolina, yo soy el siguiente, mi mamá entra hasta las 8:30.
8. En la escuela, cada quien tiene sus obligaciones, los maestros tienen que preparar e impartir las clases, los alumnos deben poner atención en clase, las secretarias deben atender a los alumnos y a los padres de familia, un día, llegó un papá a la escuela, y no encontró quién lo atendiera, se metió a un salón, y se puso a oír la clase, el maestro se puso nervioso.
9. En la ciudad, hay muchos lugares donde pasear y divertirse, podemos ir al centro a tomar una nieve, a Juan le gusta ir a jugar boliche, Luis prefiere ir al cine, a mí me gusta más ir a la disco, el sábado pasado, salimos los tres juntos, como era temprano, fuimos primero al cine, al salir, nos fuimos a arreglar para ir a bailar, ese día no pudimos ir a jugar boliche.

10. Cada maestro tiene su forma de dar la clase, el de matemáticas siempre nos pone problemas muy difíciles, el de historia se la pasa hablando toda la clase, el de literatura nos encarga muchos libros para leer, el mes pasado, nos fue muy mal en los exámenes, yo reprobé física, Arturo no alcanzó a hacer todas las tareas de biología, Lupita reprobó historia, porque se enfermó y faltó varios días a clase.

Valor: 10 puntos cada una

Calificación:	**Revisó:**

7.2 LAS REGLAS ORTOGRÁFICAS PARA EL USO DE LAS GRAFÍAS: *G, J* Y *H*

Las letras *g* y *j*, cuando van delante de las vocales *e, i*, tienen un comportamiento parecido a las letras *c* y *z*: **se intercambian con mucha frecuencia**.

Antes de	La *C* = sonido fuerte	La *Z* = sonido débil	La *J* = sonido fuerte	La *G* = sonido débil
A	CA	ZA	JA	GA
O	CO	ZO	JO	GO
U	CU	ZU	JU	GU

Pero antes de	Puede ser (ambas con sonido débil)	Puede ser (ambas con sonido fuerte)
E	CE	GE
	ZE	JE
I	CI	GI
	ZI	JI

En su sonido débil, la *g* no presenta muchos problemas; es en su sonido fuerte (fricativo velar sordo) cuando se puede confundir con la *j*. Una forma de distinguir claramente cuándo escribir una u otra letra, es conociendo la **raíz etimológica** de la palabra.

1 Palabras con *ge gi je ji*

Regla

Las palabras que en su origen o raíz se escriben con *g*, llevarán siempre *g* en las combinaciones *ge* y *gi*. Sin embargo, se escribirán con *j* en las combinaciones *ja, jo* y *ju* (ya que la *g* no tiene un sonido fuerte con esas vocales). **Ejemplos**: rugir: *el león ruge, quiero que ruja.*

Las palabras que en su origen o raíz se escriben con *j*, se escribirán siempre con *j*, tanto en las combinaciones *je* y *ji*, como en las combinaciones *ja, jo* y *ju*. **Ejemplos**: *lijar: yo lo lijé, él lo lijó.*

Ejercicio

Completa con *g* o *j* según creas correcto, tanto las palabras origen o raíz como sus derivados.

Ejemplo

Mo__ar.	Ya se mo__ó.	Quiero que se mo__e.
Mojar	Ya se mojó	Quiero que se moje

1. Ra__ar.	Ya se ra__ó	Quiero que se ra__e.
2. A__itar.	Yo la a__ité.	Vienes muy a__itado.
3. Ur__ir.	No me ur__e.	Quiero que le ur__a.
4. Ale__ar.	Ya se ale__ó.	Quiero que se ale__e.
5. Su__erir.	Es mi su__erencia.	Estás su__estionado.
6. Enco__er.	No se enco__e.	Quiero que se enco__a.
7. Ata__ar.	Yo lo ata__é.	El lo ata__ó.
8. Ca__a.	La ca__ita.	La ca__ota.
9. Ma__o.	Es má__ico.	La ma__ia.
10. Exi__ir.	Yo lo exi__o.	El lo exi__ió.
11. Estru__ar.	Yo la estru__é.	El la estru__a.
12. Ru__ir.	El león ru__e.	Quiero que ru__a.
13. Sumer__ir.	El se sumer__e.	El se sumer__ió.
14. Arro__ar.	Yo la arro__é.	El la arro__ó.
15. Ce__a.	La ce__ita.	La ce__ota.
16. Reco__er.	Yo la reco__í.	Quiero que la reco__a.
17. Sur__ir.	Sur__e un imprevisto.	No quiero que sur__a
18. Emer__er.	Que ya emer__a.	Es una emer__encia.
19. Alo__ar.	Yo ya me alo__é.	El ya se alo__ó.
20. Aco__er.	Buena aco__ida.	Quiero que la aco__a.
21. Nava__a.	La nava__ita.	La nava__ota.
22. Sonro__a.	Yo me sonro__é.	Ella se sonro__ó.
23. Esco__er.	Yo la esco__í.	Quiero que me esco__a.
24. Te__er.	El te__ido.	Quiero que te__a.
25. Empu__ar.	Yo la empu__é.	El me empu__ó.

Calificación:	Revisó:

2 Palabras con gest, geo, giénico, ginal, gíneo, ginoso, gia, gio, gión, gional, gionario, gioso y gírico

Regla

Se escriben con *g* las palabras que empiezan por *gest* o por *geo* (*tierra*). **Ejemplos**: *gestoría, geología.*

Se escriben con *g* las palabras que terminan con *giénico, ginal, gíneo* y *ginoso*. **Ejemplos:** *higiénico, original, virgíneo, ferruginoso*. Se exceptúa *aguajinoso*.

Se escriben con *g* las palabras que terminan con *gia, gio, gión, gional, gionario, gioso* y *gírico*. **Excepciones:** *bujía, herejía, lejía, ejión* y las palabras que terminan con *plejia* o *plejía*. **Ejemplos**: *magia, plagio*.

Ejercicio

En cada una de las oraciones siguientes se incluye una de las palabras explicadas en la regla. Algunas están bien escritas y otras están mal escritas. Si consideras que están bien, déjalas como están, y pon una señal de correcto (paloma) en el espacio de la derecha. Si consideras que están mal escritas, escríbelas correctamente en el espacio de la derecha.

Ejemplo

1. Me gusta le geometría ✓

2. A mí la jeología. geología

1. El mundo antiguo era geocéntrico. ______

2. Vamos a gestionar mi inscripción. ______

3. Esa comida no es muy hijiénica. ______

4. Le dio una apoplegía. ______

5. Tiene un candor virgíneo o virjinal. ______

6. Es un producto oleajinoso. ______

7. Eso que dices es una heregía. ______

8. Un jestor me ayudó con el trámite. ______

9. Es un estudio geopolítico. ______

10. Perteneció a la lojia masónica. ______

11. Esos terrenos están en litijio. ______

12. Ésa no es mi religión. ______

13. Vamos a estudiar jeografía. ______

14. Es un proceso en gestación. ______

15. Es una oficina rejional. ______

16. Se fue de legionario. ______

17. Es una enfermedad contajiosa. ______

18. Terminó el discurso con un panegírico. ______

19. Esa liturjia es muy novedosa. ______

20. Le dio una apoplegía. ______

21. Fue un bello jesto. ______

22. El viaje fue vertijinoso. ______

23. Voy a estudiar antropología. ______

24. Le tuve que cambiar las bugías. ______

25. Se trata de un lenguaje jesticular. ______

Calificación: **Revisó:**

3 La g en las terminaciones gélico, genario, géneo, génico, genio, génito, gesimal, gésimo, gético, gente, gencia, ígeno, ígena, ígero, ígera, logía, gogia, gogía y algia.

Regla

Se escriben con *g* las palabras que terminan con *gélico, genario, géneo, génico, genio, génito, gesimal, gésimo* y *gético*. **Ejemplos**: *evangélico, octogenario.*

Se escriben con *g* las palabras que terminan con *gente, gencia, ígeno, ígena, ígero, ígera, logía, gogia, gogía* y *algia*. **Ejemplos**: *vigente, regencia.* **Excepción**: *majencia.*

Ejercicio

En cada una de las oraciones siguientes se incluye una de las palabras explicadas en la regla. Algunas están bien escritas y otras están mal escritas. Si consideras que están bien, déjalas como están, y pon una señal de correcto (paloma) en el espacio de la derecha. Si consideras que están mal escritas, escríbelas correctamente en el espacio de la derecha.

Ejemplo

1. Fue un discurso apologético. ✓

2. Juan estudió piscolojía. psicología

1. Pertenece a un grupo evanjélico. ______________ ☐

2. Su papá es un octogenario. ______________ ☐

3. El grupo es muy homojéneo. ______________ ☐

4. Lupita es fotogénica. ______________ ☐

5. Juan tiene mucho ingenio. ______________ ☐

6. Yo soy el primojénito en mi familia. ______________ ☐

7. El sistema vigesimal se basa en el número 20. ______________ ☐

8. Llegué en el cuadrajésimo lugar. ______________ ☐

9. Esta bebida es enerjética. ______________ ☐

10. Es la historia de Fray Angélico. ______________ ☐

11. Se trata de un defecto conjénito. ______________ ☐

12. La norma está aún vigente. ______________ ☐

13. ¿Cuál es la definición de rejencia? ______________ ☐

14. Necesita más oxíjeno. ______________ ☐

15. Visitamos un pueblo indígena. ______________ ☐

16. Tomamos una clase de teolojía. ______________ ☐

17. El discurso es pura demagogia. ______________ ☐

18. Voy a estudiar pedagojía. ______________ ☐

19. La neuralgia es un dolor continuo. ______________ ☐

20. Pedro es muy exijente. ______________ ☐

21. Alígera significa que tiene alas. ______________ ☐

22. Belíjero significa que es belicoso. ______________ ☐

23. Tengo nostalgia de mi pueblo. ____________

24. La cefalaljia es un dolor de cabeza. ____________

25. Ese permiso ya perdió vijencia. ____________

Valor: 4 puntos cada una

Calificación: Revisó:

4 Palabras con *gue* y *gui*

Regla

En las sílabas *gue* y *gui*, la *u* no se pronuncia. **Ejemplos**: *guerra, guitarra.* Si queremos indicar que la *u* se debe pronunciar, le tenemos que poner una diéresis (*ü*) a la *u*. **Ejemplos**: *pingüino, desagüe.*

Ejercicio

En cada una de las siguientes oraciones hay una o varias palabras que llevan las sílabas *gue* o *gui*. En algunas de ellas, la *u* no se pronuncia, y en otras sí. Estas últimas deben llevar diéresis en la *u* (*ü*), Coloca la diéresis sobre la u cuando creas que deba llevarla.

1. A Miguel le dicen "El Guero".
2. "La Guera" tiene cara de manguera.
3. En el agujero hay mucha aguita.
4. El pinguino se come un manguito.
5. Decir "alguien" implica mucha ambiguedad.
6. Tocó en la guitarra *El pájaro choguí.*
7. Se hizo un reguero en el desague.
8. Es muy antiguo. Tiene mucha antiguedad.
9. El águila es un ave de mal aguero.
10. Después de la guerra nos cayó el chaguistle.
11. Le dicen "el pigui" y es muy sanguinario.
12. Le entregué una ganancia muy pingue.
13. El guiso tiene pinguicas.
14. El Señor Arguello es una sanguijuela.
15. Coloca el paraguas en el paraguero.
16. "Los Gueros" hicieron mucho arguende.
17. El muy pedigueño quiere que le pague.
18. Es muy halagueño que la halagues.
19. Me quiso arguir que eso no era un ligue.
20. Whisky en español se debe escribir "guisqui".
21. Quiero que averigues quién sigue.
22. Ahora sigue Luis "el guicho".
23. Te pido que te santigues en la Iglesia.
24. Mague se puso el liguero.
25. No se dice "guey", se dice "buey".

Valor: 4 puntos cada una

Calificación: Revisó:

5 La *j* en las terminaciones *aje, eje, jero* y *jería*

Regla

Se escriben con *j* las palabras que terminan con *aje, eje, jero* y *jería*. **Ejemplos**: *equipaje, hereje, mensajero*. **Excepciones**: *ambages, ligero* (y sus derivados), *exagero* (y sus derivados) y las palabras que terminan en *ígero* e *ígera* (como vimos en una regla anterior).

Ejercicio

En cada una de las oraciones siguientes se incluye una de las palabras explicadas en la regla. Algunas están bien escritas y otras están mal escritas. Si consideras que están bien, déjalas como están, y pon una señal de correcto (paloma) en el espacio de la derecha. Si consideras que están mal escritas, escríbelas correctamente en el espacio de la derecha.

Ejemplo

1. El tinajero hace tinas. ✓

2. Yo nunca exajero. exagero

1. Es la pista de aterrizaje. ______

2. Ya metí el carro al garage. ______

3. No le tengas tanto coraje. ______

4. Hay que pagar el peage en la autopista. ______

5. Le hicieron un homenaje en la escuela. ______

6. No he visto ninguna relogería. ______

7. ¡No seas mage! ______

8. No sé si es majia o brugería. ______

9. Quien afirma eso es un hereje. ______

10. Voy a pasar por la cerragería. ______

11. Es un extranjero. ______

12. Al avión le falló el fuselage. ______

13. Pedro es un salvaje. ______

14. El ratón se metió en su agugero. ______

15. Cuida más tu lenguaje. ______

16. Salió de page en la obra de teatro. ______

17. Mi tío es relogero. ______

18. El proceso de enseñanza aprendizaje. ______

19. A Luis le dicen "el peje". ______

20. Hay que viajar más lijeros. ______

21. Para la fiesta me puse mi trage nuevo. ______

22. Puedo sacar dinero en el cajero automático. ______

23. Hicimos un viaje muy largo. ____________ ☐

24. No ha llegado el mensagero. ____________ ☐

25. Lo guardaron en la conserjería. ____________ ☐

Valor: 4 puntos cada una

Calificación:	Revisó:

6 La *j* en los verbos

Regla

Se escriben con *j* las formas verbales de los infinitivos que terminan en *jar, jer, jir* y *jear*. **Ejemplos**: *alejar, se alejó, me alejé.*

Se escriben con *j* el pretérito perfecto simple (pretérito de indicativo) y el pretérito y futuro de subjuntivo de los verbos *traer, decir* y sus derivados. **Ejemplos**: *yo traje, yo dije, él trajera, él dijere.*

Ejercicio

En cada una de las oraciones siguientes se incluye una de las palabras explicadas en la regla. Algunas están bien escritas y otras están mal escritas. Si consideras que están bien, déjalas como están, y pon una señal de correcto (paloma) en el espacio de la derecha. Si consideras que están mal escritas, escríbelas correctamente en el espacio de la derecha.

Ejemplo

1. Yo predije esa catástrofe. ✓

2. Yo conduge el último tramo. conduje

1. Es un callejero, le gusta callegear. ____________ ☐

2. No vayas a forcejear muy fuerte. ____________ ☐

3. A mis canarios les gusta gorgear. ____________ ☐

4. Lo voy a canjear por uno más nuevo. ____________ ☐

5. Lo van a homenagear en la escuela. ____________ ☐

6. Por la caída empezó a cojear. ____________ ☐

7. Le gusta que lo lisongeen. ____________ ☐

8. Vamos a ojear por las tiendas. ____________ ☐

9. Vamos a hogear el libro. ____________ ☐

10. ¡No te deges! ____________ ☐

11. No quiero que lijen esta mesa. ____________ ☐

12. Se puso a teger un chaleco. ____________ ☐

13. El piso cruje al pisarlo. ____________ ☐

14. Van a enrejar la ventana. ____________ ☐

15. No quiero que te aleges mucho. ____________ ☐

16. No dejaba de carcagear. ____________ ☐

17. Yo no les dije nuestro secreto. ______________ [ ]

18. Me gusta que trabages y te esfuerces. ______________ [ ]

19. Tiene mucho empuje. ______________ [ ]

20. ¿Dónde dejé mis llaves? ______________ [ ]

21. Yo nunca me contradige. ______________ [ ]

22. ¡No moges a tu hermano! ______________ [ ]

23. Quiero que me empujes más fuerte. ______________ [ ]

24. Necesito que te relages. ______________ [ ]

25. Yo no trage nada para la fiesta. ______________ [ ]

Calificación: **Revisó:**

7 Otras palabras con *ge gi je ji*

Regla

Muchas de las palabras que llevan la combinación *ge-gi* o la combinación *je-ji* no siguen una regla específica. Tienes que conocerlas y aprendértelas de memoria, para poderlas escribir correctamente.

Ejercicio

Completa con *g* o con *j*, según creas correcto, las siguientes palabras.

Ejemplos 1. El __erarca <u>El jerarca</u> 2. El án__el <u>El ángel</u>

1. La __elatina.
2. El cui__e.
3. Es frá__il .
4. El e__ido.
5. Es un __erundio.
6. Tiene buenos __enes.
7. El __eranio.
8. El __is.
9. La __estión.
10. El __efe.
11. La __ícama.
12. Es muy á__il.
13. La re__illa.
14. Una ciru__ía.
15. Su ma__estad.
16. Llegó Ro__elio.
17. La le__islación.
18. El ma__istrado.
19. Es un __itano.
20. El Sr. San__inez.
21. Es ur__ente.
22. Es médico __eriatra.
23. Se llama __erardo.
24. La __irafa.
25. El __itomate.
26. La __iba del camello.
27. El arcán__el.
28. Es de mi __eneración.
29. La va__illa.
30. El ve__etal.
31. La ve__ez.
32. La ve__iga.
33. El vi__ía.
34. La vir__en.
35. Es __erónimo.
36. Es __eremías.
37. El cole__io.
38. La agu__eta.
39. El sar__ento.
40. Es un vino de __erez.
41. Indi__estión.
42. Menin__itis.
43. El al__ibe.
44. Las an__inas.
45. Es si__iloso.
46. El ori__en.
47. Es un __eranio.
48. La falan__e.
49. Es un __eroglífico.
50. Se llama __esús.

Valor: 4 puntos cada una

Calificación: **Revisó:**

La *h*, por ser una letra muda, origina muchos problemas al escribir. Cuando se conoce el origen etimológico de las palabras, es más sencillo discernir cuándo poner la *h* y cuándo no.

8 La *h* en los verbos

Regla

En español, muchas palabras se escriben con *h*; y aunque la *h* es muda (es decir, no se pronuncia), hay que escribirla cuando se deba.

Todos los verbos que llevan *h*, ya sea al inicio o internamente, la conservan en todos sus tiempos y en todos sus derivados. **Ejemplos**: *haber, hallar, hablar, habitar, hacer, hice, haré, deshacer, rehacer, deshecho.*

Ejercicio

La mayoría de las siguientes palabras deben llevar *h* (algunas de ellas no). Aquí las hemos escrito todas sin *h*. Vuélvelas a escribir en el espacio de la derecha, poniéndoles la *h* cuando consideres que deben llevarla.

Ejemplo

1. Urtar — Hurtar

2. Hornear — Hornear

1. Desabitar ________

2. Auyentar ________

3. Abitación ________

4. Anelar ________

5. Avisar ________

6. Abía ________

7. Emos ________

8. Abrá ________

9. Abremos ________

10. Abrimos ________

11. Ubo ________

12. Ice ________

13. Asia ________

14. Acía ________

15. Arar ________

16. Artarse ________

17. Onrar ________

18. Desonrar ________

19. Agamos ________

20. Ornear ________

21. Coibir ________

22. Umanizar ________

23. Ipotecar ________

24. Usmear ________

25. Desabilitar ________

26. Ermosear ________

27. Auecar ________

28. Reacer ________

29. Inchado ________

30. Incado ________

31. Inibir ________

32. Aorrar ________

33. Desacer ________

34. Amar ________

35. Desinibir ________

36. Allar ________

37. Ago ________

38. Iede ________

39. Desarmar ________

40. Uele ________

41. Exibir ________

42. Iere ________

43. Alagar ________

44. Erir ________

45. Auecar ________

46. Ervir ________

47. Proibir ________

48. Emos ________

49. Ornear ________

50. Ospedar ________

Valor: 2 puntos cada una

Calificación: **Revisó:**

9 Palabras que empiezan con *hua, hue, hui* y *hie*

Regla

Todas las palabras que inician con *hua, hue, hui, hie* van con *h*. **Ejemplos**: *huarache, hueso, huir, hielo.*

Si al interior de una palabra los diptongos *ua, ue, ui, ie* inician una sílaba y van antecedidos por una vocal, también llevan *h*. **Ejemplos**: *Chi hua hua, a hue car, re huir.*

Cuando el verbo *oler* cambia el sonido *o* por el sonido *hue*, va con *h*. **Ejemplos**: *oler, yo huelo, tú hueles, nosotros olemos.*

Cuando los derivados de las palabras *hierba, hierva* y *hielo* cambian el sonido *hie* por el sonido *e*, siguen conservando la *h*. **Ejemplos**: *herbívoro, hervimos, helado.*

Ejercicio

La mayoría de las siguientes palabras deben llevar *h* (algunas de ellas no). Aquí las hemos escrito todas sin *h*. Vuélvelas a escribir en el espacio de la derecha, poniéndoles la *h* cuando consideres que deben llevarla.

Ejemplo

1. Ueso ______ Hueso

2. Abuelo ______ Abuelo

1. Uapango	______	**18.** Auecar	______	**35.** Ueco	______
2. Coauila	______	**19.** Coauila	______	**36.** Uelga	______
3. Abitación	______	**20.** Iena	______	**37.** Coauila	______
4. Erbívoro	______	**21.** Ierbabuena	______	**38.** Iede	______
5. Carnívoro	______	**22.** Iedra	______	**39.** Iel	______
6. Anáuac	______	**23.** Uachinango	______	**40.** Uele	______
7. Ueso	______	**24.** Ielo	______	**41.** Oler	______
8. Desuesar	______	**25.** Erbolario	______	**42.** Iere	______
9. Uasteca	______	**26.** Uerta	______	**43.** Teotiuacán	______
10. Desielo	______	**27.** Muelan	______	**44.** Cuitláuac	______
11. Uipil	______	**28.** Uevo	______	**45.** Ierro	______
12. Caliente	______	**29.** Uarache	______	**46.** Uella	______
13. Ielera	______	**30.** Uésped	______	**47.** Aueuete	______
14. Cacauate	______	**31.** Uérfano	______	**48.** Uelan	______
15. Uidizo	______	**32.** Aguacate	______	**49.** Ielo	______
16. Chiquiuite	______	**33.** Teuantepec	______	**50.** Guerra	______
17. Chiuauua	______	**34.** Teuacán	______		

Valor: 2 puntos cada una

Calificación: **Revisó:**

10 La *h* en las raíces *hema, hemi, hexa, hepta, hecta, helio, hepat, host* y *hosp*

Regla

Empiezan con *h* las palabras compuestas con las siguientes raíces griegas o latinas:

hema, hemo, hemato, que significa sangre.	**Ejemplo:** *hemofilia.*
hemi, que significa medio o mitad.	**Ejemplo:** *hemisferio.*
hexa, que significa seis.	**Ejemplo:** *hexaedro. La Real Academia español acepta que exágono y exagonal se puedan escribir sin h.*
hepta, que significa siete.	**Ejemplo:** *heptaedro.*
hecta, que significa cien.	**Ejemplo:** *hectárea.*
helio, que significa sol.	**Ejemplo:** *heliotropo.*
hepat, que significa hígado.	**Ejemplo:** *hepatitis.*
host, que significa extranjero o enemigo.	**Ejemplo:** *hostilidad.*
hosp, que significa huésped.	**Ejemplo:** *hospedaje.*

Ejercicio

La mayoría de las siguientes palabras deben llevar *h* (algunas de ellas no). Aquí las hemos escrito todas sin *h*. Vuélvelas a escribir en el espacio de la derecha, poniéndoles la *h* cuando consideres que deben llevarla.

Ejemplo

1. Uésped Huésped
2. Hectárea Hectárea

1. Ematoma ______
2. Emancipación ______
3. Emiciclo ______
4. Exaedro ______
5. Eptaedro ______
6. Ectárea ______
7. Elioterapia ______
8. Ostelero ______
9. Ospedaje ______
10. Emofilia ______
11. Osteoporosis ______
12. Emicírculo ______
13. Exagonal ______
14. Eptagonal ______
15. Ectolitro ______
16. Eliotropismo ______
17. Ostería ______
18. Ospedería ______
19. Emocultivo ______
20. Ostra ______
21. Emisferio ______
22. Exágono ______
23. Eptágono ______
24. Ectogramo ______
25. Epático ______
26. Ostilidad ______
27. Ospital ______
28. Emorragia ______
29. Oscuro ______
30. Emipléjico ______
31. Exápodo ______
32. Eptámetro ______
33. Ectómetro ______
34. Epatitis ______
35. Ostigar ______
36. Ospedar ______
37. Emorroides ______
38. Ectoparásito ______
39. Emiciclo ______

40. Exasílabo	______	**44.** Ostil	______	**48.** Emirato	______
41. Reptiles	______	**45.** Ospitalizar	______	**49.** Exalmirante	______
42. Eliocéntrico	______	**46.** Emoglobina	______	**50.** Eliotropo	______
43. Epatología	______	**47.** Ósmosis	______		

Valor: 2 puntos cada una

Calificación: **Revisó:**

11 La *h* en las raíces homo, hom, hetero, hipno, hiper, hipo, hip, herr, horr e hidro

Regla

Empiezan con *h* las palabras compuestas con las siguientes raíces griegas o latinas:

homo, que significa igual, semejante.	**Ejemplo:** *homófono.*
hom, que significa hombre.	**Ejemplo:** *homicidio.*
hetero, que significa diferente.	**Ejemplo:** *heterogéneo.*
hipno, que significa sueño.	**Ejemplo:** *hipnosis.*
hiper, que significa arriba, exceso de.	**Ejemplo:** *hipersensible.*
hipo, que significa abajo, por abajo.	**Ejemplo:** *hipotermia.*
hip o hipo, que significa caballo.	**Ejemplo:** *hipismo.*
herr, que significa hierro.	**Ejemplo:** *herrar.*
horr, que significa erizado, espantarse.	**Ejemplo:** *horror.*
hidro, que significa agua.	**Ejemplo:** *hidroterapia.*

Ejercicio

La mayoría de las siguientes palabras deben llevar *h* (algunas de ellas no). Aquí las hemos escrito todas sin *h*. Vuélvelas a escribir en el espacio de la derecha, poniéndoles la *h* cuando consideres que deben llevarla.

Ejemplo

1. Idroeléctrico — Hidroeléctrico

2. Imaginación — Imaginación

1. Omófono	______	**3.** Abitación	______	**5.** Eterodoxo	______
2. Ombre	______	**4.** Ambre	______	**6.** Ipnotismo	______

7. Iperacidez	______	**22.** Ipotecar	______	**37.** Idrofobia	______
8. Erraje	______	**23.** Eterosexual	______	**38.** Omosexual	______
9. Orrible	______	**24.** Ipnotizar	______	**39.** Omicidio	______
10. Idroterapia	______	**25.** Ipertenso	______	**40.** Ipnosis	______
11. Omogéneo	______	**26.** Errero	______	**41.** Desidratar	______
12. Omicida	______	**27.** Orror	______	**42.** Ipotálamo	______
13. Ipodérmica	______	**28.** Idropesía	______	**43.** Ipertrofia	______
14. Eterogeneidad	______	**29.** Omónimo	______	**44.** Ipopótamo	______
15. Ipnotizador	______	**30.** Ombrada	______	**45.** Errar	______
16. Ipérbaton	______	**31.** Idráulica	______	**46.** Idrómetro	______
17. Erramienta	______	**32.** Eterónimo	______	**47.** Omólogo	______
18. Orrendo	______	**33.** Ipótesis	______	**48.** Ombría	______
19. Idrostático	______	**34.** Iperintensidad	______	**49.** Ipnótico	______
20. Omologar	______	**35.** Ipocampo	______	**50.** Ipocentro	______
21. Omínido	______	**36.** Orripilante	______		

Valor: 2 puntos cada una

Calificación: **Revisó:**

12 La *h* en las interjecciones

Regla

Las interjecciones constituyen una clase de palabras que expresan alguna impresión súbita o un sentimiento como asombro, sorpresa, dolor, molestia o amor. También se usan para dirigirse al interlocutor o como fórmula de saludo. Las interjecciones van entre signos de admiración o exclamación (¡!). Conviene aclarar que los signos de admiración se utilizan en las frases exclamativas, aunque éstas no contengan alguna interjección. **Ejemplo**: *¡Quién lo dijera!*

Siempre llevan *h* las siguientes interjecciones: *¡ah!, ¡bah!, ¡eh!, ¡hola!, ¡oh!, ¡huy!, ¡uh!, ¡hum!* La interjección *¡uf!* puede ir con *h* o sin ella (*¡uf!, ¡huf!*). Hay otras interjecciones que no llevan *h*, como *¡újule!, ¡diantre!, ¡caracoles!, ¡caramba!, ¡ay!, ¡ojalá!*

Ejercicio

La mayoría de las siguientes interjecciones deben llevar *h* (algunas de ellas no). Aquí las hemos escrito todas sin *h*. Vuélvelas a escribir en el espacio de la derecha, poniéndoles la *h* cuando consideres que deben llevarla.

Ejemplo

1. ¡Ola! ¡Buenos días! — ¡Hola! ¡Buenos días!

2. ¡Ay, mis hijos! — ¡Ay mis hijos!

1. ¡A, cómo hablan! ______

2. ¿Tú lo hiciste? ¡Ba! ¡No me cuentes! ______

3. ¡E! ¡No hagas eso! ________________
4. ¡Ola! ¿Cómo están? ________________
5. ¡O! ¡No me digas! ________________
6. ¡Uy, qué miedo! ________________
7. ¡U, no! ¡Así no me dan ganas de ir! ________________
8. ¡Um, no sé qué decir! ________________
9. ¡A, qué bonito! ________________
10. ¿Se enojó? ¡Ba! ¡Que se enoje lo que quiera! ________________
11. ¡E, tú! ¿Vas a ir a la fiesta? ________________
12. ¡Újule! No me invitaron. ________________
13. ¡O! ¡Hay enchiladas para la cena! ________________
14. ¡Uy! ¡Mira cómo tiemblo! ________________
15. ¡U, qué chiste! ¡Así no se vale! ________________
16. ¡Ay, me duele! ________________
17. ¡A, qué malo estuvo eso! ________________
18. Se siente el "rey" del mundo. ¡Ba! ¡Qué ridículo! ________________
19. Ya no hagas esas bromas, ¡e! ________________
20. ¡Ola! ¡Bonito día! ________________
21. ¡O, no! ¡Ya se fueron! ________________
22. ¡Uy, cómo me duele! ________________
23. ¡U, qué chillón eres! ________________
24. ¡Um! ¡No me digas! ________________
25. ¡A, caramba! ________________

Valor: 4 puntos cada una

Calificación:	Revisó:

7.3 REGLAS CORRESPONDIENTES PARA EL USO DE HOMÓFONOS

La *h*, por ser una letra que no se pronuncia, nos puede jugar bromas pesadas al momento de escribir. Hay veces que no sabemos si una palabra va sin *h* (*a*), si lleva *h* al principio (*ha*) o si la lleva al final (¡*ah*!). En cada caso, la palabra tiene un significado diferente.

1 Ha, ¡ah!, a

Regla

Se les llama **homófonas** a dos o más palabras que suenan igual, pero que se escriben de manera diferente y tienen significados diferentes.

Ha	Es del verbo **haber** y va siempre junto a un participio pasado *(No ha hecho nada).*
¡Ah!	Es una interjección y siempre va entre signos de admiración *(¡Ah, mira!).*
A	Es una preposición. Indica una dirección o una intención *(Va a su casa).*

Ejercicio

En cada una de las oraciones siguientes falta una de las palabras señaladas en la regla. Completa cada oración con la palabra que le haga falta, de acuerdo con el sentido de la oración.

Ejemplos

El maestro va ______ empezar la clase.

El maestro va a empezar la clase.

1. Aún no ______ empezado la clase.
2. Entonces vamos ______ platicar.
3. ¡______ qué tarde se está haciendo!
4. Vamos ______ jugar carreras.
5. ______ que no me ganas.
6. Él te ______ ganado varias veces.
7. ¡______ cómo eres mentiroso!
8. Aprende ______ aceptar tus deficiencias.
9. El maestro no ______ llegado todavía.
10. Juan no ______ hecho su tarea.
11. ¡______ qué flojo!
12. ______ que tú tampoco la has hecho.
13. ¿Cuánto apuestas ______ que sí?
14. Te voy ______ ganar.
15. Él nunca te ______ ganado.
16. Es que nunca te ______ apostado.
17. No vayas ______ perder.
18. ¡______ qué desconfiado eres!
19. Mejor me voy ______ jugar ______ otro lado.
20. El nunca ______ jugado ______ las canicas.
21. Voy ______ ver si yo tengo canicas.
22. ¡______, mira, sí tengo!
23. Vamos ______ empezar.
24. Si él nunca ______ jugado, seguro que va ______ perder.
25. Te voy ______ apostar ______ que voy ______ ganar.

Valor: 4 puntos cada una

Calificación:	Revisó:

2 He, ¡eh!, e

Regla

Se les llama **homófonas** a dos o más palabras que suenan igual, pero que se escriben de manera diferente y tienen significados diferentes.

He	Es del verbo **haber** y va siempre junto a un participio pasado (*No he hecho nada*).
¡Eh!	Es una interjección y siempre va entre signos de admiración (*¡Eh, espera!*).
E	Es una conjunción copulativa, que sustituye a la ***y*** antes de una palabra que inicia con el sonido ***i*** (*Juan es listo e inteligente*).

Ejercicio

En cada una de las oraciones siguientes falta una de las palabras señaladas en la regla. Completa cada oración con la palabra que le haga falta, de acuerdo con el sentido de la oración.

Ejemplos

Yo no le ______ dicho nada al maestro.

Yo no le <u>he</u> dicho nada al maestro.

1. Aún no ______ terminado la tarea.
2. Es la tarea de física ______ ingeniería.
3. ¡______ no seas tan matado!
4. Es que nunca ______ faltado a la escuela.
5. No te asustes ______ inténtalo.
6. Pero no me regañes, ¡______!
7. Yo nunca te ______ regañado.
8. A cada rato me regañas ______ insultas.
9. No lo tomes a mal, ¡______!
10. ¿Cuándo te ______ insultado?
11. ¡______ te la creíste!
12. ¡______, tú! Ven para acá.
13. Juan es justo ______ imparcial.
14. Yo siempre ______ confiado en él.
15. ¿Te ______ fallado alguna vez?
16. ¡______¡ No seas creído.
17. A veces eres necio ______ inaguantable.
18. Así me siento listo ______ importante.
19. Es porque ______ llegado a ser alguien.
20. Y además eres modesto, ¡______!
21. No quiero ser lento ______ indiferente.
22. ¡______, tú! ¡Escucha lo que te digo!
23. Eres muy niño ______ inmaduro.
24. Es que yo no ______ vivido lo suficiente.
25. Pues ya es tiempo de que crezcas, ¡______!

Valor: 4 puntos cada una

Calificación:	Revisó:

3 Has, haz, as

Regla

Se les llama **homófonas** a dos o más palabras que suenan igual, pero que se escriben de manera diferente y tienen significados diferentes.

Has	Es del verbo **haber**, y va siempre junto a un participio pasado (*No has hecho nada*).
Haz	Es el imperativo del verbo **hacer** (*Haz ahora tu tarea*). También es un manojo o porción atada de mieses. (*Trae ese haz de mieses a la casa*).
As	Es la carta de la baraja que lleva el número uno; también significa campeón (*Tengo el as de corazones*).

Ejercicio

En cada una de las oraciones siguientes hace falta una de las palabras señaladas en la regla. Completa cada oración con la palabra que le haga falta, de acuerdo con el sentido de la oración.

Ejemplos

Aún no ______ hecho tu tarea.

Aún no <u>has</u> hecho tu tarea.

1. Aún no ______ empezado el trabajo.
2. ______ ya el trabajo.
3. ¿______ hecho problemas de matemáticas?
4. ______ estos problemas de matemáticas.
5. Yo soy un ______ en matemáticas.
6. Tú le ______ ganado varios veces.
7. A pesar de que él dice que es un ______.
8. ¿Quién tiene el ______ de tréboles?
9. Tú no ______ terminado todavía.
10. ______ lo que te falta para terminar.
11. Aún no ______ arreglado tu cuarto.
12. ______ tu cama antes de irte.
13. ¿Qué me ______ dicho?
14. ______ de cuenta que no te dije nada.
15. Tú nunca le ______ ganado.
16. Es que nunca le ______ apostado.
17. Pero yo soy un ______ en este juego.
18. El ______ es el de las barajas.
19. ______ cara de que tú no fuiste.
20. Tú nunca ______ jugado a las canicas.
21. Pero quiero llegar a ser un ______.
22. Yo tengo el ______ de corazones y el ______ de diamantes.
23. ______ un póquer de ases.
24. Si nunca ______ jugado, seguro que vas a perder.
25. Él es un ______ en eso.

Valor: 4 puntos cada una

Calificación: **Revisó:**

4 Hay, ¡ay!, ahí

Regla

Se les llama **homófonas** a dos o más palabras que suenan igual, pero que se escriben de manera diferente y tienen significados diferentes.

Hay	Es del verbo **haber** (*No hay nada*).
¡Ay!	Es una interjección y siempre va entre signos de admiración (*¡Ay de mí!*).
Ahí	Es un adverbio de lugar. Indica un lugar y responde a la pregunta *¿dónde?* (*Ahí está*).

Ejercicio

En cada una de las oraciones siguientes hace falta una de las palabras señaladas en la regla. Completa cada oración con la palabra que le haga falta, de acuerdo con el sentido de la oración.

Ejemplos

El reloj está ______, donde te dije.

El reloj está <u>ahí</u>, donde te dije.

1. Ya te dije que aquí no ______ nada.
2. Pero es que yo la puse ______.
3. ¡______ de ti si no lo encuentro!
4. ¿Qué ______ de comer hoy?
5. ______ chilaquiles con queso.
6. Están ______, en la mesa.
7. Ya no ______ nada qué decir.
8. ¡______ mi muela! Me duele mucho.

9. ______ está tu medicina. Tómatela.
10. No ______ servilletas. ¿Dónde están?
11. Están ______, en la despensa.
12. No exageres, ______ que ser comprensivos.
13. ¡______ mis hijos!, es el grito de La Llorona.
14. Aquí ______ un gran misterio.
15. Precisamente ______ está el atractivo.
16. Si no llegas a tiempo, ¡______ de ti!
17. No dejes ______ tus patines.
18. ______ mucho que hacer en la casa.
19. ¡______ de Luis, si no me ayuda con matemáticas!
20. ¿Qué ______ en esa caja?
21. ¿Dónde ______ más lápices?
22. ______, en ese cajón.
23. ______ ya busqué y no ______ nada.
24. Entonces busca ______, en el librero.
25. ¡Hasta luego! ¡______ nos vemos!

Valor: 4 puntos cada una

Calificación: **Revisó:**

5 Halla, haya, allá, aya; ayes, halles

Regla

Se les llama **homófonas** a dos o más palabras que suenan igual, pero que se escriben de manera diferente y tienen significados diferentes.

Halla	Es del verbo **hallar**, encontrar (*No halla nada, no encuentra nada*).
Haya	Es del verbo **haber**, y siempre va junto con un participio pasado (*Haya leído, haya visto*).
Allá	Es un adverbio de lugar. Indica un lugar, y responde a la pregunta **¿dónde**? (*Está allá*).
Aya	Es el femenino de **ayo**, que significa sirviente (o sirvienta) a cargo del cuidado de un niño (*El aya está cuidando al niño*).
Ayes	Es el plural de **¡ay!,** gemido, interjección de dolor o sorpresa (*Los ayes de los heridos*).
Halles	Es del verbo **hallar, encontrar** (*Ojalá halles lo que buscas*).

Ejercicio

En cada una de las oraciones siguientes falta una de las palabras señaladas en la regla. Completa cada oración con la palabra que haga falta, de acuerdo con el sentido de la oración. Utiliza un color rojo. Fíjate en el ejemplo.

Ejemplos

¡Ojalá lo ______ terminado!
¡Ojalá lo haya terminado!

1. Iré a cenar cuando ______ terminado.
2. Dice que no ______ el libro.
3. Dile que lo dejé ______.
4. Dile al ______ que me ayude a buscarlo.
5. Ojalá que tú ______ pronto el libro.
6. No vayas a echar ______ de dolor. Quédate callado.

7. Cuando ______ estudiado, regresaré.
8. El que no busca no ______ nada.
9. Muévete para ______.
10. El ______ ya le dio de cenar al niño.
11. Lo que te ______ dicho, no es cierto.
12. Si lo ______, será de él.
13. El ruido viene de ______.
14. Es el ______, que está en la cocina.
15. Cuando ______ terminado mi tarea, los alcanzaré.
16. Ojalá tú ________ pronto una cura para tu enfermedad.
17. Si ______ el trabajo, se lo entregará a la maestra.
18. No lo ha buscado ______.
19. No sé quién lo ______ dicho.
20. "______ en la fuente, había un chorrito..."
21. El que ______ hecho esto, que se ponga de pie.
22. Ya vamos para ______; no nos tardamos.
23. Él siempre ______ lo que pierde.
24. Se puede salir el que ya ______ terminado.
25. Mira, ______ está la camioneta de Luis.

Valor: 4 puntos cada una

Calificación: **Revisó:**

6 Hecho y echo

Regla

Se les llama **homófonas** a dos o más palabras que suenan igual, pero que se escriben de manera diferente y tienen significados diferentes.

DEL VERBO HACER	DEL VERBO ECHAR
Un **hecho**, este **hecho**, yo he **hecho**, quedó **deshecho**, se escriben con ***h*** porque vienen del verbo **hacer**.	Yo **echo**, él **echó**, es un **desecho**, se escriben sin ***h*** porque vienen del verbo **echar**, que significa **aventar**, **empujar**, **colocar**.

Ejercicio

En las oraciones siguientes se utilizan derivados de los verbos **hacer** y **echar**. Algunos están escritos correctamente, y otros no. Si consideras que están bien escritos, déjalos como están y pon una señal de correcto (paloma) en el espacio de la derecha. Si crees que están mal, escríbelos correctamente en el espacio de la derecha.

Ejemplo
1. ¿Qué has hecho últimamente? ✓
2. No lo heches en saco roto eches

1. No he hecho nada malo. ____________
2. Yo lo hecho a la basura. ____________
3. Ella tiene echa la comida. ____________
4. Ella hecha el azúcar en el bote. ____________
5. Lo echo, hecho está. ____________

6. Ya lo echaste a perder. ____________ [ ]
7. Te dije que ya estaba hecho. ____________ [ ]
8. Te dije que él lo había echo. ____________ [ ]
9. Te dije que él lo había echado. ____________ [ ]
10. Vamos a hecharnos unos tacos. ____________ [ ]
11. Si no lo has echo, mejor mi hables. ____________ [ ]
12. Yo he hecho muchos trabajos de esos. ____________ [ ]
13. Todos los días hecho al perro a la calle. ____________ [ ]
14. El siempre hecha la casa por la ventana. ____________ [ ]
15. Ya está hecha la casa. ____________ [ ]
16. Si siguen hablando, los echaré de la clase. ____________ [ ]
17. Ayúdame a hecharlo fuera ____________ [ ]
18. Quedó todo desecho. ____________ [ ]
19. Quedó convertido en desecho. ____________ [ ]
20. No lo vayas a desechar. ____________ [ ]
21. Si queda mal, habrá que desacerla. ____________ [ ]
22. Si queda mal, habrá que deshecharla. ____________ [ ]
23. No heches en saco roto lo que te dije. ____________ [ ]
24. Luego le hechó tres cucharadas de azúcar. ____________ [ ]
25. Así quedó echo el flan. ____________ [ ]

Valor: 4 puntos cada una

Calificación:	**Revisó:**

En cuanto a los homófonos con *g* y *j*, son muy pocos los que existen en español. Se enlistan a continuación.

Ingerir: introducir alimentos o medicamentos por la boca.	**Injerir**: injertar plantas, introducir una cosa dentro de otra.
Gira: excursión, viaje, paseo.	**Jira**: jirón, pedazo que se corta o rasga de una tela.
Vegete: del verbo vegetar.	**Vejete**: un viejo ridículo.
Agito: del verbo agitar.	**Ajito**: un ajo pequeño.

Comprueba *tus saberes*

Ha llegado la hora de que demuestres realmente cuánto has aprendido, hemos terminado este bloque y ahora ya conoces muchas cosas nuevas. En esta sección encontrarás una evaluación que abarca todo el conocimiento adquirido en este bloque, contéstalo lo mejor que puedas.

El propósito de toda evaluación es detectar si se han cumplido o no, y en qué medida, los objetivos que se plantearon en el inicio.

En nuestro caso, el propósito de la evaluación es detectar si se han logrado o no, y en qué medida, las competencias que se plantearon como objetivo de cada bloque.

Con el fin de lograr este propósito, la evaluación consta de cuatro momentos:

- Evaluación de los conocimientos alcanzados en el bloque.
- Autoevaluación de cada estudiante, por medio del llenado de una rúbrica de carácter formativo.
- Coevaluación o evaluación coparticipativa, por medio del trabajo en equipos.
- Evaluación por parte del docente, con respecto al logro alcanzado por cada estudiante.

La evaluación obtenida de esta manera se traducirá en una calificación, de acuerdo con los criterios y porcentajes que determine el profesor.

1 Después de haber realizado la lectura, identifica y explica brevemente las cinco reglas de puntuación.
Posteriormente lee en voz alta dicha lectura respetando y expresando de forma correcta las reglas de puntuación.

1. ______________________________
2. ______________________________
3. ______________________________
4. ______________________________
5. ______________________________

2

Indica y explica de manera breve tres reglas para el uso de la G y la J.

1. ____

2. ____

3. ____

3

Indica y explica brevemente tres reglas para el uso de la H.

1. ____

2. ____

3. ____

COEVALUACIÓN

En equipos de trabajo, se llevarán a cabo las siguientes actividades:

- Exponer y analizar las rúbricas individuales que respondieron en la actividad anterior.
- Detectar los aprendizajes logrados, así como los aprendizajes que no se lograron de la manera esperada mediante la retroalimentación de sus compañeros y profesor de clase.
- Detectar las causas o factores que influyeron, tanto de manera favorable como desfavorablemente al logro de los aprendizajes. Comentar las dudas que tuvieron sobre el desarrollo de los temas o la elaboración de ejercicios planteados a lo largo del bloque.
- Definir algunas estrategias que pudieran contribuir al mejor logro de los aprendizajes, para plantearlas ante el grupo.

Se llevará a cabo una sesión plenaria, en la que un representante de cada equipo exponga las conclusiones a las que llegaron en el momento anterior.

EVALUACIÓN POR PARTE DEL DOCENTE

El profesor evaluará el logro alcanzado por cada estudiante, de acuerdo con los criterios que establezca para eso. Se recomienda tomar en cuenta por lo menos los siguientes elementos:

- La participación activa en las actividades grupales y de equipo.
- El portafolios de evidencias que presente el estudiante, en el que se incluyan los siguientes productos:
- Producto en equipo: diseño del curso sobre redacción y puntuación que impartirán a una empresa.
- Producto individual: las respuestas de los ejercicios que hayan hecho en clase.

Situación comunicativa del texto expositivo

BLOQUE 8

Saberes

Conocimientos

8.1 Explica las funciones del lenguaje en el texto expositivo:
- Referencial.
- Apelativa.
- Metalingüística.

8.2 Reconoce las características externas de un texto expositivo:
- Formato variable.
- Introducción.
- Desarrollo.
- Conclusión.
- Bibliohemerografía.
- Índice.
- Notas de pie de página.

8.3 Conoce las características internas de un texto expositivo:
- Lenguaje denotativo.
- Tecnicismos, prefijos, sufijos, y neologismos.
- Uso de prototipos.
- Conectores.

Unidades de competencia

El alumno podrá redactar textos expositivos empleando las funciones del lenguaje correspondientes para establecer una comunicación informativa que refleje su vida cotidiana.

¿Qué sabes hacer ahora?

En equipos de 4 o 5 personas, respondan las siguientes preguntas:

1. ¿Cuáles son los textos expositivos?
   ____
   ____
2. ¿Cuáles son las funciones del lenguaje que predominan en el texto expositivo?
   ____
   ____
3. ¿Qué significa la función referencial del lenguaje?
   ____
   ____
4. ¿Qué significa la función apelativa del lenguaje?
   ____
5. ¿Qué características debe tener un texto expositivo?
   ____

En plenario, y bajo la coordinación del profesor, se realizarán las siguientes actividades:

1. Cada equipo expondrá las conclusiones a las cinco preguntas planteadas inicialmente.
2. Se analizará lo acertado de las respuestas dadas por los equipos.
3. El profesor complementará las ideas expuestas sobre las funciones y las características de los textos expositivos.

Habilidades

- Identifica las características estructurales de los textos expositivos.
- Demuestra la intencionalidad del texto expositivo, a partir de la situación comunicativa en el uso de las funciones del lenguaje.
- Interpreta las características internas y externas de los textos expositivos.
- Analiza las características externas e internas de un texto expositivo.

Actitudes y valores

- Promueve la comunicación como elemento socializador al utilizar las funciones del lenguaje en el texto expositivo oral.
- Fomenta la comunicación informativa en la reacción de textos.
- Participa en la elaboración de textos expositivos, destacando las funciones que predominan en cada uno.
- Reflexiona sobre la importancia de los textos expositivos en su vida cotidiana.
- Es responsable y creativo en la escritura de textos expositivos.

Situación didáctica

¿Cómo lo resolverías?

En la clase se planteó la siguiente pregunta: ¿Por qué las biografías se clasifican dentro de los textos expositivos, mientras que las autobiografías se clasifican dentro de los textos personales?

Como no se llegaba a ningún acuerdo, el profesor decidió hacer un debate sobre el tema, al que todos deberían llegar con una respuesta fundamentada.

Secuencia didáctica

¿Qué tienes que hacer?

1. Se analizarán el contenido del tema: situación comunicativa del texto expositivo.
2. Se organizarán cuatro o cinco equipos de trabajo. Cada equipo preparará su respuesta fundamentada a la pregunta que se planteó en la situación didáctica.
3. Se presentarán en clase las respuestas de los equipos.
4. Se hará un debate sobre las características esenciales de los textos personales.
5. Al término del bloque se llevará a cabo la evaluación del mismo.

Rúbrica

¿Cómo sabes que lo hiciste bien?

El estudiante se autoanalizará y responderá esta rúbrica, en relación con las competencias alcanzadas a lo largo de este bloque.

COMPETENCIA REQUERIDA	VALORACIÓN		
	Logro individual	Logro con ayuda	No lo he logrado
1. Distingo la situación comunicativa en un texto expositivo.			
2. Explico de manera oral las funciones del lenguaje en el texto expositivo tomando la información del entorno.			
3. Construyo textos expositivos en forma oral y/o escrita aplicando las características externas e internas.			
4. Establezco las diferencias entre las distintas características internas de los textos expositivos en un organizador.			

INTRODUCCIÓN

Llamamos textos expositivos a aquellos que tienen como finalidad informar y difundir conocimientos sobre un tema, de la manera más objetiva posible. Pueden ser de dos tipos: **divulgativos** (como los textos históricos y los periodísticos) y **especializados** (como los reportes de investigación).

En este bloque analizaremos las **características generales de los textos expositivos**. Posteriormente, estudiaremos las características particulares de cada una de las diferentes variedades de textos expositivos.

Son dos **los aspectos que definen a un tipo o variedad de texto**: por un lado, su situación comunicativa, de la que depende su intención comunicativa y las funciones que cumple; y por otro, las características tanto externas como externas que posee ese texto.

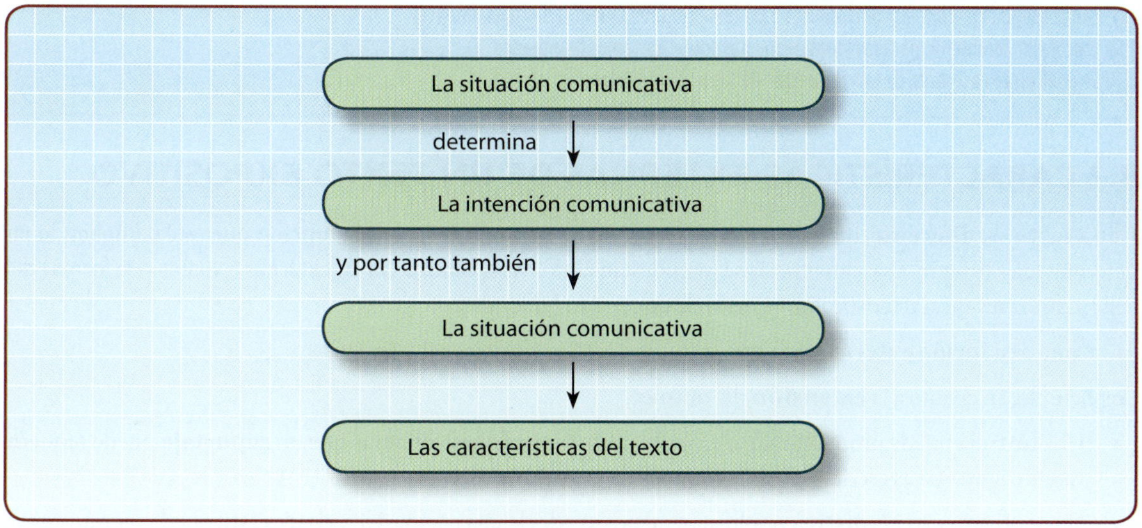

8.1 FUNCIONES DEL LENGUAJE EN EL TEXTO EXPOSITIVO

La intención comunicativa de un texto define la función que está cumpliendo o debe cumplir. Los textos pueden cumplir una o varias de las siguientes funciones: emotiva, conativa o apelativa, referencial o informativa, metalingüística, fática y poética.

Los **textos expositivos** que estudiaremos en este libro **pueden cumplir tres de estas funciones**, dependiendo de la situación en la que sean expresados o elaborados: la **referencial o informativa,** la **conativa o apelativa** y la **metalingüística**. Veamos algunos ejemplos.

- La **función referencial o informativa** es la que orienta a la mayoría de los textos expositivos que se producen en el **ámbito periodístico**, como las noticias, las crónicas, los reportajes y las entrevistas.
- También los textos expositivos de **carácter histórico** se rigen por la **función referencial o informativa**: las monografías y las biografías. Si una monografía trata algún tema relacionado con la lengua, estará cumpliendo también la **función metalingüística**.
- Por último, la **función referencial o informativa** orienta también a la mayoría de los textos expositivos que se producen en el **ámbito escolar**: los reportes de investigación, los ensayos, las reseñas, los exámenes y las exposiciones orales. Si alguno de estos trabajos académicos lo enfocas a tratar aspectos de la lengua y del lenguaje, entonces se estará cumpliendo también la **función metalingüística**.
- Como la mayoría de los textos expositivos se dirigen a otras personas y no sólo a la persona que los produce, cumplen también la **función conativa o apelativa**.

Evaluación formativa

En equipos de cuatro o cinco personas, respondan las siguientes preguntas:

1. ¿Cuál es la situación comunicativa de un texto expositivo?

____

____

2. ¿Cuál es la intención comunicativa de un texto expositivo?

____

____

3. ¿Cuál es la función comunicativa de un texto expositivo?

____

____

En plenario, y bajo la coordinación del profesor, se realizarán las siguientes actividades:

1. Cada equipo expondrá las conclusiones a las tres preguntas planteadas inicialmente.
2. El profesor complementará las ideas expuestas sobre los temas planteados.
3. Se analizará lo acertado de las respuestas dadas por los equipos.

8.2 CARACTERÍSTICAS EXTERNAS DE UN TEXTO EXPOSITIVO

Cada texto es diferente, dependiendo de su intención comunicativa y de la función que esté cumpliendo en determinada situación. Esas diferencias se manifiestan tanto en las características externas o visibles (la forma) del texto, como en sus características internas o de contenido (el fondo).

En cuanto a su **forma externa**, cada tipo de texto posee sus propias características.

Por ejemplo, en cuanto a la **extensión** del mismo:

- Una **noticia** puede proporcionarse en unos cuantos renglones, mientras que un **reportaje** puede requerir varias páginas (si es escrito) o varias sesiones (si es televisado).
- Una **columna periodística** por lo general no excede de una página. Una **entrevista** puede ser muy breve o muy extensa.
- Las **monografías** y las **biografías** por lo general asumen la forma de libros y suelen ser muy extensas.
- Un **reporte de investigación** y un **ensayo expositivo** pueden ser de 20 o 30 páginas de extensión.
- Una **reseña descriptiva** no debe ser de más de dos páginas o cuartillas.
- Una **exposición oral** puede ser de cinco minutos o de dos horas de duración.

Figura 8.1
En los medios impresos, es común que las noticias, crónicas, entre otros, se elaboren en computadora.

El **medio** que se utiliza para trasmitir el texto también es variable y depende del tipo de texto de que se trate.

- Para los **textos orales**, se utiliza la palabra hablada; en cambio, para los **textos escritos** se utiliza la palabra impresa en papel, cartulina, lámina u otro medio que la pueda aceptar.
- En el medio periodístico impreso, las **noticias**, **crónicas**, **reportajes**, **entrevistas** y **columnas** se acostumbran elaborar en computadora, de la cual se pasan directamente al proceso tipográfico para editar el periódico o la revista correspondiente.
- Debido a su extensión, las **monografías** y las **biografías** suelen presentarse en forma de libro.
- Los **reportes de investigación**, los **ensayos** y las **reseñas descriptivas** se presentan en hojas blancas, de preferencia impresas en computadora.
- Las **exposiciones en clase** se hacen de manera oral, a no ser que se tenga que presentar un reporte adicional por escrito.

También en cuanto a su **estructura externa** los textos pueden ser diferentes.

- Las **noticias**, las **crónicas**, los **reportajes** y las **biografías** llevan un orden cronológico en su presentación.
- Los **reportes de investigación** y los **ensayos** suelen tener una estructura más completa: portada, índice, introducción, desarrollo, conclusiones y bibliografía. Es un esquema parecido al de las **monografías**.
- Las **reseñas** tienen la siguiente estructura: referencia bibliográfica, resumen y comentario.
- Las **exposiciones** orales en clase tienen la siguiente estructura: introducción, desarrollo y conclusiones.

Figura 8.2
La portada debe contener los datos correspondientes al trabajo que se ha elaborado.

Dependiendo de la intención comunicativa y, por tanto, de la función comunicativa que se va a cumplir, se selecciona el tipo de texto o mensaje más adecuado, con las características externas que sean más aptas para cumplir dicha función.

En la escuela tendrás que elaborar y presentar tanto **ensayos** como **reportes de investigación.** Las características externas de estos dos tipos de texto son muy parecidas. A continuación se explican los elementos básicos que deben contener:

- Una **portada**, con tus datos personales, los datos de la materia y el título del trabajo.
- Un **índice**, en el que se especifique todo el contenido del trabajo y se vea claramente la estructura de apartados y subapartados del mismo.
- Una **introducción**, en la que se aclare la orientación del trabajo y se explique brevemente el contenido del mismo.
- El **desarrollo** mismo del trabajo, con el capitulado deseado.
- Las **conclusiones**, con el cierre del tema.
- Las **notas o referencias bibliográficas**, en las que se indica la fuente de la que obtuviste la información.
- La **bibliografía** del final, en la que se enlisten, alfabéticamente, todas las fuentes a las que hiciste referencia durante el trabajo. Estas fuentes pueden ser de carácter bibliográfico, hemerográfico o tomadas de internet.

8.3 CARACTERÍSTICAS INTERNAS DE UN TEXTO EXPOSITIVO

Pero los diferentes tipos de texto no sólo varían en cuanto a sus características externas, sino también en cuanto a sus características internas y de fondo, de contenido.

El contenido o las ideas que se expresan mediante cada tipo de mensaje o de texto es un aspecto de fondo que los hace diferentes entre sí.

- Las **notas informativas**, las **crónicas** y los **reportajes** se refieren a noticias de actualidad.
- Las **entrevistas** y las **biografías** se refieren a personajes famosos, aunque en la entrevista se les presenta dialogando con el autor, mientras que en la biografía se narra la historia de su vida.
- Los **reportes de investigación**, los **ensayos**, las **monografías** y las **exposiciones orales** tratan de un tema específico, concreto, el cual van desarrollando durante la exposición.
- Las **reseñas** se refieren a un libro cuyo resumen se presenta. Las **reseñas descriptivas** se pueden referir a un experimento, un viaje, un acontecimiento o a un procedimiento.

Cada variedad de textos utiliza de manera preferente alguno de los **prototipos textuales** que analizamos anteriormente.

- En las **noticias**, **crónicas** y **reportajes** se utilizan los textos narrativos y descriptivos.
- En una **columna periodística** se pueden utilizar textos narrativos, expositivos y argumentativos.
- En una **entrevista**, se utilizan textos dialógicos y conversacionales.

Evaluación formativa

En equipos de cuatro o cinco personas, respondan las siguientes preguntas:

1. ¿Cuáles son las características externas que diferencian a una variedad de textos expositivos de otra?

2. ¿Cuáles son las características internas que diferencian a una variedad de textos expositivos de otra?

En plenario, y bajo la coordinación del profesor, se realizarán las siguientes actividades:

1. Cada equipo expondrá las conclusiones a las dos preguntas planteadas inicialmente.
2. El profesor complementará las ideas expuestas sobre los temas planteados.
3. Se analizará lo acertado de las respuestas dadas por los equipos.

- En una **biografía** se pueden combinar diferentes tipos de texto: narrativos, descriptivos, expositivos y dialógicos.
- En los **reportes de investigación**, los **ensayos**, los **manuales**, los **instructivos**, las **exposiciones orales** y las **monografías**, se utilizan textos expositivos.
- Para las **reseñas** se utilizan textos descriptivos.

También **la manera de escribir o de utilizar el lenguaje** marca una diferencia entre cada variedad textual.

- En las **noticias**, **crónicas**, **reportajes**, **entrevistas** y **columnas** se utiliza un lenguaje periodístico.
- En las **biografías** se puede utilizar un lenguaje más literario.
- En los **reportes de investigación**, los **ensayos**, las **reseñas** y las **monografías** se debe utilizar un lenguaje más formal o científico, ya que el producto será impreso y publicado para que otros lo lean.

De manera particular, en **el lenguaje que se utiliza en los textos expositivos de carácter científico** podemos detectar las siguientes características:

- **En ellos prevalece el lenguaje denotativo**, claro y preciso, con el fin de evitar la ambigüedad. El lenguaje denotativo es objetivo, ya que cada palabra tiene un solo significado. Cuando el significado de un concepto sea ambiguo, el texto tiene que definir lo que está entendiendo por ese concepto.
- Utiliza **tecnicismos** propios de la disciplina sobre la que están tratando. Los tecnicismos con vocablos técnicos empleados en una ciencia o en un arte específicos.
- También utiliza **neologismos**, que son palabras nuevas que aparecen en una lengua porque fueron tomadas de otras, o son de nueva creación, para significar algo que no existía anteriormente. (En informática hay muchos neologismos, como cibernauta, cibercafé, realidad virtual, disco duro, etcétera).
- Suelen utilizar **prefijos y sufijos** (elementos que anteceden o que se posponen a una palabra, para añadirle un significado). **Ejemplos de prefijos**: autocrítico, híper-sensibilidad, ultra-moderno. **Ejemplos de sufijos**: liderazgo, extractor, alcaloide.
- Utiliza **conectores lógicos** entre las frases, con el fin de construir oraciones más complejas y completas. **Ejemplos**: por lo tanto, por lo cual, es decir, a pesar de lo anterior, sin embargo, en consecuencia, etcétera.
- Con el fin de dejar claras las ideas que trasmite, el texto expositivo **puede utilizar los diferentes prototipos textuales**: la narración, la descripción, el diálogo, la explicación y la argumentación.

Aunque todos los textos que estudiaremos en estos bloques son textos expositivos, cada uno de ellos se diferencia de los demás tanto por su intención comunicativa como por sus características internas y externas.

Aplicación de tus Saberes

Actividad

En equipos de 4 o 5 personas, redacten un texto expositivo relacionado con un tema de interés social, cultural o económico que afecte a la ciudad, estado o lugar donde vives. Apliquen lo visto sobre sus características externas e internas.

Para tu **Reflexión**

Lee el siguiente texto, para luego responder las preguntas que se indican al final.

Galileo

La misma mañana que Galileo estaba trazando el plano del ingenio óptico, uno de sus criados le comentó que se esperaba la llegada a Padua de un holandés que traía un aparato al que llamaba "catalejo". Esto supuso un incentivo más para quien no paralizaría su proyecto ni aunque se produjera la mayor catástrofe en la ciudad.

Sabía que debía construir un tubo de metal, en cuyo interior iba una lente convexa... ¿O serían dos? Recordó que con una sola las imágenes quedaban deformadas por efecto de la refracción. Pidió a un vidriero que le proporcionara varias de diferentes grosores y que fueran cóncavas y convexas.

Una vez en su estudio, se entregó a combinarlas hasta conseguir nueve aumentos. No conforme con este resultado, cortó más los cristales hasta que obtuvo diez aumentos. En seguida realizó el diseño definitivo, que al día siguiente llevó al artesano que lo iba a construir. Pagó por el mismo veintiuna liras.

Figura 8.3
Galileo.

En su libro *El mensajero sideral* expone todo el proceso de esta manera:

Preparé primero un tubo de plomo, en cuyos extremos coloqué dos lentes de cristal, planas ambas por una cara, mientras que por otra la primera era convexa y la segunda cóncava. Después puse mi ojo junto a la lente cóncava y observé los objetos tres veces más próximos y nueve veces más grandes que a simple vista. En seguida construí otro más perfecto, que mostraba los objetos aumentados más de sesenta veces. Por último, sin ahorrar trabajo ni gastos, conseguí construir por mí mismo un instrumento tan excelente que a través de él los objetos parecen cerca de mil veces mayores y más de cuarenta veces más próximos que cuando los contemplamos a simple vista.

Antes de encargar la construcción de su catalejo, Galileo se había encargado de enviar a Sarpi un mensaje secreto. Y éste procuró retrasar la entrevista del holandés con las autoridades venecianas. De esta forma, el 20 de agosto el "tubo mágico" (su fabricante lo llamaba *canocchiale* o anteojo) fue presentado al dux y a todos los hombres más importantes, entre los que destacaban los grandes sabios que dirigían la marina de guerra.

Una vez apareció Galileo, todos marcharon a pie hasta la torre de San Marcos. En la zona más alta de la misma, el *dux* se colocó el catalejo en el ojo derecho y cerró el izquierdo... ¡Entonces pudo contemplar la cúpula de Santa Giustina, que se encontraba en Padua, o sea a treinta kilómetros de distancia, como si la pudiera tocar!

Dominado por el entusiasmo, siguió mirando hacia Treviso, Choggia y Conegliano, que se hallaba a unos ochenta kilómetros... ¡Aquello era milagroso! Lo mismo opinaron todas las demás personalidades, casi peleándose como niños par comprobar la maravilla.

Si hemos de ser sinceros, no podemos olvidar el catalejo del holandés porque si él hubiera podido mostrárselo a las autoridades venecianas, estamos convencidos de que hubiese obtenido el mismo triunfo que Galileo. Pero éste y Sarpi maniobraron políticamente, con el fin de que el beneficiado por la fortuna fuese un catedrático de matemáticas al servicio de la República.

Al mismo tiempo que el burlado se alejaba arrastrando su fracaso, Galileo se encontraba con la promesa de recibir un sueldo anual de mil coronas, una gratificación de cuatrocientas y el nombramiento de profesor vitalicio de la Universidad. Días más tarde, todos los miembros del Senado aprobaron las recompensas. De esta forma, el inventor del "tubo maravilloso" se convirtió en el hombre más importante de Venecia.

Sara Cuadrado, *Galileo.*

Ahora responde las siguientes preguntas:

1. ¿Cuál es la situación comunicativa de este texto?

____

____

____

2. ¿Cuál es su intención comunicativa?

____

____

____

3. ¿Cuál es la función comunicativa que cumple?

____
____
____

4. ¿Cuáles son sus características externas?

____
____
____

5. ¿Qué prototipo textual utiliza?

____
____
____

6. ¿Qué otras características internas tiene?

____
____
____

Taller

En tu cuaderno de trabajo, elabora un cuadro sinóptico del contenido de este bloque que acabas de leer: situación comunicativa del texto expositivo.

Comprueba *tus saberes*

Ha llegado la hora de que demuestres realmente cuánto has aprendido; hemos terminado este bloque y ahora ya conoces muchas cosas nuevas. En esta sección encontrarás una evaluación que abarca todo el conocimiento adquirido en este bloque, contéstalo lo mejor que puedas.

El propósito de toda evaluación es detectar si se han cumplido o no, y en qué medida, los objetivos que se plantearon en el inicio.

En nuestro caso, el propósito de la evaluación es detectar si se han logrado o no, y en qué medida, las competencias que se plantearon como objetivo de cada bloque.

Con el fin de lograr este propósito, la evaluación consta de cuatro momentos:

- Evaluación de los conocimientos alcanzados en el bloque.
- Autoevaluación de cada estudiante, por medio del llenado de una rúbrica de carácter formativo.
- Coevaluación o evaluación coparticipativa, por medio del trabajo en equipos.
- Evaluación por parte del docente, respecto al logro alcanzado por cada estudiante.

La evaluación obtenida de esta manera se traducirá en una calificación, de acuerdo con los criterios y porcentajes que determine el profesor.

1

Indica cuáles son las funciones del lenguaje que predominan en los textos expositivos.

1. ____

2. ____

3. ____

2

Indica y describe brevemente tres de las características externas de los textos expositivos.

1. ____

2. ____

3. ______

3 Indica y describe brevemente tres de las características internas de los textos expositivos.

1. ______

2. ______

3. ______

4
1. Menciona tres clases de textos expositivos, y di en que se diferencian.

______

2. Menciona 5 neologismos y explica por qué se llaman así.

______

3. Explica que es un tecnicismo y escribe 5 ejemplos.

______

4. Recorta una noticia de un periódico, pégala aquí. Analiza qué tipo de lenguaje utiliza el redactor, y explica por qué está bien escrita.

______

COEVALUACIÓN

En equipos de trabajo, se llevarán a cabo las siguientes actividades:

- Exponer y analizar las rúbricas individuales que respondieron en la actividad anterior.
- Detectar los aprendizajes logrados, así como los aprendizajes que no se lograron de la manera esperada.
- Detectar las causas o factores que influyeron, tanto de manera favorable como desfavorablemente al logro de los aprendizajes.
- Definir algunas estrategias que pudieran contribuir al mejor logro de los aprendizajes, para plantearlas ante el grupo.

Se llevará a cabo una sesión plenaria, en la que un representante de cada equipo exponga las conclusiones a las que llegaron en el momento anterior.

EVALUACIÓN POR PARTE DEL DOCENTE

El profesor evaluará el logro alcanzado por cada estudiante, de acuerdo con los criterios que establezca para eso. Se recomienda tomar en cuenta por lo menos los siguientes elementos:

- La participación activa en las actividades grupales y de equipo.
- El portafolios de evidencias que presente el estudiante, en el que se incluyan los siguientes productos:
  - Producto en equipo: respuesta fundamentada al problema que se planteó en la situación didáctica.
  - Producto individual: cuadro sinóptico de este bloque.

Clasificación de los textos expositivos

BLOQUE 9

Saberes

Conocimientos

9.1 Conoce la clasificación de los textos expositivos.

9.2 Analiza las características de los textos históricos:
- Monografía.
- Biografía.

9.3 Analiza las características de los textos periodísticos:
- Noticia.
- Crónica.
- Reportaje.
- Entrevista.

9.4 Comprende las características de los textos escolares.

9.5 Reportes de investigación.
- Planeación.
- Uso de instrumentos de investigación.
- Organización en esquemas.
- Exposición escrita y oral con recurso.

Unidades de competencia

Practica los distintos tipos de textos expositivos para reproducir ideas y conceptos que le permitan expresarse y comunicarse de manera clara en los ámbitos personal, familiar, escolar, social y cultural.

¿Qué sabes hacer ahora?

En equipos de 4 o 5 personas, respondan las siguientes preguntas:

1. ¿Qué textos expositivos de carácter histórico conocen?
____

2. ¿Qué textos expositivos de carácter periodístico conocen?
____

3. ¿Qué textos expositivos de carácter escolar conocen?
____

4. ¿Qué es un reportaje?
____

5. ¿Qué es un reporte de investigación?
____

En plenario, y bajo la coordinación del profesor, se realizarán las siguientes actividades:

1. Cada equipo expondrá las conclusiones a las cinco preguntas planteadas inicialmente.
2. Se analizará lo acertado de las respuestas dadas por los equipos.
3. El profesor complementará las ideas expuestas sobre los tipos y características de los textos expositivos.

Habilidades

- Comunica de manera oral y escrita su propia biografía, haciendo uso de las características que debe llevar y estableciendo la diferencia que existe entre la elaboración de ésta y la elaboración de una monografía.
- Distingue de manera oral y escrita las características de los diferentes tipos de textos expositivos, en diferentes mensajes relacionados con su vida cotidiana.
- Comenta las características de un texto periodístico, al expresar sus ideas sobre una problemática social.
- Elabora un reporte de investigación de una situación relacionada con un tema cultural, social o económico actual o de su entorno destacando la utilidad que éste tiene al cumplir con todas sus características.

Actitudes y valores

- Promueve una actitud positiva al expresar e interpretar sentimientos y hechos significativos en su vida personal, familiar, social y cultural.
- Asume una actitud respetuosa y crítica ante la diversidad de ideas, opiniones y situaciones que se vean reflejadas en su salón de clase.
- Colabora en equipo con responsabilidad y tolerancia ante las actividades que se presenten durante las clases.
- Fomenta las actitudes propositivas y empáticas al entablar diálogos.

Situación didáctica

¿Cómo lo resolverías?

Se hará una exposición en la escuela, con ejemplos de los diferentes tipos de textos expositivos. A esta exposición se invitará a los padres de familia, para que vean los trabajos que realizan sus hijos.

En la exposición se exhibirá únicamente un trabajo de cada salón de clase, por cada tipo de texto expositivo: una monografía, una biografía, una noticia, un reportaje, una reseña, etcétera.

En tu salón se hará una presentación previa, con el fin de seleccionar los textos que los representarán en la exposición de la escuela.

Secuencia didáctica

¿Qué tienes que hacer?

1. Se analizará el contenido del tema: clasificación de los textos expositivos.
2. Se organizarán cuatro o cinco equipos de trabajo. Cada equipo preparará un ejemplo de cada tipo de texto, con el fin de presentarlo ante la clase.
3. Los equipos preparan sus ejemplos de cada texto expositivo.
4. Se hará la exposición interna en el salón de clase, de todos los ejemplos de textos preparados por los equipos.
5. Habrá un jurado que califique los productos, con el fin de sacar el mejor ejemplo de cada tipo de texto.
6. El profesor retroalimentará a los estudiantes acerca de los aciertos y los errores que tuvieron en sus productos.
7. Al término del bloque se llevará a cabo la evaluación del mismo.

Rúbrica

¿Cómo sabes que lo hiciste bien?

El estudiante se autoanalizará y responderá esta rúbrica, en relación con las competencias alcanzadas en esta unidad.

COMPETENCIA REQUERIDA	VALORACIÓN		
	Logro individual	Logro con ayuda	No lo he logrado
1. Demuestro la clasificación de los textos expositivos, detallando los diferentes tipos que existen como parte importante de la comunicación.			
2. Recreo una situación de la vida cotidiana en la que caracterizo un texto periodístico, detallando su aplicación e importancia en el contexto socio-cultural.			
3. Contrasto la correcta aplicación de las características de los diferentes tipos de textos expositivos en los trabajos presentados durante la clase.			
4. Establezco las diferencias entre las distintas características internas de los textos expositivos en un organizador.			

INTRODUCCIÓN

En el bloque anterior, estudiamos las funciones y características generales de los textos expositivos. Ahora **vamos a estudiar de manera más particular cada uno de los textos expositivos**, con el fin de que desarrolles la capacidad para redactarlos correctamente. Para este estudio, clasificaremos a los textos expositivos en tres tipos: los de carácter histórico, los periodísticos y los escolares.

9.1 CLASIFICACIÓN DE LOS TEXTOS EXPOSITIVOS

Ya indicamos que **los textos expositivos son aquellos que tienen como finalidad informar y difundir conocimientos sobre un tema, de la manera más objetiva posible.**

Desde el punto de vista de los destinatarios a los que se dirigen, los textos expositivos pueden ser de dos tipos: divulgativos y especializados.

- Los **textos divulgativos o informativos** tienen como finalidad hacer llegar al público en general (a la mayor cantidad posible de personas) información existente sobre un hecho, un tema, una persona, una época o una localidad. Algunos ejemplos de este tipo de textos son los siguientes: diccionarios y enciclopedias, libros de texto, monografías, conferencias, revistas, periódicos, etcétera.
- Los **textos especializados** tienen como finalidad hacer llegar a un público especializado cierta información técnica o científica que requiere conocimientos previos. Algunos ejemplos de este tipo de textos son los siguientes: reportes de investigación, artículos de investigación científica, libros de leyes, etcétera.

Desde el punto de vista de su contenido, los textos expositivos pueden ser históricos, periodísticos y científicos.

- Los **textos históricos** tienen como finalidad dar a conocer los hechos pasados relacionados con una persona, una comunidad, un país o una época.
- Los **textos periodísticos** tienen como finalidad dar a conocer las noticias recientes relacionadas con personas, comunidades o países que puedan ser de interés para sus lectores.
- Los **textos científicos** tienen como finalidad dar a conocer los avances del conocimiento (ideas, teorías y conceptos) relacionado con una disciplina específica. La mayoría de los textos expositivos que se solicitan en la escuela entran en esta categoría. Por eso, **los textos expositivos escolares quedarán ubicados dentro de los textos científicos**.

A continuación explicaremos cada uno de estos textos. Para ello, analizaremos primero sus características particulares (tanto externas como internas), y luego presentaremos algunas orientaciones para elaborarlos correctamente. Terminaremos cada apartado con algunos ejercicios, en los cuales puedas practicar las orientaciones que te presentamos.

9.2 CARACTERÍSTICAS DE LOS TEXTOS HISTÓRICOS

Denominamos textos históricos a aquellos que tienen como finalidad narrar o describir sucesos o **acontecimientos reales pasados, que son dignos de recordar**, ya sean públicos o privados.

En un bloque anterior, analizamos los textos personales de carácter histórico. Ahora estudiaremos los **textos expositivos de carácter histórico**. En particular, vamos a hablar de las monografías y de las biografías.

Monografía

La palabra *monografía* proviene del griego y significa "**escrito sobre un solo tema**". Una monografía es una descripción y tratado especial de un solo asunto o de determinada parte de una ciencia o de un arte. El término **monografía** es muy general y abarca cualquier escrito que trate un solo tema.

Aunque puede haber monografías sobre casi cualquier tema, en este caso hablaremos de las **monografías de carácter histórico**, que son las que describen y analizan sucesos o acontecimientos reales pasados que son dignos de recordar, ya sean públicos o privados.

La **intención comunicativa** de este tipo de textos es trasmitir a otras personas información relacionada con eventos históricos que son dignos de recordar.

Por eso, la función que cumplen las monografías de carácter histórico es la **referencial o informativa**. De esta función brotan las características que se explican a continuación.

Características particulares

En cuanto a sus **características externas**, podemos indicar las siguientes:

- Las monografías son resultado de trabajos de investigación destinados a la publicación. A nivel profesional, estos estudios se publican a manera de **libros**; en la escuela, las monografías se presentan **impresas en computadora**.
- La **estructura u organización** de una monografía de carácter histórico es por orden cronológico. En ella se presenta la evolución de algún acontecimiento o de algún avance de la humanidad, conforme se fue presentando a través de los tiempos.
- La **extensión** de una monografía es variable, y depende del tema que esté tratando. Puede haber monografías de diez o quince páginas, y monografías de 300 o 400 páginas.

En cuanto a sus **características internas**, podemos anotar las siguientes:

- Las monografías de carácter histórico pertenecen al prototipo de textos **expositivos**, **narrativos** y **descriptivos**.
- **Contenido**: en ellas se va presentando y analizando una reseña de la evolución de determinado hecho o acontecimiento a través de la historia.
- Debido a su carácter científico, en las monografías se utiliza un **lenguaje** formal, técnico y académico.

Orientaciones prácticas

Existen infinidad de temas sobre los que se puede elaborar una monografía de carácter histórico.

- **En aspectos sociales**, se puede analizar la evolución histórica de una sociedad, de un pueblo, de una ciudad, de un país, de una norma o legislación, de un partido político, de un problema político o económico, etcétera.
- **En aspectos culturales**, se puede estudiar la evolución histórica de determinado tipo de música, de cierto tipo de ropa o vestimenta, de ciertas costumbres o tradiciones, de determinadas formas de hablar o expresarse, de determinado deporte, de la forma de utilizar el tiempo y divertirse con determinado grupo, etcétera.
- **En aspectos científicos y técnicos**, se puede investigar la evolución histórica de determinado invento (por ejemplo la computadora), de avances en la medicina, de los viajes al espacio, de las matemáticas, de los automóviles, de los aviones, del transporte en general, del cine y la televisión, de los videojuegos, etcétera.
- **En las ciencias naturales**, se pueden elaborar monografías sobre la evolución histórica de determinados cultivos, formas de trabajar la tierra, la contaminación o polución de las ciudades, los avances de la química, el cuidado de los bosques, etcétera.

Son dos los elementos que caracterizan una monografía de carácter histórico: que trate de **un solo tema** o problema, y que analice **su evolución histórica** a través de los tiempos. Una monografía debe ser lo más **completa** posible, es decir, debe tratar el tema de la manera más **exhaustiva** posible.

Para hacer una monografía se requiere un **trabajo de investigación** documental o bibliográfica. Por eso, a las monografías se les puede aplicar todo lo que expondremos más adelante, cuando expliquemos la manera de elaborar reportes de investigación.

La **estructura** de una monografía puede ser la siguiente: portada, índice, introducción, desarrollo (con uno o varios capítulos), conclusiones y bibliografía.

En una monografía no es preciso que haya conclusiones originales por parte del autor, aunque sí puede haber **comentarios personales** sobre los hechos que va describiendo. Su objetivo es divulgar conocimientos sobre el tema o problema que está tratando.

Los **pasos** para elaborar una monografía son los siguientes:

- **Definir el tema** sobre el que tratará la monografía. En algunos casos, es el profesor el que define el tema, pero en otros casos lo puedes escoger tú.
- **Buscar información** en bibliotecas, libros, revistas, internet, etcétera.
- **Leer** el material y hacer fichas bibliográficas, hemerográficas, de registro de página electrónica y de trabajo.
- **Redactar** el contenido, incluyendo el desarrollo, los anexos y las referencias bibliográficas.
- Elaborar la **introducción**, el **índice** y la **portada**.

Con el fin de ilustrar el contenido, las monografías pueden contener **dibujos** o fotografías acerca de los temas que se están tratando. Asimismo, se pueden incluir en **anexos** algunos elementos que no sean sustanciales para la presentación, pero que puedan ser de interés general.

Aplicación de tus **Saberes**

Actividad

En equipos de trabajo, definan un tema relacionado con un acontecimiento que haya sido importante en su entidad federativa y estructurarlo como una monografía de carácter histórico.

Busquen información relacionada con ese tema, que pudiera servir de apoyo para la elaboración de la monografía y traigan las fichas bibliográficas, hemerográficas, de registro de página electrónica y de trabajo correspondientes.

Comenten por equipos el trabajo realizado y redacten una parte de la monografía, para su revisión y retroalimentación en clase, mencionar la importancia que tiene una monografía como medio de comunicación en la actualidad.

Biografía

Una biografía es la narración escrita de la historia de la vida de una persona. En un bloque anterior estudiamos la autobiografía, que es la narración de la vida de una persona escrita por ella misma. Una biografía es la narración de la vida de una persona pero **escrita por otra persona**.

La **intención comunicativa** de una biografía es relatar, narrar o describir la vida de una persona, con el fin de publicarla o hacerla del conocimiento de otras personas.

Así pues, la **función** principal que cumple una biografía es la **referencial o informativa.** De esta función brotan las características que se explican a continuación.

Características particulares

En cuanto a sus **características externas**, podemos indicar las siguientes:

- Por lo general, las biografías se escriben en **cuadernos**, en hojas sueltas o, actualmente, en algún procesador de textos en la computadora. Una vez concluidas, serán publicadas a manera de libro.
- La **estructura u organización** de una biografía es cronológica, y debe seguir un orden estricto, desde el nacimiento de la persona hasta su muerte (o hasta el momento actual de su vida, si fuere el caso).
- Por lo general, las biografías son **extensas**, ya que abarcan toda la vida de una persona.

En cuanto a sus **características internas**, podemos anotar las siguientes:

- Las biografías pertenecen al prototipo de textos **expositivos**, **narrativos** y **descriptivos**.
- **Contenido**: en ellas se van anotando los principales hechos de la vida de una persona. En la biografía se incluyen tanto aspectos familiares y personales, como escolares, laborales y profesionales. Se trata de relatar la vida completa de una persona, bajo todos sus aspectos o facetas.
- En las biografías se debe utilizar un **lenguaje formal**, ya que su destino es ser publicadas con el fin de que otras personas las lean.

Orientaciones prácticas

Quien escribe una biografía debe seguir un **orden cronológico**, desde el nacimiento de la persona a la que se refiere (o desde antes, describiendo su familia y el lugar donde habrá de nacer) hasta el momento de su muerte o hasta el momento actual, si esa persona aún vive.

Evaluación formativa

A manera de resumen de este tema, elabora un cuadro comparativo. En la primera línea del cuadro se indican los tipos de textos que hemos explicado en este apartado. En la primera columna se indican los aspectos bajo los cuales se pueden comparar esos tipos de texto. Debes completar el cuadro, anotando para cada tipo de texto lo que se indica en esa primera columna.

	Monografías	Biografías
Intención comunicativa		
Función comunicativa		
Características externas		
Características internas		
Orientaciones prácticas		

En una biografía se **narran**, se relatan, se describen los principales acontecimientos en la vida de una persona. El lenguaje que se utiliza en una biografía es más formal, pero puede ser del tipo **literario**, en cuanto que puede utilizar todos los elementos propios de este lenguaje: la narración, la descripción, el diálogo, las figuras literarias, etc. Dado que el objetivo de una biografía es dar a conocer a otros la historia de la vida de una persona, hay que hacerlo con un lenguaje atractivo, que capture la atención de los lectores.

El **primer paso** para elaborar una biografía es seleccionar adecuadamente a la persona cuya vida se desea narrar o describir. Esta selección se debe hacer en función de **tres criterios** principales:

- Se trata de una **persona importante**, cuya vida fue trascendente y dejó huella en el ámbito social, político, económico, literario, religioso o del espectáculo.
- La narración de su vida puede ser **interesante** para otras personas.
- **Es posible conseguir información** veraz y completa sobre la vida de esa persona.

Es preciso que antes de empezar a elaborar una biografía se tenga un **plan general** de la obra, es decir, el esquema general o la estructura que se seguirá, las partes en que se subdividirá, los capítulos que contendrá, etc. La **estructura** final de una biografía puede ser la siguiente: portada, índice, introducción, desarrollo (con uno o varios capítulos), conclusiones y bibliografía.

Una vez que se tenga el plan de la obra, hay que proceder a **recabar información** relacionada con la persona sobre la que se está haciendo la biografía. Las fuentes de información pueden ser libros, revistas, consultas en línea en internet y entrevistas a gente que haya conocido o tratado a la persona en cuestión.

Conforme se vaya encontrando material pertinente, hay que **leerlo** y elaborar las **fichas de apoyo** correspondientes (bibliográficas, hemerográficas, de registro de página electrónica y de trabajo).

Una vez que se tenga la información necesaria, se empieza a **redactar** el contenido de la biografía. Si hay algunos momentos de la vida de esa persona, sobre los que no se tenga información suficiente, habrá que buscar más material para llenar los huecos que hayan quedado.

Si en el material localizado se encuentran algunas **fotografías, dibujos o ilustraciones** que puedan apoyar la narración biográfica, habrá que incluirlos, pero siempre indicando la fuente de la que fueron obtenidos.

Taller

- Elabora una biografía de una persona que haya hecho algo importante para la sociedad y que los beneficios de sus aportaciones aún se vean reflejados en la actualidad.
- Haz el esquema general del texto que vas a realizar.
- Busca información sobre la vida de esa persona.
- Elabora fichas de apoyo: bibliográficas, hemerográficas, de registro de página electrónica y de apoyo.
- Comenta con tus compañeros de clase porqué elegiste dicho personaje y describe cómo realizaste dicha narración biográfica. Si el tiempo lo permite, puedes redactar una parte de esa biografía, para su revisión en clase.

Taller

Elabora una crónica sobre un tema que pueda ser de interés para sus compañeros sobre un evento que haya sucedido en la escuela, en la colonia, en el centro deportivo o en algún lugar de trabajo.

Coméntenlo en equipo, revisen que el relato de la crónica cumpla con sus características y verifiquen que el lenguaje sea ágil, concreto y sencillo.

Reportaje

El reportaje es un género periodístico **más completo** que la crónica. Se trata de **investigaciones a fondo** sobre temas específicos de actualidad. Incluye antecedentes históricos de la situación o del problema, descripción de la realidad actual, noticias, entrevistas, comentarios y conclusiones sobre ese problema. Hay reportajes demostrativos (o comprobatorios), descriptivos, narrativos, especializados en un área o tema de la vida actual, profundos, de entretenimiento y gráficos. Estos últimos se utilizan sobre todo en la internet, el cine y la televisión.

Figura 9.4
Reportaje.

La **intención comunicativa** de un reportaje es presentar una visión lo más completa posible de una situación, de un tema o de un problema de actualidad, así como orientar la opinión de los lectores o del auditorio en relación con ese tema o problema.

Así pues, la **función** principal que cumplen los reportajes es la **referencial o informativa**. De esta función brotan las características que se explican a continuación.

Características particulares

En cuanto a sus **características externas**, podemos indicar las siguientes:

- Como las noticias y las crónicas, los reportajes se presentan **insertos en algún medio de comunicación**, ya sea escrito (periódicos, revistas, boletines y murales), hablado (radio) o visual (internet, cine y televisión).
- Los reportajes **son bastante extensos**. En un periódico, se pueden publicar en tres o cuatro partes. En la televisión, pueden utilizar uno o varios programas completos de una hora.
- La **estructura u organización** de un reportaje es variable, dependiendo de los elementos que incluya. Suele empezar con una **crónica** de los hechos que se van a reportar, luego se incluyen **entrevistas** a los personajes que estuvieron involucrados en esos hechos, se continúa con **opiniones** o comentarios de diversas personalidades y culmina con la interpretación o **comentarios** personales de la persona (o del equipo) que elaboró el reportaje.

En cuanto a sus **características internas**, podemos anotar las siguientes:

- Debido a su carácter exhaustivo, los reportajes pertenecen al prototipo de **textos narrativos, descriptivos, expositivos y argumentativos.**
- **Contenido**: en ellos se presentan los hechos, opiniones, comentarios e interpretaciones sobre un tema o problema de actualidad.
- En los reportajes se puede utilizar un **lenguaje** técnico y formal, completado con elementos de tipo literario y hasta poético. Incluye elementos subjetivos y emotivos, con el fin de llegar a convencer al auditorio y orientar su opinión en relación con el tema o problema que se está tratando.

Orientaciones prácticas

En los medios de comunicación masiva, los reportajes se elaboran sobre **hechos de importancia** mundial, internacional, nacional o regional, con el fin de asegurar el interés del público en general. Sin embargo, es posible elaborar reportajes de eventos locales que tal vez no interesen a todo el mundo, pero sí a los lectores o al público al que va dirigido el reportaje.

Para hacer un buen reportaje, se requiere mucho **trabajo de investigación**.

A partir de la noticia principal, se debe **profundizar** en ella: sus antecedentes, las causas que la motivaron, los personajes que intervienen en ella, las relaciones que se dan entre los diversos personajes, las motivaciones ocultas y manifiestas de esos personajes, sus opiniones, las repercusiones de los hechos sucedidos, las reacciones de los diferentes sectores de la sociedad, etcétera.

Se puede decir que un reportaje contiene **cuatro partes principales**, cada una de ellas con diversos elementos:

- En primer lugar, **la noticia misma**, pero no escueta o desnuda como en una nota informativa, sino explicada en profundidad, con todos sus antecedentes, pormenores y detalles. Para preparar esta primera parte de un reportaje, se requiere investigar tanto a nivel documental como de manera directa en el lugar de los hechos, haciendo entrevistas a las personas directamente involucradas en éstos.
- En segundo lugar, se presentarán **las consecuencias y repercusiones** del hecho que se está reportando, las reacciones de diferentes personajes y de diferentes sectores ante la misma.
- En tercer lugar, un **análisis e interpretación de la noticia**. Para esta parte, se pueden presentar entrevistas y opiniones de diversos expertos en el campo al que pertenece esa noticia.
- Por último, el reportaje se cierra o concluye con una interpretación y **comentario final** por parte de la persona y/o del equipo que lo ha preparado, mediante el cual se pretende orientar la opinión pública hacia la aceptación o el rechazo de determinados hechos o de determinadas actitudes.

Como ya se indicó, el reportaje es uno de los géneros periodísticos **más completos**, ya que en él se puede echar mano de notas informativas, de crónicas, entrevistas, encuestas, críticas y otros documentos. Asimismo, en el reportaje ya no se asume una posición objetiva al margen de los hechos sucedidos, sino que se toma una posición crítica, determinada y bien fundamentada en relación con éstos.

Por otro lado, en el reportaje se utiliza un **lenguaje mucho más variado** y expresivo que en una nota informativa o que en una crónica. Como lo que se pretende es contribuir a formar la opinión pública, se puede recurrir a un discurso más intenso y emotivo, con el fin de impactar al público destinatario.

Taller

En equipos de trabajo, seleccionen un tema de interés para la comunidad escolar, y preparen el esquema de un reportaje sobre el mismo.

Si el tiempo lo permite, comentar sus puntos de vista sobre la forma en que se realiza un reportaje y los beneficios que tiene su precisión, veracidad y objetividad en nuestra sociedad.

Entrevista

Desde el punto de vista periodístico, la entrevista consiste en una **conversación** con una o varias personas acerca de alguna idea o algún acontecimiento, con el fin de informar al público sobre sus respuestas. Por medio de una entrevista, se presenta **la opinión de un personaje** de la vida política, social, económica, deportiva o del espectáculo, sobre algún tema de actualidad.

Figura 9.5
Opinión de personaje.

La **intención comunicativa** de la entrevista, como género periodístico, es informar al público sobre las opiniones de otras personas acerca de alguna idea o de algún acontecimiento de actualidad.

La función principal que cumplen las entrevistas es la **referencial o informativa**. De esta función brotan las características que se explican a continuación.

Características particulares

En cuanto a sus **características externas**, podemos indicar las siguientes:

- De la misma manera que los otros géneros periodísticos que hemos explicado, las entrevistas también se presentan **insertas en algún medio de comunicación**, ya sea escrito (periódicos, revistas, boletines y murales), hablado (radio) o visual (internet, cine y televisión).

- En cuanto a su **extensión**, una entrevista puede ser de duración variable. Se puede hacer una entrevista en la que la persona entrevistada responda únicamente a dos o tres preguntas; o una de dos o tres horas de duración. La extensión o duración de la entrevista depende tanto de la persona entrevistada como de la importancia o actualidad del tema que se está tratando en ella.
- Una entrevista se **estructura** u organiza en función de una serie de preguntas que se le van presentando a la persona entrevistada y que ésta va respondiendo.

En cuanto a sus **características internas**, podemos anotar las siguientes:

- Las entrevistas pertenecen al prototipo de textos **expositivos** y **dialógicos** o **conversacionales**.
- **Contenido**: en ellas, el entrevistador va planteando una serie de preguntas previamente preparadas, y la persona entrevistada va respondiendo a ellas.
- El **lenguaje** que se utiliza en las entrevistas depende no sólo del tema sobre el que versa la entrevista, sino sobre todo de la persona a la que se está entrevistando. Si se trata de un personaje de la vida política o económica, se deberá utilizar un lenguaje formal. Pero también se puede entrevistar a otro tipo de personas (como a niños, amas de casa, obreros, personal de una empresa, etc.), en cuyo caso el lenguaje se adaptará a la persona entrevistada.

Orientaciones prácticas

En los medios de comunicación masiva, se presentan entrevistas a **personajes famosos** de la vida política, económica, social, educativa o del espectáculo, o a personas que han intervenido de manera directa en algún hecho de importancia mundial, internacional, nacional o regional. Sin embargo, es posible hacer y publicar entrevistas hechas a personas y personajes importantes únicamente a nivel local o de una comunidad particular.

El primer paso para hacer una entrevista que se vaya a publicar es **seleccionar a la persona adecuada** a la que se va a entrevistar. La selección de esta o estas personas se puede hacer en función de tres razones principales:

- Esa persona **participó directamente** en algún suceso de interés público, y puede dar información directa, de primera mano, sobre dicho suceso.
- Esa persona **es un experto** que puede dar una opinión más fundamentada sobre algún tema, problema o acontecimiento de interés público.
- O se trata de una **persona famosa,** y sabemos que al público le interesa conocerla más profundamente.

El segundo paso para preparar esta actividad es **concertar una cita** con la persona o personas a las que se va a entrevistar, con el fin de explicarles el objetivo de la entrevista y ver si aceptan participar en ella.

El tercer paso consiste en **preparar las preguntas** que se le harán durante la entrevista, las cuales servirán de guía para la conversación que se entable con ella. Una vez que se tengan estas preguntas, se deberá presentarlas a la persona a la que se entrevistará, con el fin de que las conozca previamente y pueda modificarlas, en caso de no estar de acuerdo con alguna de ellas.

El cuarto paso consiste en la **realización de la entrevista**. Con el fin de concentrarse plenamente en la conversación, conviene no estar tomando notas durante la misma; para lo cual será necesario **grabar** toda la entrevista, ya sea en video o simplemente en audio. Durante la realización de la entrevista, es preciso ceñirse lo más posible a la guía de preguntas que se había preparado previamente. Sin embargo es posible que, si sobre la marcha brota algún tema o asunto que no se había previsto, y se detecta que el entrevistado desea profundizar en el mismo, se le puedan hacer algunas preguntas sobre ello.

El quinto paso consiste en **redactar** el resultado de la entrevista (si se va a publicar de manera impresa) o en **editar** el video, si se va a presentar de manera visual. Si se va a presentar un video, es preciso no cortar segmentos importantes, en los cuales el entrevistado exponga o clarifique temas fundamentales. Si se va a presentar por escrito, es preciso escuchar varias veces la entrevista, con el fin de que la redacción de la misma **refleje lo más fielmente posible** las ideas y la posición de la persona entrevistada.

El sexto y último paso antes de publicar una entrevista consiste en presentar la versión final de la misma (por escrito o en video) a la persona entrevistada, para recabar su **visto bueno**. En caso de que ella esté de acuerdo con esa presentación, la entrevista estará lista para ser dada a conocer al público en general. En caso de que la persona entrevistada no esté de acuerdo con algún aspecto de la versión final, habrá que corregirla antes de su publicación.

Taller

En equipos de trabajo, preparen y realicen una entrevista para ser publicada ante el grupo de clase, ya sea por escrito o en video.

Presenten al grupo la entrevista realizada por cada equipo y verifiquen que cumpla con la correcta aplicación de sus características. Comenten dudas y errores con el propósito de mejorar para futuros trabajos.

Taller

El grupo se organizará para hacer y publicar, ya sea un periódico mural o una revista, con todos los elementos que éstos deben contener. Se procurará incluir por lo menos los géneros que hemos explicado en este tema: notas informativas, crónicas, reportajes, entrevistas y columnas.

Para esto, el grupo se puede dividir en seis, ocho o diez equipos, dependiendo del número de páginas o secciones y de los géneros periodísticos que se quieran incluir en el periódico o revista.

Cada equipo será responsable de producir la página o la sección que haya seleccionado o que le hayan asignado.

Deben ponerse de acuerdo en el nombre que llevará el periódico o revista, el tamaño, el formato, etcétera.

Aunque, como ejercicio de clase, es suficiente con elaborar un solo número del periódico, si el trabajo en equipo resulta efectivo, se puede decidir seguirlo publicando de manera periódica.

Evaluación formativa

A manera de resumen de este tema, elabora un cuadro comparativo. En la primera línea del cuadro se indican los tipos de textos que hemos explicado en este apartado. En la primera columna se indican los aspectos bajo los cuales se pueden comparar esos tipos de texto. Debes completar el cuadro, anotando para cada tipo de texto lo que se indica en esa primera columna.

	Nota informativa	Crónica	Reportaje	Entrevista
Intención comunicativa				
Función comunicativa				
Características externas				
Características internas				
Orientaciones prácticas				

9.4 CARACTERÍSTICAS DE LOS TEXTOS ESCOLARES

En un bloque anterior, analizamos los textos personales que se utilizan en el ámbito escolar. Ahora estudiaremos los **textos expositivos que se utilizan en el ámbito escolar**. En particular, analizaremos los siguientes tipos de textos: los ensayos, las reseñas y las exposiciones orales. Dedicaremos luego un apartado especial a los reportes de investigación.

Como en los temas anteriores, para cada uno de estos textos analizaremos primero sus características particulares y luego presentaremos algunas orientaciones para elaborarlos correctamente. Terminaremos cada apartado con algunos ejercicios, en los cuales puedas practicar las orientaciones que te presentamos.

Ensayo

De acuerdo con la Real Academia Española, **un ensayo es un escrito en el cual un autor desarrolla sus ideas sin necesidad de mostrar el aparato erudito**. Otros autores definen el ensayo como un escrito, generalmente breve, sin el aparato y sin la extensión de un tratado sobre la misma materia.

Son **tres los elementos** que definen más particularmente a un ensayo:

- Es un escrito **breve**, un bosquejo, un esbozo, algo incompleto todavía, que no llega a ser un tratado completo sobre un tema.
- Más que una investigación severa y rigurosa, se trata de una **disertación amena**, de carácter filosófico, en la que se utiliza un **lenguaje más libre**, más literario y hasta poético.
- Es una **interpretación personal** de los hechos y de las ideas, presentada por el autor. De aquí que el ensayo sea eminentemente subjetivo.

La **intención comunicativa** del ensayo es presentar o exponer a otras personas las ideas personales del autor, su punto de vista, su posición ante un problema o un tema determinado.

Así pues, las principales funciones que cumplen los ensayos son la **referencial o informativa** y la **emotiva o sintomática**. De estas funciones brotan las características que se explican a continuación.

Características particulares

En cuanto a sus **características externas**, podemos indicar las siguientes:

- Por lo general, el ensayo se escribe en **hojas sueltas**, impresas en computadora, con el fin de que luego se publiquen en algún medio impreso (un libro o una revista).
- En cuanto a su **extensión**, los ensayos suelen ser escritos breves (de cinco a 20 páginas) o por lo menos no tan amplios como una investigación más rigurosa o como una monografía.
- La **estructura u organización** de un ensayo suele ser la siguiente: un planteamiento introductorio, un desarrollo del argumento o de las ideas y una conclusión provisional, aún inacabada.

En cuanto a sus **características internas**, podemos anotar las siguientes:

- Los ensayos pertenecen al prototipo de **textos expositivos y explicativos**.
- **Contenido**: en ellos se presentan las ideas personales del autor, sobre un tema o problema determinado.
- En los ensayos se utiliza un **lenguaje** formal, aunque no tan técnico o académico como en una investigación rigurosa. Se puede utilizar un lenguaje literario, aun poético.

Orientaciones prácticas

El primer paso para elaborar un ensayo es **seleccionar el tema o el problema**. A veces, es el profesor quien te indica dicho tema, pero otras lo tienes que seleccionar tú. Si éste fuera el caso, procura seleccionar un tema que te interese y hasta te apasione, con el fin de que estés motivado para encontrar fuentes de información y para redactar tus ideas.

Una vez seleccionado el tema o problema sobre el que vas a desarrollar el ensayo, tienes que **buscar fuentes de información**. Aunque en el ensayo vas a expresar tu opinión personal, necesitas saber qué es lo que han dicho otras personas, para que no vayas a "descubrir el hilo negro", es decir, con el fin de que no repitas cosas que ya dijeron otros autores.

Al leer las fuentes de información que encuentres, tienes que ir elaborando las correspondientes **fichas de apoyo**: bibliográficas, hemerográficas, de registro de página electrónica, de trabajo, etcétera.

Conforme vayas leyendo y elaborando tus fichas, tienes que ir clarificando **tu propia posición** en relación con el tema o problema, ya que en función de ello desarrollarás tu escrito.

El esquema general que puede tener el ensayo es el siguiente:

- **Portada**.
- **Índice**.
- **Presentación**.
- **Desarrollo del tema**, el cual puede tener cuatro partes principales:
  - Un **planteamiento introductorio** del tema o problema que vas a desarrollar.
  - Planteamiento de las ideas de **otros autores** sobre dicho tema.
  - Planteamiento y desarrollo de tus **propias ideas** y argumentos.
  - Una **conclusión** general, aunque sea todavía incompleta.
  - **Referencias bibliográficas** de los autores que citaste en tu exposición.

Algunas ideas que te pueden ayudar a seleccionar el tema, el problema o la orientación de tu ensayo son las siguientes:

- Se puede hacer un **análisis crítico** de la posición de un autor. Para esto, se deben presentar primero sus ideas, y luego presentar tu posición al respecto.
- Se puede hacer un **análisis comparativo** entre dos o más autores, complementado con un análisis crítico de ambos. Para ello, debes presentar primero las ideas de ambos autores, luego hacer un análisis de sus semejanzas y de sus diferencias, y concluir con un análisis crítico de ambas posiciones, es decir, estableciendo tu opinión personal sobre el tema.
- Se puede hacer un **análisis de las causas** de determinado problema o situación. Primero debes explicar en qué consiste ese problema o situación que vas a analizar; luego presentas las opiniones de otros autores sobre dicho problema; y concluyes presentando tu opinión personal sobre el mismo.
- Se puede hacer una **exposición sobre las consecuencias** de tomar determinada decisión (que puede ser política, económica, social, familiar o psicológica). Puedes empezar definiendo la situación, las posibles alternativas de solución, lo que otros autores explican sobre ellas y tu posición personal.
- También puedes presentar tu posición personal sobre un **tema polémico**, sobre el que existan diferentes posiciones. En este caso, empiezas definiendo el tema, luego expones las posiciones de diferentes autores sobre dicho tema y concluyes exponiendo tu opinión personal.

Una vez que hayas terminado de escribir el ensayo, le debes poner un título que sea atractivo, es decir, que llame la atención de los lectores. El título mismo de un trabajo nos invita a leerlo.

Como ya se indicó, el ensayo sigue un esquema más libre, menos riguroso que una investigación. Asimismo, puedes utilizar un lenguaje más literario. Sin embargo, recuerda que tu escrito debe cumplir con todos los requisitos de ortografía, puntuación, redacción y estilo.

Taller

Redacta un ensayo breve sobre algún tema de tu interés; para su elaboración debes tomar en cuenta los elementos esenciales, así como sus características.

Expón el ensayo que realizaste, expresando de forma clara tus ideas sobre el tema que elegiste.

Reseña

Una reseña es una narración sucinta, breve, de algo.

Podemos distinguir **dos tipos principales de reseña**: la bibliográfica y la descriptiva. En la reseña bibliográfica se presenta un resumen muy breve de un libro o de un artículo, con los comentarios personales sobre dicho libro. A menudo, a una reseña bibliográfica se le denomina también **reporte de lectura**. En una reseña descriptiva se puede tratar brevemente un viaje, un proceso, un experimento, un conjunto de elementos, una película.

La **intención comunicativa** de este tipo de textos es presentar a los lectores una idea rápida del objeto sobre el que trata la reseña.

Así pues, la **función** principal que cumplen las reseñas es la **referencial o informativa**. De esta función brotan las características que se explican a continuación.

Características particulares

En cuanto a sus **características externas**, podemos indicar las siguientes:

- Por lo general, las reseñas se escriben en **hojas sueltas**, impresas en computadora, para luego publicarlas en alguna revista o boletín informativo.
- En cuanto a su **extensión**, las reseñas deben ser escritos breves, de una o dos páginas o cuartillas.
- La **estructura u organización** de una **reseña bibliográfica** es la siguiente: ficha bibliográfica, resumen y comentarios. La **reseña descriptiva** sigue el mismo esquema, pero en vez de la ficha bibliográfica se presentan los datos generales del proceso, experimento, viaje o película que se vaya a reseñar.

En cuanto a sus **características internas**, podemos anotar las siguientes:

- Las reseñas pertenecen al prototipo de **textos expositivos y descriptivos.**
- **Contenido**: en ellas se presenta un resumen del libro, artículo, proceso, experimento, viaje, etc., que se esté explicando.
- En las reseñas bibliográficas se utiliza un **lenguaje** formal, académico. En las reseñas descriptivas se puede utilizar un lenguaje literario, aun poético.

Orientaciones prácticas

Si una reseña no es **breve**, ya no será reseña, sino otro tipo de texto expositivo (un ensayo, un reporte, una investigación). Por definición, pues, la reseña debe ser breve, de una o dos páginas o cuartillas.

En la escuela, es común que los profesores te encarguen leer un libro o un artículo de determinado autor. Con el fin de comprobar si realmente hiciste la lectura, debes presentar una **reseña bibliográfica** del material leído. Algunos profesores acostumbran llamar **reporte de lectura** a este tipo de reseñas.

Además de tus datos personales (nombre, grupo, curso, etc.), una reseña bibliográfica (o reporte de lectura) debe contener los siguientes elementos:

- La **ficha bibliográfica** completa del material que se leyó.
- El **resumen** del texto leído. Para que en verdad sea un resumen, no debes reproducir párrafos textuales de la obra, sino sintetizar las ideas principales del libro o del artículo.

Figura 9.6

- Tus **comentarios personales** sobre el texto leído, tu opinión personal sobre el mismo, la idea que consideras fundamental, su importancia para ti o para otras personas, etcétera.

En la escuela también te pueden encargar que presentes una **reseña descriptiva** sobre diferentes actividades o procesos.

- Puede ser que en alguna materia te encarguen ir al cine a ver determinada **película**, y presentar una reseña descriptiva de la misma.
- Puede ser que hagan un **viaje de prácticas** y que el profesor les indique que, al regresar, deben presentar una reseña descriptiva del viaje.
- En la clase de **biología** les podrían encargar que elaboren una reseña descriptiva de la flora o de la fauna de la región.
- En alguna de las materias de **ciencias naturales**, les podrían encargar presentar una reseña descriptiva de determinado experimento que hayan realizado.

En una reseña descriptiva, además de tus datos generales (nombre, grupo, curso, etc.), se deben incluir los siguientes elementos:

- Los **datos generales de identificación** del viaje, experimento, proceso, película que se vaya a reseñar.
- Una **descripción breve** de los pasos, etapas, actividades o sucesos que acontecieron durante el proceso que se está reseñando.
- Tus **comentarios personales** sobre lo sucedido o sobre lo reseñado.

Taller

Elabora una reseña bibliográfica sobre algún libro o artículo de interés.

Elabora una reseña descriptiva sobre una película o sobre un experimento de ciencias naturales.

Compara una reseña bibliográfica y una reseña descriptiva, menciona las ventajas y desventajas que cada una tiene, así como la importancia que tiene al comentar tus ideas sobre un tema en particular.

Exposiciones orales

"Exponer" significa **presentar algo para que sea visto o conocido por otras personas**. Puede haber exposiciones escritas y exposiciones orales, es decir, textos expositivos orales y textos expositivos escritos. Los reportes de investigación, los ensayos, las monografías, etc., son textos expositivos escritos. Ahora vamos a estudiar las exposiciones orales.

La mayoría de los profesores utilizan la exposición oral como un medio para dar a conocer a sus alumnos los temas propios de su materia. Algunos profesores organizan a sus alumnos en equipos, para que cada uno de ellos presente una exposición oral sobre alguno de los temas del programa.

La **intención comunicativa** de las exposiciones orales en la escuela es presentar un tema o un conjunto de temas para darlo a conocer a los compañeros del salón.

Así pues, la principal **función** que cumplen las exposiciones es la **referencial o informativa**. De esta función brotan las características que se explican a continuación.

Características particulares

En cuanto a sus **características externas**, podemos indicar las siguientes:

- Las exposiciones orales utilizan la **palabra hablada** y no la palabra escrita como medio de comunicación.
- Las exposiciones orales en clase pueden tener una **duración** muy variada. Puede tratarse de una exposición de cinco o diez minutos, o de una exposición de una o dos horas de duración.

- La **estructura u organización** de una exposición oral es la siguiente: introducción, objetivos, desarrollo, conclusiones y cierre.

En cuanto a sus **características internas**, podemos anotar las siguientes:

- Las exposiciones orales pertenecen al prototipo de **textos expositivos.**
- **Contenido**: en ellas se va presentando o desarrollando un tema específico, el cual se desea dar a conocer a los compañeros del salón.
- Aunque la exposición sea oral, se debe utilizar un **lenguaje formal**, académico o técnico, dependiendo del tema que se esté tratando.

Orientaciones prácticas

Para preparar y presentar una buena exposición, se deben seguir seis pasos, que explicamos a continuación.

Buscar y encontrar fuentes bibliográficas

El primer paso consiste en **buscar y encontrar material bibliográfico** que hable sobre el tema que se va a exponer. Este material se puede encontrar en diversos sitios.

- En primer lugar, hay que buscar en la **biblioteca de la escuela**, para ver si hay enciclopedias, discos compactos, monografías, revistas, etc., que puedan tratar el tema. También se puede recurrir a las bibliotecas públicas o de otras instituciones educativas.
- Puede ser que algunos de los miembros del equipo tengan **en su casa** algún libro, enciclopedia o disco compacto con información sobre el tema.
- Por último, se puede buscar información **en internet**. Con la ayuda de un buscador, es relativamente sencillo encontrar materiales interesantes sobre casi cualquier tema.

Para la preparación de una exposición, es necesario que cada equipo consulte **dos, tres o más fuentes bibliográficas diferentes**; es decir, que no basta con que preparen su exposición únicamente en función de un libro consultado.

Una vez encontrado algún material que pueda ser importante para la exposición, le deberán **sacar una copia** en papel, para llevarla a la reunión del equipo y que todos puedan leer ese material.

Leer, entender y resumir el material encontrado

El segundo paso consiste en leer y resumir el material que se haya encontrado.

Para ello, se recomienda dedicar una o dos sesiones del equipo a la **lectura en común** (en voz alta) del material encontrado, con el fin de que todos los integrantes del equipo conozcan la información recopilada. Durante la lectura en común, irán discutiendo cada punto, para asegurarse de que van entendiendo esa información.

Asimismo, durante estas sesiones de lectura se elaborarán las **fichas de trabajo** necesarias para sustentar la exposición. Estas fichas, elaboradas a manera de "acordeones", les servirán como apoyo en el momento de presentar su exposición.

Elaborar el esquema de la exposición

Una vez que todos los integrantes del equipo hayan leído, discutido y entendido la información que recopilaron, procederán a **elaborar el esquema que seguirán para la exposición.**

Este esquema deberá elaborarse **a manera de cuadro sinóptico**, en el que se indiquen únicamente los puntos principales o generales que se van a explicar o desarrollar en la exposición. Sin embargo, deben asegurarse de no dejar fuera ningún aspecto importante sobre el tema.

Preparar el material didáctico de apoyo a la exposición

Una vez que tengan el esquema de la exposición, procederán a **elaborar el material didáctico de apoyo** que utilizarán en la misma. Este material puede consistir en hojas de rotafolio, acetatos, mapas, láminas, carteles, hojas en fotocopia, filminas, videograbaciones, presentaciones en computadora, maquetas, prototipos, etcétera.

Las características principales que debe tener este material son las siguientes:

- Tanto las hojas de rotafolio como los acetatos y las presentaciones en computadora deben contener **poca información**, a manera de esquema o cuadro sinóptico, únicamente con los puntos principales a tratar.
- La **letra** debe ser suficientemente **grande**, como para que la puedan leer todos en el salón, en especial quienes están hasta atrás del mismo.
- Se debe cuidar la **ortografía** y **acentuación** de las palabras.
- Se deben utilizar **colores fuertes y oscuros**, que sean visibles; los colores claros usarlos únicamente para resaltar o subrayar el texto principal.
- Se pueden incluir **dibujos e imágenes que no sean distractoras**, sino que sean alusivas al tema que se está tratando.
- En general, el material utilizado debe ser **atractivo a la vista y ayudar a clarificar la exposición**.

Ensayar la exposición

Una vez que tengan listo el material de apoyo, los integrantes del equipo tendrán que **ensayar su exposición**, es decir, desarrollarla de principio a fin, como si ya estuvieran delante del grupo.

Es deseable que todos los integrantes del equipo participen de alguna manera en ese momento de la exposición, por lo que tendrán que organizarse y dividir el trabajo de la manera que consideren más conveniente.

Hay que recordar que **toda exposición debe seguir cinco pasos o tener cinco partes**:

- Una **entrada, introducción o presentación**, con la que se logre captar la atención y el interés de los asistentes a la exposición.
- La **explicación de los objetivos** que se pretende lograr con esa exposición, así como del esquema que se seguirá para presentarla. Se trata de explicar en pocas palabras lo que se va a desarrollar a continuación.
- El **desarrollo o explicación del tema**, paso a paso, punto por punto.
- Un **resumen o síntesis final**, donde se haga un repaso rápido de todos los puntos que se expusieron. Se puede incluir una especie de conclusión final del tema.
- Momento de **preguntas y de aclaración de dudas**.

Desde el ensayo, hay que hablar con una **voz clara, fuerte y pausada**, de tal manera que todos en el salón los escuchen perfectamente.

Preparar el material necesario

El último paso para la preparación de una exposición consiste en **tener listo todo el materia**l que se va a utilizar durante la misma. Este material depende del tipo de exposición que se vaya a presentar, y puede consistir en lo siguiente: rotafolio para sostener las hojas que llevan preparadas o cinta de pegar (*masking tape*) para ponerlas en la pared o en el pizarrón; proyector de acetatos y pantalla si fuere el caso, proyector de filminas o cañón proyector de video, computadora, monitor de televisión o videocasetera, etcétera.

Vale la pena presentar una última indicación, acerca del **manejo de los tiempos**. Preparar una exposición no es algo sencillo, que se logre en un fin de semana. Por eso, los integrantes del equipo deben hacer una adecuada planeación de su tiempo, un **cronograma**, a partir de la fecha en que está programada su exposición. De ahí tendrán que ir para atrás en su agenda, con el fin de planificar todas las actividades que sean necesarias para presentar una buena exposición.

Taller

Prepara una exposición (ya sea real o imaginaria) que puedan presentar en una de las materias que están llevando este semestre.

Evaluación formativa

A manera de resumen de este tema, elabora un cuadro comparativo. En la primera línea del cuadro, se indican los tipos de textos que hemos explicado en este apartado. En la primera columna se indican los aspectos bajo los cuales se pueden comparar esos tipos de texto. Debes completar el cuadro, anotando para cada tipo de texto lo que se indica en esa primera columna.

	Ensayos	Reseña	Exposiciones orales
Intención comunicativa			
Función comunicativa			
Características externas			
Características internas			
Orientaciones prácticas			

9.5 REPORTES DE INVESTIGACIÓN

Los reportes de investigación son textos expositivos en el ámbito escolar. Les dedicamos un apartado especial debido a su importancia.

Existen **muchos tipos de investigación** y los resultados de todas ellas se presentan a través de los reportes de investigación. Un reporte de investigación es un escrito mediante el cual una persona o un equipo presentan los resultados obtenidos a través de un proceso de investigación.

La **intención comunicativa** de este tipo de textos es comunicar o trasmitir a otras personas los resultados de la investigación que se haya realizado. En la escuela, otra intención comunicativa de un reporte de investigación es demostrar que se ha trabajado de manera adecuada siguiendo las indicaciones del profesor.

Así pues, la principal **función** que cumplen los reportes de investigación es la **referencial o informativa**. Si la investigación versara sobre un aspecto de la lengua o del lenguaje, entonces estaría cumpliendo también la **función metalingüística**. De estas funciones brotan las características que se explican a continuación.

Características particulares

Las características de un reporte de investigación son diferentes **según el tipo de investigación** que se esté realizando, y según el auditorio al que se pretenda reportar o presentar los resultados de la investigación.

- Por ejemplo, dependiendo del objetivo general de la investigación, ésta puede ser una investigación **básica** o una investigación **aplicada**.

- En función de la metodología general que se utilice, una investigación puede ser **documental** o **bibliográfica**, **experimental**, **cuasiexperimental** o **de campo**.
- Con relación a los instrumentos que se utilizan para desarrollar la investigación, ésta puede ser **cuantitativa** o **cualitativa**.
- A su vez, dentro de la investigación cualitativa existen diversos tipos de metodología, como la **investigación-acción**, la investigación **etnográfica** y la investigación **participante**.
- De acuerdo con el tipo de estudio que lleve a cabo, la investigación puede ser **descriptiva**, **explicativa**, **correlacional** o **exploratoria**.

El caso es que **existen muchos tipos de investigación**, y que el reporte mediante el cual se presentan sus resultados es diferente en cada caso.

Aquí no vamos a ver todos estos tipos de investigación, sino que vamos a centrar nuestra atención en uno solo de ellos: **la investigación documental o bibliográfica**.

En cuanto a sus **características externas**, podemos indicar las siguientes:

- Por lo general, los reportes de una investigación documental se presentan **impresos en computadora**, en hojas blancas, las cuales se entregan engrapadas, engargoladas o encuadernadas.
- La **extensión** de los reportes es variable, dependiendo del tipo de reporte que se esté elaborando, como veremos más adelante.
- Asimismo, la **estructura** es variable, dependiendo del tipo de reporte de que se trate.

En cuanto a sus **características internas**, podemos anotar las siguientes:

- Los reportes de investigación pertenecen al prototipo de **textos expositivos.**
- **Contenido**: en ellos se van anotando tanto el proceso metodológico seguido para desarrollar la investigación, como los resultados a los que se llegó.
- **Lenguaje**: en los reportes de investigación se utiliza un lenguaje formal, de tipo académico.

Orientaciones prácticas

De entrada, conviene establecer claramente la **diferencia que existe entre una investigación documental o bibliográfica y una consulta bibliográfica**.

Una investigación bibliográfica inicia con el planteamiento de una pregunta de tipo teórico o teórico-práctico que se busca responder; para hacerlo, se procede a realizar una búsqueda de carácter bibliográfico, con el fin de detectar información que permita responder la pregunta de investigación. Se revisan las fuentes encontradas y con base en ellas se procede a responder dicha pregunta. Por lo general, los resultados de estas investigaciones se ponen por escrito en el correspondiente reporte de investigación.

Por otra parte, **las consultas bibliográficas** implican también una búsqueda de información en diversas fuentes, pero **no necesariamente responden a una pregunta de investigación**. Aunque toda investigación bibliográfica implica realizar consultas a diversas fuentes, no toda consulta bibliográfica forma parte de un proceso de investigación.

Así pues, **las principales diferencias entre investigación bibliográfica y consulta bibliográfica** son las siguientes:

- Las investigaciones responden a una pregunta que se busca responder, mientras que las consultas están orientadas únicamente a buscar y encontrar material sobre determinado tema.
- Las consultas son procesos rápidos y de corta duración, mientras que las investigaciones implican un proceso de mayor duración.
- Las consultas terminan con el hallazgo del material que se buscaba, mientras que las investigaciones culminan con la presentación por escrito de los resultados alcanzados.

! Ejemplo

En clase de biología, el profesor puede decir a sus alumnos: "La semana próxima veremos el proceso de la fotosíntesis. Para preparar el tema, deben encontrar alguna fuente bibliográfica en la que se hable de este proceso, y traer una copia del material que hayan encontrado".

En este caso, se trata de una consulta bibliográfica, ya que implica únicamente encontrar un tema en algún libro, pero sin que esta búsqueda responda a una pregunta de investigación.

Pero el profesor de biología también puede decir lo siguiente: "A lo largo del semestre, cada equipo irá realizando una investigación bibliográfica sobre un tema de la biología. Les voy a entregar una lista con diez preguntas de investigación, para que cada equipo escoja la que desee investigar. En vez del examen final, cada equipo entregará por escrito el reporte final de su investigación y lo presentará ante el resto del grupo. Esto constituirá 100% de la cuarta calificación parcial".

En este caso, obviamente, se trata de una investigación bibliográfica, y los resultados se presentan en un reporte de investigación.

A través de tu vida escolar, tendrás que llevar a cabo muchos trabajos de investigación documental o bibliográfica.

El reporte en que presentes los resultados de la investigación debe contener varios **apartados**, los cuales dependen de la extensión de la investigación que se te haya encargado. Algunas veces, los profesores pedirán que este reporte sea breve y conciso; pero en otras ocasiones te pedirán un reporte más amplio y detallado.

Así pues, en primer lugar explicaremos la manera de presentar los reportes breves de investigación y luego expondremos los reportes amplios.

Reportes breves de investigación

Un reporte breve de investigación no debe ser mayor de tres o cuatro páginas, escritas a máquina o en computadora, a doble espacio, con los márgenes correspondientes.

Antes de esas tres o cuatro páginas, debes incluir una **portada**, en la que se indique el nombre de la escuela, el nombre de la materia para la que realizas la investigación, el nombre del profesor que la encargó, el título del trabajo o reporte, tu nombre, el año y grupo en el que estás, y la fecha en que lo presentas. Con el fin de que veas cómo se debe elaborar la portada de un trabajo, más adelante te presentamos un ejemplo a seguir.

No es necesario que en la **primera página** vuelvas a repetir todos los datos que pusiste en la portada; aunque no es incorrecto si vuelves a poner el título del trabajo, centrado, con mayúsculas, sin comillas.

A partir de la segunda página, **las páginas deben ir numeradas**. La primera página no lleva número, pero sí se cuenta para la numeración de las páginas siguientes.

Aunque se trate de un reporte breve de investigación, se deben incluir, claramente diferenciadas, cuatro partes principales:

- **Introducción**, en la que se indique el tema del trabajo y la manera como será presentado.
- **Desarrollo** del mismo, en el que se expongan las ideas que se quieren presentar.
- **Conclusiones** o cierre del tema.
- Después de las conclusiones, se indica la **bibliografía** que se utilizó para la elaboración del reporte. Si se trata de varios libros, deben ir ordenados alfabéticamente, por apellido de autor.

Recuerda que debes presentar todos tus trabajos engrapados y en una carpeta o, de preferencia, empastados o engargolados.

Evaluación formativa

Responde las siguientes preguntas:

1. ¿En qué materias te han encargado alguna investigación documental?

____

____

____

____

2. Los reportes que has presentado, ¿poseen las características que hemos explicado aquí?

____

____

____

____

3. ¿Cuáles de los elementos que hemos explicado no has incluido en tus reportes breves de investigación?

____

____

____

____

____

Ejemplo de portada para un reporte de investigación

Escuela Preparatoria 18 De Marzo

Taller de Lectura y Redacción

Profr. Alfonso Rodríguez

Características del Discurso Científico

Trabajo presentado por

Enrique Pérez Martínez

Primero C

Septiembre de 2009

Planeación de reportes amplios de investigación

Ya que no estamos en un curso de Metodología de la investigación, sino en un de lectura y redacción, no nos detendremos a explicar todos los pormenores del método de investigación, sino que orientaremos nuestras explicaciones a la redacción de los reportes amplios de investigación.

Antes que nada, conviene distinguir **dos momentos** o procesos diferentes: el proceso de realización de la investigación, y el proceso de elaboración del reporte correspondiente.

Cuando uno quiere o tiene que hacer una investigación, primero se dedica a llevarla a cabo, y luego a elaborar el reporte mediante el cual presentará los resultados alcanzados a través del proceso de investigación.

Se trata de dos momentos y de dos procesos totalmente diferentes. Sin embargo, el hecho de conocer uno nos ayudará a comprender mejor el otro.

1. Estructura final del reporte de investigación

Por eso, en primer lugar, vamos a explicar el formato que debe tener la **presentación final** de un reporte de investigación documental o bibliográfica; pero siempre recordando que el proceso de realización de la investigación seguirá pasos diferentes. Por ejemplo, la portada es lo primero que uno ve en un reporte de investigación, y sin embargo es lo último que se elabora.

Así pues, ¿cuáles son **los elementos que debe tener el reporte final** de una investigación bibliográfica o documental?

- **Portada**. En ella se debe indicar el nombre de la escuela, el nombre de la materia para la que presentas el reporte, el nombre del profesor, el título de tu trabajo, tu nombre, el grupo al que perteneces y la fecha en la que presentas el reporte. Más arriba presentamos un ejemplo de portada. En este caso debes seguir las mismas recomendaciones.
- **Índice**. Aquí se presenta todo el contenido del trabajo, indicando únicamente los títulos y los subtítulos principales, así como el número de la página en el que inicia cada apartado.

- **Presentación**. Debe ser breve, de una página o cuartilla cuando mucho. Tiene un estilo más personal, y en ella el autor del trabajo señala la ocasión en que lo elaboró, así como el significado que tuvo para él su elaboración.
- **Introducción**. Tiene un estilo más formal. Se podría decir que es ya el inicio del trabajo. En ella se indica el objetivo general de la investigación, así como la metodología que se utilizó para lograrlo, y se presentan o introducen cada uno de los capítulos o apartados que contiene el trabajo.
- **Desarrollo o contenido**. Es el cuerpo del trabajo, la parte sustancial del mismo. Cuando el reporte es muy extenso, esta parte debe ir dividida en capítulos; si el reporte es relativamente corto, esta parte se puede presentar en un solo capítulo, con diversos apartados. A manera de ejemplo, te presentamos una posible forma de presentar el desarrollo de un reporte de investigación en varios capítulos:
  - **Capítulo I.** Definición del tema o problema a investigar, justificación de su importancia, antecedentes relacionados con esta investigación.
  - **Capítulo II.** Revisión de libros y autores que abordan ese tema. Se expondrá el pensamiento de estos autores, utilizando cuando sea conveniente la presentación de citas textuales, e indicando en las referencias bibliográficas la fuente de donde se extrajeron dichas citas.
  - **Capítulo III.** Exposición del tema desde el punto de vista del autor del trabajo, utilizando los puntos de vista de otros autores, pero exponiendo, sobre todo, los puntos de vista personales.
- **Conclusiones**. En una o dos páginas o cuartillas, se presentarán las conclusiones finales a las que se llegó sobre el tema de la investigación.
- **Referencias bibliográficas**. Se presentarán aquí, por orden alfabético de apellido del autor, los libros consultados durante la investigación realizada a los que se hace referencia en el cuerpo del reporte.
- **Bibliografía complementaria**. Se presentarán aquí, por orden alfabético de apellido del autor, los libros que fueron consultados durante la investigación pero a los cuales no se hace referencia en el cuerpo del reporte.
- **Anexos**. Aquí se presentarán aquellos elementos que pueden ser importantes para comprender más a fondo los resultados de la investigación, pero que se sacaron del cuerpo del documento para no hacer pesada la lectura del mismo. Puede tratarse de cuadros, tablas estadísticas, diagramas, o del desarrollo mismo de un tema interesante, pero secundario para el trabajo mismo.

2. La pregunta de investigación

El primer paso para realizar una investigación documental o bibliográfica, consiste en **definir claramente la pregunta que se piensa responder** mediante el proceso de investigación. Recordemos que, si no se tiene una pregunta de investigación, no se trataría de una investigación bibliográfica, sino simplemente de una búsqueda de material bibliográfico sobre determinado tema.

En el reporte final, esta pregunta deberá ser planteada y explicada desde la introducción.

3. Búsqueda de material bibliográfico

El siguiente paso en la realización de una investigación bibliográfica consiste en la **búsqueda de material bibliográfico pertinente**, a través del cual podamos responder la pregunta que nos hayamos planteado previamente. Esta búsqueda se puede hacer en la biblioteca de la escuela, en las bibliotecas de otras instituciones educativas, en las bibliotecas personales o a través de internet.

Del material que vayamos encontrando, habrá que hacer una prelectura, conforme lo explicamos en un bloque anterior.

4. Fichas de apoyo

Una vez seleccionado el material adecuado para responder nuestra pregunta de investigación, habrá que **leerlo y elaborar las fichas de apoyo** necesarias: bibliográficas, hemerográficas, de registro de página electrónica y de trabajo. Más adelante explicaremos la manera de hacer estas fichas.

Estas fichas son indispensables para elaborar las referencias bibliográficas y para la redacción del reporte final.

5. Esquema general

Antes de empezar a redactar cada parte del reporte final, hay que elaborar el esquema general que tendrá el mismo.

! Ejemplo

Si te encargan hacer una investigación bibliográfica, puedes planear la elaboración del reporte haciendo un índice tentativo de las partes que contendrá, que pueden ser las siguientes:

+ Portada.
+ Índice.
+ Introducción.
+ Capítulo I (Indicar el título del capítulo).
+ Capítulo II (Indicar el título del capítulo)
+ Conclusiones.
+ Referencias bibliográficas.
+ Anexos.

6. Redacción paso a paso

Una vez que tengas el esquema general, procedes a **desglosarlo** o detallarlo lo más que puedas, en especial aquellas partes que impliquen un desarrollo mayor. En el ejemplo que pusimos, las partes que tendrán mayor extensión son los dos capítulos que contienen el cuerpo de tu reporte de investigación. Éstas son las partes que habrá que detallar, indicando los apartados que contendrá cada capítulo.

! Ejemplo

Detallar el contenido (apartados) de los dos capítulos principales del reporte de investigación.

+ Portada.
+ Índice.
+ Introducción.
+ Capítulo 1. (Indicar el título del capítulo).
  1.1 (Indicar el título del apartado).
  1.2 (Indicar el título del apartado).
  1.3 (Indicar el título del apartado).
+ Capítulo 2. (Indicar el título del capítulo).
  2.1 (Indicar el título del apartado).
  2.2 (Indicar el título del apartado).
  2.3 (Indicar el título del apartado).
+ Conclusiones.
+ Referencias bibliográficas.
+ Anexos.

Una vez que tengas el esquema más desglosado o detallado, procedes a escribir la idea central o principal que contendrá cada una de las partes que has planeado incluir en el trabajo.

Ejemplo

Escribir la idea principal que deberá contener cada parte del trabajo.

+ Portada.
+ Índice.
+ Introducción.

  (Explicar el objetivo y la estructura del trabajo, así como la pregunta de investigación que se va a responder).
+ Capítulo 1. (Indicar el título del capítulo).

  1.1 (Indicar el título del apartado).

  (Escribir la idea principal del apartado).

  1.2 (Indicar el título del apartado).

  (Escribir la idea principal del apartado).

  1.3 (Indicar el título del apartado).

  (Escribir la idea principal del apartado).
+ Capítulo 2. (Indicar el título del capítulo).

  2.1 (Indicar el título del apartado).

  (Escribir la idea principal del apartado).

  2.2 (Indicar el título del apartado).

  (Escribir la idea principal del apartado).

  2.3 (Indicar el título del apartado).

  (Escribir la idea principal del apartado).
+ Conclusiones.
+ Referencias bibliográficas.
+ Anexos.

Una vez que hayas planeado de esta manera el trabajo que vas a elaborar, puedes empezar a redactar cada una de las partes que lo integran.

Hay que recordar el **orden en que se debe redactar** cada una de las partes que se incluirán en el reporte final:

- **Primero se elabora el cuerpo del reporte**, el que contiene el desarrollo de la investigación. Al mismo tiempo que el cuerpo del reporte, se va elaborando el listado de **referencias bibliográficas**.
- En caso de haber **anexos**, se van preparando de manera simultánea con el cuerpo del trabajo.
- Una vez concluido el desarrollo o cuerpo del trabajo, se elaboran las **conclusiones** del estudio.
- Posteriormente se redactan la **introducción** y la **presentación** del trabajo.
- Por último, se elaboran el **índice** y la **portada** del reporte.

Taller

Elabora un programa de trabajo o cronograma, para elaborar un reporte de investigación de alguna de las materias que estás cursando este semestre.

Un cronograma se empieza a elaborar por el final, es decir, a partir de la fecha en que tienes que entregar tu trabajo. A partir de esa fecha, empiezas a contar para atrás, hasta el momento actual, el número de semanas y días con que cuentas para la elaboración de tu reporte.

Una vez definido el tiempo disponible para esto, debes establecer un programa de trabajo en el que indiques en qué fecha vas a realizar cada actividad y tener terminada cada parte de tu reporte.

EF

Se presentarán y compararán los programas de trabajo o cronogramas elaborados por varios de los compañeros. Se analizará si están completos o les falta incluir alguna actividad.

Uso de instrumentos de investigación

Como parte del proceso de investigación, tendrás que elaborar fichas de apoyo. Una ficha es una pieza de papel o de cartulina, generalmente rectangular y de pequeño tamaño, en la que se anotan datos generales. Dependiendo del tipo de datos que se escriba en ellas, estas fichas reciben nombres diferentes:

- Si se trata de datos de un libro, se llama **ficha bibliográfica**.
- Si son los datos de un diario o revista, se llama **ficha hemerográfica**.
- Si se trata de una fuente consultada en internet, se trata del **registro de página electrónica**.
- Si se trata de otros datos de apoyo para el trabajo de investigación que se está realizando, se llama **ficha de trabajo**.

Es útil elaborar estas fichas, ya que se pueden **archivar** todas juntas en una caja del tamaño adecuado, y acomodarlas ya sea por abecedario (por apellido de los autores) o por temas, conforme se vayan a utilizar en el reporte de investigación. En las papelerías se pueden conseguir tanto las fichas como los archiveros para guardarlas.

Cuando llevas a cabo alguna investigación documental, es necesario que elabores una ficha (bibliográfica, hemerográfica o de registro de página electrónica) de todo aquel material que encuentres relacionado con el tema de la investigación. Si en tu reporte haces referencia a alguno de estos materiales, lo incluirás en el listado final de REFERENCIAS BIBLIOGRÁFICAS. Si consultas un material, pero no haces referencia a él en el cuerpo de tu reporte, lo podrás incluir en el listado final de BIBLIOGRAFÍA COMPLEMENTARIA.

Algunas personas no se preocupan por elaborar las fichas correspondientes cuando tienen en sus manos el material. Luego les sucede que, cuando están escribiendo su reporte final, se encuentran con que no tienen los datos necesarios para indicar la referencia de ese material. Entonces tienen que regresar a la biblioteca o volver a conseguir los libros que les habían prestado, para anotar todos los datos que hacen falta. Si en el momento de consultar un libro o una revista no tienes a la mano las fichas del tamaño indicado, anota todos los datos en tu cuaderno de trabajo y luego los pasas a una ficha.

Para cualquier investigación documental que te encarguen, **debes consultar un gran número** de libros, revistas, periódicos y otras fuentes de consulta, así como en internet. Para llevar a cabo una investigación documental seria, no bastará con que consultes una sola fuente. Será necesario que consultes de cinco a diez libros o fuentes diferentes, con el fin de que puedas contrastar las opiniones de diversos autores que traten ese tema.

Si tienes claramente definido tanto el tema de la investigación como las preguntas que buscas responder, si has redactado los objetivos a alcanzar con la investigación, te será relativamente sencillo buscar y encontrar libros en los que te puedas apoyar para responder esas preguntas de investigación. Para esto, tienes que recurrir a la biblioteca de tu escuela, a la biblioteca de otras escuelas o universidades, o a los libros de tu propia biblioteca, o a navegar en internet para encontrar las fuentes necesarias.

Una vez que localices estas fuentes, tendrás que elaborar una ficha para cada una de ellas.

Fichas bibliográficas

Si la fuente consultada es un libro, se deberá elaborar una ficha bibliográfica. Las fichas bibliográficas se elaboran en cartulina de tres por cinco pulgadas (siete y medio por doce y medio centímetros). Éstas son las fichas que se encuentran en los ficheros de las bibliotecas.

Los datos que debe tener una ficha bibliográfica son los siguientes:

- Título del libro (subrayado).
- Apellido y nombre(s) del autor.
- Editorial que lo publica.
- País en el que se publica.
- Año de la edición.
- En caso de tratarse de una segunda o tercera edición, o de una reimpresión de la obra, debes anotarlo en la ficha.
- Es conveniente incluir el número de páginas de que consta el libro.
- Si se trata de una enciclopedia de varios tomos, debes indicar de cuántos tomos o volúmenes consta, y el número del volumen que estás consultando.

A continuación te ponemos un ejemplo de una ficha bibliográfica.

Crítica de las razones de educar.

Cullen, Carlos A.

Editorial Paidós, Serie Cuestiones de Educación.

Argentina, 1997.

260 páginas.

Hay que recordar que la principal utilidad de elaborar estas fichas es tener todos los datos necesarios para anotar las referencias bibliográficas en nuestros trabajos de investigación. Por eso, es importante que en estas fichas anotemos todos los datos que son necesarios.

Algunas **dificultades** al momento de elaborar una ficha bibliográfica pueden ser las siguientes:

- Que el libro no haya sido escrito por un solo autor, sino por varios autores. En este caso, en la ficha hay que anotar los nombres y apellidos completos de todos los autores que intervinieron en la elaboración del libro.
- Cuando son varios los autores, es probable que alguno de ellos esté señalado como coordinador, como compilador o como editor. Si es así, hay que señalarlo en la ficha.
- Puede ser que el libro lo haya publicado una institución y no un autor en particular. En este caso, en la ficha se pone el nombre de la institución, donde debe ir el nombre del autor.
- Muchas instituciones publican sus propios libros y no los mandan publicar a una empresa editorial. En este caso, en el lugar donde se debe poner el nombre de la editorial, se anota "autor", para indicar que es el propio autor el que editó o publicó esa obra.

Fichas hemerográficas

En griego, la palabra *hémero* (del griego ημερο) significa "día". En una hemeroteca se guardan las publicaciones diarias (los diarios) o periódicas (las revistas y anuarios).

Los datos que debe tener una ficha hemerográfica son los siguientes:

- Apellido y nombre(s) del autor del artículo.
- Título del artículo (entrecomillado).
- Nombre del periódico o revista (subrayado y con mayúsculas iniciales).
- Lugar donde se publica.
- Editorial (si se conoce este dato).
- Volumen y número de la publicación.
- Fecha de publicación (incluyendo año, mes y día, si se tienen los datos).
- La(s) página(s) en la(s) que se encuentra el artículo consultado.

A continuación te ponemos un ejemplo de una ficha bibliográfica.

Abraham Nazif, M.

"La especialización en práctica docente: una experiencia formadora de profesores en la Universidad Pedagógica Nacional".

Perspectivas Docentes.

México.

Editada por la Universidad Juárez Autónoma de Tabasco.

Volumen VI, número 19.

1989.

Páginas 9 a 18.

Fichas de registro de página electrónica

En la actualidad, a través de la red internacional de comunicación (internet) podemos encontrar una gran cantidad de información sobre casi cualquier tema. De ahí que sea necesario, para enriquecer y fundamentar más nuestras investigaciones, hacer una búsqueda en internet, con la ayuda de algún buscador.

Una vez que encuentres algún material adecuado al tema que estamos investigando, hay que hacer una ficha de registro de la página electrónica correspondiente.

Los datos que debe tener una ficha de registro de página electrónica son los siguientes:

- Título del libro, del artículo o del documento consultado (subrayado).
- Apellido y nombre(s) del autor.
- Indicar que es una consulta de internet.
- La dirección electrónica completa en la que se encuentra ese documento.
- Año (y mes) en el que se hizo la consulta.

A continuación te presentamos un ejemplo de ficha de registro de página electrónica.

```
El constructivismo en psicología.

Massó Cantarero, F. (Coordinador).
Ubicación: internet.

Dirección electrónica:
www.cop.es/colegiados/M-00407/CONSTRUCTIVISMO.HTM
Consultado en Enero del 2009.
```

Algunas direcciones electrónicas son muy extensas y contienen caracteres raros o palabras abreviadas. Es necesario transcribirlas correctamente, y fijarse si algunas letras van con mayúsculas. Si la dirección electrónica no se escribe de manera correcta, el navegador de internet no la podrá encontrar. Lo más fácil es copiarlas de la barra del navegador y pegarlas en tu trabajo, con el procesador de palabras.

Fichas de trabajo

Cuando encuentres un **material de apoyo** o una fuente bibliográfica para tu trabajo de investigación, lo tienes que **leer**, si no en su totalidad, por lo menos aquellos capítulos o apartados en los que se trate el tema que estás investigando, y en los que se responda a las preguntas de investigación que te hayas planteado.

Recuerda que los libros nunca se deben rayar ni subrayar, sobre todo si no son tuyos. Por eso, es necesario que elabores fichas de trabajo, en las cuales reproduzcas las citas o las ideas que hayas sacado de esos libros.

Las fichas de trabajo se elaboran en tarjetas de cartulina tamaño media carta (de cinco y media por ocho y media pulgadas; o de 14 por 21 y medio centímetros). Son más grandes que las tarjetas bibliográficas, con el fin de que en ellas puedas escribir ideas o citas completas extraídas de algún libro.

Estas fichas pueden ser **de cuatro tipos**: de cita textual, de paráfrasis, de resumen de ideas y de comentario.

- En las fichas de **cita textual** debes reproducir **exactamente** lo que está escrito en el libro o material encontrado, y que pienses que te servirá para enriquecer tu reporte de investigación. No se te olvide indicar, al final de la cita, el número de la página de la que extrajiste esa cita.
- En cambio, en las fichas de **paráfrasis** puedes anotar las ideas del autor, pero **no textualmente**, sino utilizando tus propias palabras. Recuerda que **parafrasear** significa volver a formular la misma idea, pero con palabras diferentes.
- En las fichas de **resumen** puedes escribir una síntesis de los temas y de las ideas tratadas por el autor.
- Por último, en las fichas de **comentario** ya no se anotan las ideas del autor que estás leyendo, sino lo que tú piensas sobre lo que dice ese autor.

También puedes elaborar fichas **mixtas**, en las que primero anotes la cita textual del material que estás consultando o el resumen del mismo, y luego tus comentarios personales o las ideas que te surjan al leer ese texto.

Las fichas de trabajo se elaboran de la siguiente manera:

- En la **parte superior izquierda** de la ficha, debes indicar el nombre del autor y el título del libro del que estás tomando esa cita o esas ideas. No es necesario que pongas todos los datos de la editorial, el país y el año de publicación, ya que estos datos los tienes en tus fichas bibliográficas.

EF

Se presentarán y compararán las fichas elaboradas por varios de los compañeros. Se analizará si están completas o si les falta incluir algunos de los elementos que se han indicado más arriba.

- En la **parte superior derecha** de la ficha, puedes anotar el tema sobre el que trata esa cita o esa parte del texto que estás resumiendo.
- Luego, en la parte principal de la ficha, anotas ya sea la cita textual o el resumen del texto o tus comentarios personales sobre el mismo. Si estás anotando una cita textual, la debes poner entre comillas.
- Al final de la cita textual, debes indicar el **número de la página** en la que encontraste ese texto que estás reproduciendo.

Con el fin de darte una idea acerca de la manera de elaborar estas fichas, a continuación te presentamos un ejemplo de una ficha de cita textual.

Carlos A. Cullen — Tema: Calidad en la educación

Crítica de las razones de educar

"En las discusiones corrientes sobre el tema de la calidad de la educación suelen explicitarse dos contextos, ambos de origen empresarial. Un contexto busca determinar criterios que permitan medir la calidad de los productos resultantes de las acciones educativas, a los cuales se les suma hoy la preocupación por determinar criterios también del proceso (lo que se suele llamar "calidad total", concepto acuñado por algunos teóricos japoneses y americanos, de la administración empresarial).

El segundo contexto viene determinado por el juego entre necesidades y demandas, donde se supone que una educación de calidad es la que satisface las necesidades básicas de aprendizaje, determinadas social e históricamente". (Páginas 169 y 170).

Taller

Elabora tres fichas de cada uno de los tipos que hemos explicado en este apartado: ficha bibliográfica, ficha hemerográfica, ficha de registro de página electrónica, ficha de trabajo con cita textual, ficha de trabajo con paráfrasis, ficha de trabajo con resumen y ficha de trabajo con comentario.

Exposición escrita y oral

Hay dos maneras de presentar los reportes de investigación, que no son excluyentes entre sí: por escrito o de manera oral. Como ya hemos explicado las características que debe tener cada una de estas opciones, a continuación se presentan algunas orientaciones prácticas para las exposiciones orales.

Cuando el profesor expone un tema en clase, se espera que los alumnos guarden silencio, pongan atención a la exposición y vayan tomando los apuntes necesarios.

De la misma manera, cuando sean los propios compañeros los que expongan un tema en clase, se espera que los demás alumnos:

- **Guarden silencio**, no estén platicando ni hagan ruidos que impidan escuchar la exposición.
- **Pongan atención** a la exposición, con el fin de irla entendiendo.
- **Vayan anotando en su cuaderno** de apuntes las ideas principales de esa exposición.

Además, en todo momento debe existir una **actitud de respeto** entre todos los compañeros.

Es normal que al momento de hacer la exposición se cometan algunos errores, pero lo importante es aprender de ellos. **Para eso estamos en la escuela: para aprender**. Por eso, cuando alguien cometa algún error hay que notarlo, pero **sin burlarse**. **"No hagas a otros lo que no quieras que te hagan a ti"**.

Una de las formas de aprender a exponer es **fijándose en los errores que otros cometen al hacerlo**, para no incurrir en ellos. Por eso, es conveniente que, mientras otro compañero esté exponiendo, tú puedas detectar sus errores para hacérselos ver (siempre de una manera respetuosa) y que de esta manera todos aprendamos a exponer correctamente. **Si todos nos ayudamos** a detectar y corregir nuestros errores, lograremos un aprendizaje más profundo y duradero.

Algunas orientaciones más particulares para el momento de estar presentando la exposición son las que se refieren a la manera de hablar: la entonación, la fluidez y la dicción.

- La **entonación** es la modulación de la voz en la secuencia de sonidos del habla que puede reflejar diferencias de sentido, de intención, de emoción y de origen del hablante, y que, en algunas lenguas, puede ser significativa. Al exponer en clase, procura modular el tono de tu voz de tal manera que sea perfectamente audible para todos y que tus palabras expresen realmente el mensaje que quieres comunicar.
- La **fluidez** se refiere a la continuidad con la que vas hablando y expresando tus ideas. Lo contrario de la fluidez es hablar o leer con pronunciación entrecortada y repitiendo las sílabas. Cuando expongas en clase, procura no tartamudear, sino hablar con seguridad. Para lograrlo, ayuda haber ensayado la exposición ante los compañeros del equipo.
- La **dicción** se refiere a la manera de pronunciar las palabras. Procura pronunciar completas todas las palabras, es decir, no "te comas" algunas letras (no digas "vamo a ver", sino "vamos a ver"), ni pronuncies las palabras de manera diferente (no digas "se peliaron", sino "se pelearon").
- Cuando expongas en clase, procura hacerlo con un **volumen adecuado**, de manera que te escuchen todos los que están presentes. Recuerda que en un salón de clases suele haber más de 30 compañeros, y que no siempre estarán completamente en silencio. Algunas personas, cuando exponen, parece como si estuvieran hablando para ellos mismos; únicamente las escuchan las personas que están sentadas a su lado.

Con el fin de poder detectar los errores que se cometen en las exposiciones y, de esta manera, aprender a exponer correctamente, a continuación se presenta una guía sobre las características de una buena exposición. Se puede utilizar esta guía para evaluar a los compañeros que expongan y para fijarse en los aspectos importantes al momento de exponer. A esta guía se le pueden añadir otras características que se consideren importantes.

CARACTERÍSTICAS DE LA EXPOSICIÓN ORAL	1	2	3	4	5
Se presentó una introducción al tema					
Se explicaron los objetivos de la exposición					
Se utilizaron materiales didácticos adecuados					
El tema se presentó de manera lógica y coherente					
Hubo una síntesis final con conclusiones					
Hubo oportunidad de aclarar dudas					
La entonación o modulación de la voz fue adecuada					
Hubo fluidez y continuidad en la presentación					
Se habló con buena dicción					
El volumen de voz fue el adecuado					
Hubo respeto por parte del expositor hacia los compañeros					
Hubo respeto por parte del grupo hacia el expositor					
Se consiguió el objetivo planteado para la exposición					
Otra:					
Otra:					

Comprueba *tus saberes*

Ha llegado la hora de que demuestres realmente cuánto has aprendido; hemos terminado este bloque y ahora ya conoces muchas cosas nuevas. En esta sección encontrarás una evaluación que abarca todo el conocimiento adquirido en este bloque, contéstalo lo mejor que puedas.

El propósito de toda evaluación es detectar si se han cumplido o no, y en qué medida, los objetivos que se plantearon en el inicio.

En nuestro caso, el propósito de la evaluación es detectar si se han logrado o no, y en qué medida, las competencias que se plantearon como objetivo de cada bloque.

Con el fin de lograr este propósito, la evaluación consta de cuatro momentos:

- Evaluación de los conocimientos alcanzados en el bloque.
- Autoevaluación de cada estudiante, por medio del llenado de una rúbrica de carácter formativo.
- Coevaluación o evaluación coparticipativa, por medio del trabajo en equipos.
- Evaluación por parte del docente, respecto al logro alcanzado por cada estudiante.

La evaluación obtenida de esta manera se traducirá en una calificación, de acuerdo con los criterios y porcentajes que determine el profesor.

1 Describe brevemente tres textos expositivos de carácter histórico y sus principales características.

1. ______________________________

2. ______________________________

3. ______________________________

2 Describe de manera breve tres textos expositivos de carácter periodístico y sus principales características.

1. ______________________________

2. ______________________________

3. ______________________________

Describe tres textos expositivos de carácter escolar, y describe brevemente sus principales características.

3

1. ____

2. ____

3. ____

COEVALUACIÓN

En equipos de trabajo se llevarán a cabo las siguientes actividades:

- Exponer y analizar las rúbricas individuales que respondieron en la actividad anterior.
- Detectar los aprendizajes logrados, así como los aprendizajes que no se lograron de la manera esperada.
- Detectar las causas o factores que influyeron, tanto de manera favorable como desfavorablemente al logro de los aprendizajes.
- Definir algunas estrategias que pudieran contribuir al mejor logro de los aprendizajes, para plantearlas ante el grupo.

Se llevará a cabo una sesión plenaria, en la que un representante de cada equipo exponga las conclusiones a las que llegaron en el momento anterior.

EVALUACIÓN POR PARTE DEL DOCENTE

El profesor evaluará el logro alcanzado por cada estudiante, de acuerdo con los criterios que establezca para ello. Se recomienda tomar en cuenta por lo menos los siguientes elementos:

- La participación activa en las actividades grupales y de equipo.
- El portafolios de evidencias que presente el estudiante, en el que se incluyan los siguientes productos:
  - Productos en equipo:
    - Ejemplos de los tipos de textos expositivos que prepararon para la exposición.
    - Tema y estructura de una posible monografía de carácter histórico.
    - Elementos básicos de una posible biografía.
    - Esquema de un reportaje de interés para la comunidad.
    - Entrevista a alguna persona de interés actual.
    - Periódico mural.
  - Productos individuales:
    - Redacción de varias notas informativas.
    - Redacción de una crónica.
    - Redacción de un ensayo.
    - Redacción de una reseña bibliográfica y de una reseña descriptiva.
    - Esquema de una exposición oral.
    - Fichas de trabajo elaboradas.

Léxico y semántica (3)

BLOQUE 10

Saberes

Conocimientos

10.1 Comprende los términos léxico y semántico en el manejo:
- Sinónimos.
- Antónimos.
- Homónimos.

10.2 Identifica en diferentes tipos de textos la utilidad de los parónimos.

Unidades de competencia

El estudiante podrá utilizar diferentes palabras de acuerdo con su agrupación semántica: sinónimos, antónimos, homógrafos, homónimos, parónimos y palabras polisémicas al ponerlas en práctica en la redacción de textos y al comunicar de manera oral sus ideas, opiniones y argumentos con claridad, y coherencia significativas.

¿Qué sabes hacer ahora?

En equipos de 4 o 5 personas, respondan las siguientes preguntas:

1. ¿Qué cosa es un sinónimo?
____
____

2. ¿Qué cosa es un antónimo?
____
____

3. ¿Qué cosa es un homónimo?
____
____

4. ¿Qué cosa es un parónimo?
____

5. ¿Qué utilidad tiene saber la diferencia entre esas palabras?
____

En plenario, y bajo la coordinación del profesor, se realizarán las siguientes actividades:

1. Cada equipo expondrá las conclusiones a las cinco preguntas planteadas inicialmente.
2. Se analizará lo acertado de las respuestas dadas por los equipos.
3. El profesor complementará las ideas expuestas sobre los sinónimos, antó-nimos, homónimos y parónimos.

Habilidades

- Distingue el significado de palabras que tienen un mismo sentido con otras, en un mensaje relacionado con su vida cotidiana.
- Demuestra las diferencias que existen entre los diversos tipos de palabras en un texto.
- Prepara textos educativos con diversos tipos de palabras, sustituyendo y enriqueciéndolos en la redacción de cada uno.
- Desarrolla un vocabulario más completo en la redacción de un texto relacionado con su entorno.
- Distingue el significado que tienen las palabras parónimas y polisemias en la lectura de un texto.

Actitudes y valores

- Promueve de manera responsable el manejo y uso adecuado de las palabras que tienen entre sí un significado parecido en cualquier situación que se le presente.
- Utiliza la creatividad en la redacción de diversos textos, empleando palabras nuevas.

Situación didáctica

¿Cómo lo resolverías?

En la clase se planteó la siguiente pregunta: ¿Cuál es la diferencia entre las palabras homónimas y las palabras homógrafas?

Como no se llegaba a ningún acuerdo, el profesor decidió encargar una investigación sobre el tema, en la que se estableciera claramente la diferencia entre estos dos tipos de palabras. De paso, se deberían incluir otros tipos de palabras, como sinónimos, antónimos, homófonos y parónimos. La investigación deberá incluir varios ejemplos de todos los tipos de palabras analizados.

Secuencia didáctica

¿Qué tienes que hacer?

1. Se analizarán el contenido del tema: léxico y semántica, sinónimos, antónimos, homónimos y parónimos.
2. Se organizarán cuatro o cinco equipos de trabajo. Cada equipo preparará su respuesta fundamentada a la pregunta que se planteó en la situación didáctica.
3. Se presentarán en clase las respuestas de los equipos.
4. Se hará un debate sobre la utilidad de distinguir la diferencia entre estos tipos de palabras.
5. Al término del bloque se llevará a cabo la evaluación del mismo.

Rúbrica

¿Cómo sabes que lo hiciste bien?

El estudiante se autoanalizará y responderá esta rúbrica, en relación con las competencias alcanzadas a lo largo de esta unidad.

COMPETENCIA REQUERIDA	VALORACIÓN		
	Logro individual	Logro con ayuda	No lo he logrado
1. Contrasto los distintos tipos de textos demostrando su riqueza de léxico y precisión semántica.			
2. Expongo el contenido específico de un texto, explicando con precisión semántica el grupo de palabras al que pertenecen.			

INTRODUCCIÓN

Cuando leemos un libro, es normal que nos encontremos con palabras cuyo significado desconocemos. La **semántica** es la ciencia que se ocupa del significado de las palabras. Al consultar el significado de estas palabras en un diccionario, enriquecemos nuestro vocabulario, es decir, incrementamos nuestro **léxico**.

El léxico es el vocabulario o conjunto de palabras de un idioma en general, o de las que pertenecen al uso de una región, una actividad determinada, un campo semántico dado, etc. Cuando se refiere a una persona en particular, la palabra **léxico** hace alusión a la **cantidad y riqueza de palabras**, voces, modismos y giros que utiliza.

El español es una lengua muy rica en vocabulario. De hecho, en la vida diaria no utilizamos ni siquiera 35% de las palabras que existen en un diccionario de español.

La mejor manera de incrementar nuestro vocabulario es leer mucho, y consultar en un **diccionario** todas las palabras nuevas con que nos encontremos. De esta manera, enriquecemos nuestro léxico.

Los diccionarios cumplen una función semántica, ya que nos proporcionan el significado de las palabras. La semántica consiste, precisamente, en el estudio del significado de las palabras, de los signos lingüísticos y de sus combinaciones.

Una vez que entendemos el significado de una palabra, la podemos utilizar en nuestras conversaciones y en nuestros escritos.

En este bloque vamos a tratar de enriquecer nuestro vocabulario, nuestro léxico, mediante el estudio del significado de los siguientes tipos de palabras: los sinónimos, los antónimos, los homónimos (tanto los homógrafos como los homófonos) y los parónimos.

En el siguiente cuadro se puede ver el significado de estos tipos de palabras:

TIPOS DE PALABRAS	CARACTERÍSTICAS
SINÓNIMOS	Tienen el mismo significado (o parecido), pero se escriben de manera diferente. **Ejemplos: burro – jumento - pollino.**
ANTÓNIMOS	Tienen significados opuestos, y se escriben de manera diferente. **Ejemplos: dulce – salado.**
HOMÓNIMOS Los homónimos pueden ser	Son iguales en la forma (de escribirlos y/o de pronunciarlos), pero tienen significados diferentes.
a) HOMÓGRAFOS	Se escriben y pronuncian de la misma manera, pero tienen significados diferentes. **Ejemplos: vela** (de un barco) **– vela** (de cera, para iluminar.)
b) HOMÓFONOS	Se pronuncian de la misma manera, pero se escriben de manera diferente y tienen significados diferentes. **Ejemplos: cegar – segar.**
PARÓNIMOS	Se escriben de manera muy parecida (pero no igual), se pronuncian de manera muy parecida (pero no igual) y tienen significados diferentes. **Ejemplos: efecto – afecto.**

10.1 TÉRMINOS LÉXICO Y SEMÁNTICO EN EL MANEJO DE LOS SINÓNIMOS, ANTÓNIMOS Y HOMÓNIMOS

Sinónimos

En español, es posible utilizar palabras diferentes para referirnos a un mismo objeto. Por ejemplo, al **cerdo** también se le puede llamar **cochino, marrano, puerco, chancho**. A un **burro** también se le puede denominar

Para tu Reflexión

Lee en voz alta el siguiente texto. Una vez leído, rehazlo frase por frase, pero sustituyendo el mayor número de palabras posible por uno o varios sinónimos.

Mi casa se había ido llenando de temores, cuidadosamente, igual que se llena una jaula de pájaros lastimados. Al anochecer, después de mis tareas, yo solía volver a ella antes que tú. Entonces, fatigado, indeciso, yo comenzaba a recorrer las habitaciones, los corredores, buscando sobre cada mueble, detrás de las estatuillas, una esquela definitiva. Respiraba, alentado de nuevo al no encontrarla, pero en cada rincón quedaba como un fluctuante aliento de miedo. Rey, el militar, hablaba por teléfono; se extrañaba de oír mi voz y no la tuya; vacilaba; yo le respondía obsequioso, gentil. Una obsequiosidad angustiosa, una gentileza angustiosa. Pero tú llegabas después y yo te hacía preguntas terminantes, y te hablaba de los mil peligros de las calles anochecidas, de tus amigas. Fingía no sé qué violencias, no sé qué impetuosidades. Impávida, tú sacabas lentamente los guantes, desatabas el paquete de libros nuevos, me mostrabas una carátula de Laboureur, un grabado de Irene Lagut. Yo me aproximaba, cauteloso, y te acariciaba el brazo, la mano. Tú musitabas la lectura del primer capítulo del primer libro. El movimiento de tus párpados, ágil, era igual que una válvula de tu belleza, de tu lucimiento. Detrás de aquellos párpados, tus bellezas minuciosas eran una jauría; se revolucionaban al abrirlos, se lanzaban. Dos ojos hermosos y violentos, como perros de presa. Al cerrarlos, todas tus facciones entraban en silencio, en atardecer. Y ante aquel espectáculo de sol y sombra, que me sobrecogía como se sobrecogen los niños en Navidad escuchando historias de estrellas, yo sentía gravitar en mí, indefenso, todas las pequeñeces del mundo, las debilidades, los temores, la humillación.

Comenten en equipos cuantas palabras identificaron como sinónimos y por que otra palabra la cambiaron; retroalimentar e integrar un solo trabajo para exponerlo posteriormente al grupo.

asno, borrico, pollino o **jumento**. A las **diferentes palabras que sirven para referirnos a un mismo objeto** o a objetos semejantes, se les denomina **sinónimos**. La palabra **sinónimo** proviene del griego συνωνυμος (**sinonimós**) que quiere decir "de igual significado".

Al estar hablando sobre un tema, es común que nos refiramos de manera continua a las mismas cosas o personas, lo cual puede provocar que repitamos continuamente las mismas palabras.

Una de las características de un buen escritor es que posee un **vocabulario muy amplio**, lo que le permite referirse a las mismas cosas de diferente manera. Así, se evita utilizar las mismas palabras de una manera repetitiva. Por el contrario, encontrar una misma palabra repetida cuatro, cinco o seis veces en el mismo párrafo, es señal de pobreza de vocabulario.

Existen **diccionarios especializados de sinónimos**, que son muy útiles cuando estás redactando un trabajo. En ellos, se indican los sinónimos que tiene una palabra, en vez de dar el significado de la misma.

Antónimos

Se les llama **antónimos** a los vocablos que son diametralmente opuestos entre sí. Por ejemplo: *rico* y *pobre, alto* y *bajo, gordo* y *flaco, vicio* y *virtud, aumentar* y *disminuir.*

La palabra *antónimo* también proviene del griego, del verbo αντονομαξω (*antonomátzo*), que significa "**llamar algo con un nombre distinto**". Un antónimo es el opuesto de algo.

Evaluación formativa

Lee en voz alta el siguiente párrafo. Una vez leído, reconstrúyelo frase por frase, pero sustituyendo el mayor número posible de palabras por sus respectivos antónimos. Se trata de conservar la estructura del párrafo, pero dándole un sentido completamente opuesto al original.

He aquí cómo los sistemas políticos contemporáneos han sabido manejar los dos resortes más poderosos que empujan al hombre: para los adeptos, la esperanza; para los disidentes o rebeldes, la desesperación. Y la desesperación conduce fatalmente, a la larga, a la entrega. El hombre que no espera nada se convierte en un autómata. Se entregará a todo y a cualquier cosa. Confesará lo que se quiera. No hay que buscar tóxicos misteriosos u operaciones maravillosas. O torturas. O encierros. O amenazas. Nada de ellos explica las confesiones forzadas tras los diversos telones. Recuerdo que hace ya algunos años el comunismo oficial repudió la leucotomía, como había repudiado el psicoanálisis. La operación más eficaz es la que se realiza en un plan puramente psicológico. Para mí consiste en destruir la personalidad operando sobre aquello que tiene más fuerza para seguirla empujando. Me refiero a la esperanza.

Juan José López Ibor, *Vivir no consiste sólo en pensar.*

Realiza una comparación entre las palabras que estaban y las que cambiaron,estableciendo de forma clara y coherente su uso correcto en el texto.

Aplicación de tus Saberes

La convalecencia es una nueva vida. Uno nace de la edad que tiene al salir de su enfermedad y se siente vivir, bebiendo y aspirando, absorbiendo la fuerza que retoña, la vida tiene sabor, perfume, música y color; la vida es sólida, puede uno tocarla y alimentarse con ella.

La luz es más luz; el aire, más puro, más fresco, más joven; la Naturaleza es pródiga, risueña, alegre, coqueta, sabrosa, encantadora.

Los órganos asimilan los alimentos con incomparable rapidez y se apoderan de su jugo con la alegría del hambre para llenar las necesidades de la vida.

¡Convalecer es la suprema delicia!

La debilidad nos vuelve a la infancia, y nuestros sentidos hallan en cada cosa la novedad y el atractivo que los niños le encuentran.

Ninguna mala pasión, ninguna de esas ideas que son el sustento de la sociedad, germina en la cabeza de un convaleciente. ¡Él no quiere sino vivir, comer y descansar!

Se levanta tan pronto como puede para tomar el día por la punta; vive con gusto su vida durante unas cuantas horas, y se acuesta después para dormir con un sueño profundo, robusto, intenso, dormido de una pieza.

Y luego, las gentes son buenas, compasivas; las cartas, amables; hay sonrisas en todas las bocas para el restablecido, que se deja adular, felicitar y cuidar, sin inquietarse siquiera con la sospecha de que sus contemporáneos no esperan sino volver a verlo en buen estado para volver a agarrarlo por su cuenta y morderlo, despedazarlo e injuriarlo, como se usa entre hombres que se quieren y viven por eso en sociedad.

Eduardo Wilde, *La lluvia.*

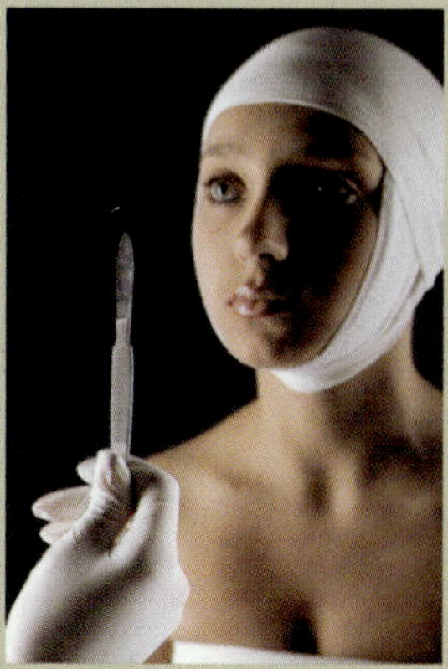

Actividad

A continuación se presenta un texto, el cual hay que reescribir de dos maneras diferentes.

En la primera versión modificada hay que sustituir el mayor número posible de palabras o términos, por algún sinónimo. Se trata de cambiar los vocablos, sin que el texto pierda su sentido o significado original.

En la segunda versión modificada, hay que sustituir el mayor número posible de palabras o términos por algún antónimo. Se trata de darle al texto un sentido o significado completamente opuesto al original, pero sin modificar su estructura.

Destaca las diferencias que hay entre un tipo de palabra o término, mencionado la importancia que cada una tiene en uso adecuado ya sea en un texto o en un situación que se te presente en tu vida cotidiana.

Homónimos: homógrafos y homófonos

Cuando dos o más palabras son muy parecidas en la forma como se escriben o como se pronuncian, se dice que son **homónimas**.

- Si se escriben igual y se pronuncian de la misma manera, pero tienen significados diferentes, se les denomina **homógrafas** (misma escritura).
- Si se pronuncian de la misma manera, pero se escriben de manera diferente y tienen significados diferentes, se les denomina **homófonas** (mismo sonido).

Cuando consultas un diccionario, te das cuenta de que la mayoría de las palabras tienen más de un significado. A esta cualidad de las palabras homógrafas, de denotar diferentes significados, se le denomina **polisemia** (palabra que también proviene del griego y significa "muchos o múltiples significados").

Ejemplo

LA PALABRA *CARPETA* EN EL DICCIONARIO DE LA RAE

(Del fr. **carpette**, "tapete", y este del ingl. **carpet**).

1. f. Útil de escritorio que consiste en una pieza rectangular, generalmente de cartón o plástico, que, doblada por la mitad y atada con cintas, gomas o cualquier otro medio, sirve para guardar o clasificar papeles, dibujos o documentos.
2. f. Cartera grande, generalmente de piel, que sirve para escribir sobre ella y para guardar dentro papeles.
3. f. Factura o relación detallada de los valores o efectos públicos o comerciales que se presentan al cobro, al canje o a la amortización.
4. f. Manta, cortina o paño que colgaba en las puertas de las tabernas.
5. f. Cubierta de badana o de tela que se ponía sobre las mesas y arcas para aseo y limpieza.
6. f. **Arg.**, **Col.** y **Ur.** Tapete de adorno o protección que se coloca sobre algunos muebles o bandejas.
7. f. **Arg.**, **Par.** y **Ur.** Tapete verde, que cubre la mesa de juego.
8. f. coloq. **Arg.** y **Ur.** Habilidad o experiencia en el trato con los demás.
9. f. **Cuba.** Oficina de recepción de un hotel.

En bloques anteriores estudiamos algunos homófonos. Ahora haremos algunos ejercicios para **comprender mejor el significado de los homógrafos y de la polisemia**.

1 Los homógrafos y su significado

Regla

Se les llama **homónimas** a dos o más palabras que son iguales en la forma, pero tienen diferente significado. Las palabras homónimas pueden ser homógrafas u homófonas.

Se les denomina **homógrafas** cuando se escriben y pronuncian exactamente de la misma manera, pero tienen significados diferentes. Por ejemplo: **vela** (de cera) y **vela** (de un barco). Otro ejemplo: **banco** (para sentarse) y **banco** (para guardar el dinero). En las palabras homógrafas se da la polisemia, o pluralidad de significados.

Si suenan igual, pero se escriben de manera diferente y tienen significados diferentes, se les denomina palabras **homófonas**. Por ejemplo: **segar** y **cegar**.

Ejercicio

A continuación encontrarás una lista de 20 palabras. Para cada una de ellas, escribe en los espacios indicados dos significados diferentes.

Ejemplos

Vela Cilindro de cera con pabilo que se enciende y da luz.
Pieza de lona que impulsa con el viento a una nave.

1. Alce ______

2. Capital ______

3. Evita ______

4. Lengua ______

5. Banco ______

6. Mate ______

7. Muñeca ______

8. Clave ______

9. Cobre ______

10. Cita ______

11. Coma ______

12. Era ______

13. Fuerte ______

14. Gira ______________________________

15. Importar ______________________________

16. Morada ______________________________

17. Nada ______________________________

18. Vino ______________________________

19. Cólera ______________________________

20. Cometa ______________________________

Valor: 5 puntos cada una

Calificación: **Revisó:**

2 Descubre la palabra

Regla

Se les llama **homónimas** a dos o más palabras que son iguales en la forma, pero tienen diferente significado. Los homónimos pueden ser homógrafos u homófonos.

Se les denomina **homógrafas** cuando se escriben y pronuncian exactamente de la misma manera, pero tienen significados diferentes. Por ejemplo: **vela** (de cera) y **vela** (de un barco). Otro ejemplo: **banco** (para sentarse) y **banco** (para guardar el dinero). En las palabras homógrafas se da la polisemia, o pluralidad de significados.

Ejercicio

En este ejercicio, tienes que encontrar la palabra cuyos significados te indicamos.

Ejemplos

¿Cuál es la palabra que significa tanto *masa gaseosa en combustión*, como *mamífero rumiante propio de América Meridional*? La respuesta es llama.

1. Palabra que significa tanto sacerdote, como remedio para una enfermedad. ____________________
2. Palabra que significa tanto mandato, como concierto o buena disposición de las cosas entre sí. ____________________
3. Palabra que significa una parte de la cara, como la parte delantera de una cosa, a diferencia de sus lados. ____________________
4. Palabra que significa tanto terreno inclinado, como asunto que está por terminarse o resolverse. ____________________
5. Palabra que significa tanto máquina para elevar el agua, como artefacto explosivo. ____________________
6. Palabra que significa tanto un color, como una bebida aromática que se toma caliente. ____________________
7. Palabra que significa tanto que una cosa no es barata, como la parte anterior de la cabeza humana. ____________________
8. Palabra que significa tanto un adverbio comparativo, como el hecho de que yo tomo algún alimento ____________________
9. Palabra que significa tanto hoja delgada que sirve para escribir, como parte de una obra dramática que ha de representar cada actor. ____________________
10. Palabra que significa tanto embrollo, enredo o confusión, como una porción de ropas atadas. ____________________
11. Palabra que significa tanto puro, simple o insignificante, como un pez teleósteo marino que llega a tener un metro de largo. ____________________
12. Palabra que significa tanto uva seca, como la orden de entrar o introducir algo a algún lugar. ____________________
13. Palabra que significa tanto algo relativo al sol, como una porción de terreno en la que se edificó o edificará algo. ____________________
14. Palabra que significa tanto estado o condición de una persona o de un pueblo, como casualidad o encadenamiento fortuito de sucesos. ____________________
15. Palabra que significa tanto vestido completo de una persona, como el tiempo pasado del verbo traer. ____________________
16. Palabra que significa tanto roncha o moretón que se levanta por efecto de un golpe, como la persona encargada de hacer cumplir una sentencia. ____________________
17. Palabra que significa tanto cada una de las piezas que cubren el cuerpo de las aves, como instrumento para escribir. ____________________
18. Palabra que significa tanto trabajo corporal o mental, como las operaciones que realiza el novillero con el toro. ____________________
19. Palabra que significa tanto la marca o señal que algo deja en otra cosa al presionar sobre ella, como el efecto o sensación que algo o alguien causa en el ánimo. ____________________
20. Palabra que significa tanto la pieza de papel en que se manda una carta, como la preposición que indica que algo está encima de otra cosa. ____________________

Valor: 5 puntos cada una

Calificación:	Revisó:

Ejercicio

Busca en un diccionario los diferentes significados (polisemia) de cada una de las siguientes palabras. Recuerda que las palabras que se escriben igual pero tienen significados diferentes se denominan homógrafas.

Alce, bello, bomba, café, cara, como, cuesta, guarda, lío, llama, mero, muñeca, pasa, refacción, referencia, solar, sustantivo, suelto, suerte, tragedia, traje, verdugo, verso.

Posteriormente elabora una lista de palabras que utilizas al expresarte en cualquier ámbito, también búscalas en el diccionario y trata de cambiarlas al momento de comunicarte, de tal forma que vayas ampliando tu léxico.

Ejercicio

Busca en un diccionario el significado de las siguientes palabras homófonas (se pronuncian igual, pero se escriben de diferente manera y tienen significados diferentes).

Abocar y avocar, abrasar y abrazar, abría y habría, adolecente y adolescente, aprehender y aprender, has y haz, asada y azada, atajo y hatajo, ay y hay, vacante y bacante, cierra y sierra, habría y abría, sabia y savia, segar y cegar.

Posteriormente elabora una lista de 10 palabras que utilizas al expresarte en cualquier ámbito, también búscalas en el diccionario y trata de cambiarlas al momento de comunicarte, de tal forma que vayas ampliando tu léxico.

Coméntalo con tus compañeros y menciona la importancia que tiene el hacer buen uso de palabras que se pronuncian igual, pero se escriben y tienen significado diferente, al momento de comunicarse o comunicar un tema de interés en cualquier situación de la vida cotidiana.

10.2 DIFERENTES TIPOS DE TEXTOS. USO DE PARÓNIMOS Y POLISEMIA

En español existen muchas palabras que son muy parecidas entre sí. A veces, son tan parecidas que se escriben y pronuncian igual (**homógrafas**) o se pronuncian igual, aunque se escriban de manera diferente (**homófonas**).

En ocasiones, aunque las palabras sean muy parecidas entre sí, ni se escriben igual ni se pronuncian de la misma manera, y además tienen significados diferentes. Por **ejemplo**, una **adición** es una suma, pero una **adicción** es un hábito a una droga. Es el caso de las palabras **parónimas**, que estudiaremos en este apartado.

1 Adición, adicción; adoptar, adaptar; actitud, aptitud

Regla

Se les llama **parónimas** a dos o más palabras que se escriben de manera muy parecida (pero no igual), se pronuncian de manera muy parecida (pero no igual) y tienen significados diferentes.

Una **adición** es una suma, es la acción y efecto de añadir y agregar. *(En adición a todo lo anterior…)*	La **adicción** es el hábito de quien se deja dominar por el uso de alguna droga tóxica, o por la afición desmedida a ciertos juegos. *(Tiene adicción al tabaco.)*

Adoptar significa recibir como hijo, con todos los requisitos que establecen las leyes, al que no lo es naturalmente. También significa recibir y hacer propios pareceres, métodos, doctrinas, ideologías o modas que han sido creados por otras personas o comunidades. *(Luis es hijo adoptivo.)* De *adoptar* proviene *adopción.*	**Adaptar** significa acomodar o ajustar algo a otra cosa. *(Le hizo una adaptación, y con eso quedó perfecto.)* De *adaptar* proviene *adaptación.*
La **actitud** es la postura del cuerpo humano, especialmente cuando es determinada por los movimientos del ánimo. Es la disposición de ánimo manifestada de algún modo. *(Tiene una actitud beligerante.)*	La **aptitud** es la capacidad para operar competentemente en una determinada actividad, para el buen desempeño de un negocio, de una industria, de un arte. *(Arturo tiene aptitud para la pintura.)*

Ejercicio

En cada una de las oraciones siguientes se utilizan algunas de las palabras indicadas en la regla. Unas están escritas correctamente y otras no. Si consideras que están bien escritas, déjalas como están y pon una señal de correcto (paloma) en el espacio de la derecha. Si crees que están mal, escríbelas correctamente en el espacio de la derecha.

Ejemplo

El fumar es una adicción. ✓

Sí, es una adición al tabaco. adicción ✗

1. Como no pueden tener hijos, van a adaptar uno. ____________ ☐
2. La adisión es lo mismo que la suma. ____________ ☐
3. Ante los problemas, hay que asumir una aptitud positiva. ____________ ☐
4. Para que quepa ahí, lo tenemos que adoptar y acomodar. ____________ ☐
5. Ese amor por el fútbol ya es una adicción. ____________ ☐
6. En el test me detectaron aptitud para las matemáticas. ____________ ☐
7. Cuando murieron sus padres, lo dieron en adopción. ____________ ☐
8. No me gusta tu actitud tan negativa. ____________ ☐
9. Si sumas 8 más 8, hiciste una adicción. ____________ ☐
10. Yo no tengo mucha actitud para los trabajos manuales. ____________ ☐
11. Este aparato no es original, sino adaptado. ____________ ☐
12. La adición al licor se llama alcoholismo. ____________ ☐
13. Una aptitud positiva es esencial para triunfar en la vida. ____________ ☐
14. Es una casa cuna y casa de adopsión. ____________ ☐
15. Tenga más aptitud para física que para historia. ____________ ☐
16. A esta casa se le hicieron varias adiciones. ____________ ☐
17. Nos tenemos que adoptar a la cancha de arcilla. ____________ ☐
18. Con esa aptitud negativa no lograrás nada. ____________ ☐
19. Es más sana la adixión al deporte que la adisión al tabaco. ____________ ☐
20. No es su hijo natural, sino que lo adoptaron. ____________ ☐

21. La camisa no te queda bien, te la tendré que adaptar. ____________ [ ]
22. El resultado de esta adisión es incorrecto. ____________ [ ]
23. Si tienes actitudes y habilidades, te saldrá bien el trabajo. ____________ [ ]
24. Los deportistas no deben tener ninguna adicción. ____________ [ ]
25. Sólo las familias solventes pueden recibir hijos en adopción. ____________ [ ]

Valor: 4 puntos cada una

Calificación:	Revisó:

2 Abertura, obertura; aflicción, afición; arrear, arriar

Regla

Se les llama **parónimas** a dos o más palabras que se escriben de manera muy parecida (pero no igual), se pronuncian de manera muy parecida (pero no igual) y tienen significados diferentes.

Abertura es la acción de abrir algo; es una boca, hendidura, grieta o agujero. *(Después del temblor, quedó una abertura muy grande en ese campo.)* Es sinónimo de *apertura.*	La **obertura** es una pieza de música instrumental con que se da principio a una ópera, oratorio u otra composición lírica. *(La obertura estuvo tan bonita como la obra principal.)*
Aflicción significa tristeza, angustia o pesadumbre moral o sufrimiento físico. *(Después de la muerte de su padre, quedó lleno de aflicción.)*	**Afición** significa inclinación o amor a alguien o a algo. También se utiliza para indicar el conjunto de personas que asisten asiduamente a determinados espectáculos o sienten vivo interés por ellos. *(La afición de las Chivas está en toda la República.)*

Arrear es estimular a las bestias para que echen a andar, o para que sigan caminando, o para que aviven el paso. *(Hay arrear a los burros para que caminen más aprisa.)*	**Arriar** es bajar las velas o las banderas que están en lo alto. *(Si llueve, hay que arriar la bandera.)*

Ejercicio

En cada una de las oraciones siguientes se utilizan algunas de las palabras indicadas en la regla. Unas están escritas correctamente, y otras no. Si consideras que están bien escritas, déjalas como están y pon una señal de correcto (paloma) en el espacio de la derecha. Si crees que están mal, escríbelas correctamente en el espacio de la derecha.

Ejemplo

¿Cuál obertura tocó la orquesta? ✓

Tocó una abertura de Tchaikovsky. obertura ✗

1. Tendremos que soportar esta afición y tristeza. ____________
2. Hay que arriar los bueyes para que trabajen. ____________
3. Trata de pasarla por esa obertura. ____________
4. Don Lucio es un experto arriando mulas. ____________
5. Hay que arriar la bandera. ____________
6. La obertura fue con instrumentos de viento. ____________
7. Es afisionado a las Chivas. ____________
8. Cuando pasen las fiestas, hay que arriar la bandera. ____________
9. Está muy gordo, no cabe por esa abertura. ____________
10. Su aflixión por la muerte de su papá es muy grande. ____________
11. Estos burros sólo caminan si los arreas fuerte. ____________
12. Su afición por las Chivas es muy grande. ____________
13. Una abertura es una obra musical corta. ____________
14. El bote arreó las velas al entrar al puerto. ____________
15. La abertura quedó muy grande, hay que achicarla. ____________
16. Tiene afición por el básquet. ____________
17. Tienes que regular la obertura de la cámara. ____________
18. Una muerte en la familia produce gran afición. ____________
19. La apertura del evento será a las 11:00 horas. ____________
20. A algunos estudiantes hay que arriarlos para que trabajen. ____________
21. Tocará de solista en la obertura. ____________
22. Se cayeron las llaves por esa obertura. ____________
23. Está triste, siente gran aflicción. ____________
24. Tiene afisión por los juegos de mesa. ____________
25. Izar y arrear significan subir y bajar la bandera. ____________

Valor: 4 puntos cada una

Calificación:	Revisó:

3 Aludir, eludir; aprender, aprehender; azar, azahar

Regla

Se les llama **parónimas** a dos o más palabras que se escriben de manera muy parecida (pero no igual), se pronuncian de manera muy parecida (pero no igual) y tienen significados diferentes.

Aludir significa mencionar o hacer referencia a alguien o a algo. *(No quiero aludir a los ausentes.)* De *aludir* proviene *alusión.*	**Eludir** significa evitar una dificultad u obligación, esquivar el encuentro con una persona. *(No debes eludir tus obligaciones.)* De *eludir* proviene *elusión.*
Aprender significa adquirir conocimiento por el estudio o la experiencia. *(Nunca terminamos de aprender.)* De *aprender* proviene *aprendizaje.*	**Aprehender** significa coger, asir, prender algo o a alguien. *(Van a aprehender a unos ladrones.)* De *aprehender* proviene *aprehensión* o *aprensión.*
El **azar** es una casualidad, un caso fortuito, una desgracia, la suerte en los juegos. *(Sacaremos los nombres al azar.)*	El **azahar** es una flor blanca, como la del naranjo y el limonero. *(Huele a azahar.)*

Ejercicio

En cada una de las oraciones siguientes se utilizan algunas de las palabras indicadas en la regla. Unas están escritas correctamente, y otras no. Si consideras que están bien escritas, déjalas como están y pon una señal de correcto (paloma) en el espacio de la derecha. Si crees que están mal, escríbelas correctamente en el espacio de la derecha.

Ejemplo

No puedes eludir esta obligación. ✓

Yo puedo aludir lo que quiera. eludir ✗

1. Los números siempre caen al azahar. ______ ☐
2. Es de mala educación eludir a los ausentes. ______ ☐
3. Te tienes que aprender esto de memoria. ______ ☐
4. Vamos a jugar juegos de azar. ______ ☐
5. Debes eludir a los vicios en tu discurso. ______ ☐
6. Los cobardes acostumbran aludir el peligro. ______ ☐
7. Aprendieron al ladrón. ______ ☐
8. El azahar es la flor del limonero. ______ ☐
9. Se aprehendieron muy bien los poemas. ______ ☐
10. En tu discurso, debes aludir a la Constitución. ______ ☐
11. No me lo voy a aprehender para el viernes. ______ ☐
12. Mi número salió al azahar. ______ ☐
13. La flor de azahar es blanca. ______ ☐
14. Los flojos tienden a eludir sus obligaciones. ______ ☐
15. Lo aprehendieron cuando robaba una joyería. ______ ☐
16. La iglesia olía a azares. ______ ☐
17. Para exponer el tema, no te lo tienes que aprehender de memoria. ______ ☐

◀

18. En el trabajo, debes hacer alución a este autor. ______________ ☐
19. Tengo que aprehenderme esta poesía. ______________ ☐
20. Por azahar me lo encontré en la calle. ______________ ☐
21. Nunca debemos aludir a los ausentes. ______________ ☐
22. Nunca debemos aludir nuestras responsabilidades. ______________ ☐
23. Le levantaron una orden de aprensión. ______________ ☐
24. Le regaló un ramo de azahares. ______________ ☐
25. Tuviste un buen aprendizaje. ______________ ☐

Valor: 4 puntos cada una

Calificación:	Revisó:

4 Ascendente, ascendiente; ascético, acético, escéptico; acceder, exceder

Regla

Se les llama **parónimas** a dos o más palabras que se escriben de manera muy parecida (pero no igual), se pronuncian de manera muy parecida (pero no igual) y tienen significados diferentes.

Ascendente es algo que asciende, que va de subida. *(Tomó una curva ascendente y derrapó.)*	**Ascendiente** es el padre, madre o abuelos de los que desciende una persona. También significa predomino moral o influencia. *(Es de ascendientes franceses.)*
Ascético se dice de una persona que se dedica a la práctica y el ejercicio de la perfección espiritual. *(Ese santo era un ascético.)*	**Acético** es lo perteneciente o relativo al vinagre y sus derivados. *(El ácido acético.)*
	Escéptico se dice de una persona que no cree o pretende no creer algo. *(Juan es un escéptico.)*
Acceder significa entrar en un lugar, consentir en lo que alguien quiere, ceder en el propio parecer. *(Jamás voy a acceder a lo que me pide.)* De acceder proviene *acceso* y *accesión*.	**Exceder** significa rebasar, sobrepasar, ir más allá de un límite. *(No debes exceder los límites de velocidad.) De exceder proviene exceso y excesivo.*

Ejercicio

En cada una de las oraciones siguientes se utilizan algunas de las palabras indicadas en la regla. Unas están escritas correctamente, y otras no. Si consideras que están bien escritas, déjalas como están y pon una señal de correcto (paloma) en el espacio de la derecha. Si crees que están mal, escríbelas correctamente en el espacio de la derecha.

Ejemplo

La lista va en orden ascendente. ✓

Sus ascendentes son franceses. <u>ascendientes</u> ✗

▶

1. La tabla va en orden acendente. ______ [ ]
2. El anhídrido ascético es un compuesto químico. ______ [ ]
3. Hay mucha poesía religiosa y acética. ______ [ ]
4. Para poder exceder a la beca, tengo que estudiar mucho. ______ [ ]
5. Su tío tiene mucho ascendente sobre él. ______ [ ]
6. Dormir 15 horas es exesivo. ______ [ ]
7. Santo Tomás era muy ecéptico. ______ [ ]
8. No se debe hacer un esfuerzo accesivo. ______ [ ]
9. Fórmense en orden ascendiente. ______ [ ]
10. ¡Ah cómo eres ascéptico! No crees nada de lo que digo. ______ [ ]
11. Este compuesto tiene mucho ácido ascético. ______ [ ]
12. Por ese pasillo podemos acceder al auditorio. ______ [ ]
13. Sus ascendentes son de Europa. ______ [ ]
14. Tienes que exceder a lo que te piden. ______ [ ]
15. Los incrédulos son escépticos. ______ [ ]
16. La prudencia implica no excederse en sus acciones. ______ [ ]
17. Es una curva ascendente, hacia arriba. ______ [ ]
18. Hay que ser prudentes y no llegar a exesos. ______ [ ]
19. San Antonio fue un ascético del siglo III. ______ [ ]
20. Si no llegamos a tiempo, no podremos exceder al salón. ______ [ ]
21. Ellos son mis ascendientes directos. ______ [ ]
22. El vinagre contiene ácido acético. ______ [ ]
23. No hay que ser ni muy crédulos ni muy excépticos. ______ [ ]
24. No hay que tomar con acceso. ______ [ ]
25. La economía sigue un ritmo ascendiente. ______ [ ]

Valor: 4 puntos cada una

Calificación:	Revisó:

5 Absolver, absorber; absceso, acceso; aserto, acierto

Regla

Se les llama **parónimas** a dos o más palabras que se escriben de manera muy parecida (pero no igual), se pronuncian de manera muy parecida (pero no igual) y tienen significados diferentes.

Absolver significa dar por libre de algún cargo u obligación. También significa perdonar a un penitente sus pecados en la confesión. *(Me fui a confesar y me absolvieron de mis pecados.)* De *absolver* proviene *absolución*.	**Absorber** significa recibir o aspirar materias externas. También es lo mismo que sorber: beber aspirando o atraer hacia adentro algunas cosas, aunque no sean líquidas. *(El popote sirve para absorber el agua.)* De *absorber* proviene *absorción*.

Un **absceso** es una acumulación de pus en los tejidos orgánicos internos o externos. *(Por no curarse a tiempo, le salió un absceso.)*	Un **acceso** es una entrada o paso, la acción de llegar o acercarse a algo. En medicina, es la repetición de un estado morboso. *(Le dio un acceso de tos.)*
Un **aserto** es la afirmación de la certeza de algo. *(Decir que dos más dos son cuatro es un aserto.)* De *aserto* proviene *asertivo*.	**Acierto** es la acción y efecto de acertar, de atinar, de dar en el punto al que se dirige algo. *(Tuve diez aciertos en el examen.)* De *acierto* proviene *certero*.

Ejercicio

En cada una de las oraciones siguientes se utilizan algunas de las palabras indicadas en la regla. Unas están escritas correctamente, y otras no. Si consideras que están bien escritas, déjalas como están y pon una señal de correcto (paloma) en el espacio de la derecha. Si crees que están mal, escríbelas correctamente en el espacio de la derecha.

Ejemplo

Si no te arrepientes, no te pueden absolver. ✓

¿Quién me va a absolber? absolver ✗

1. El axeso al rancho es de terracería. ____________ [ ]
2. En tu discurso debes ser acertivo. ____________ [ ]
3. Sólo si arrepientes, te pueden absorber. ____________ [ ]
4. Le curaron el absceso y sanó rápidamente. ____________ [ ]
5. Lo que hicieron los doctores fue un asierto. ____________ [ ]
6. Hay que absolber despacio para no atragantarse. ____________ [ ]
7. Éste es el acceso al teatro. ____________ [ ]
8. Después de la operación le quedó un acceso. ____________ [ ]
9. Con ocho asertos, saqué 9 en el examen. ____________ [ ]
10. La confesión es para absolver los pecados. ____________ [ ]
11. Juan es muy certero, asierta mucho. ____________ [ ]
12. Es una rampa de acceso para minusválidos. ____________ [ ]
13. Procura no hacer ruido al absorber. ____________ [ ]
14. Eso no es un aserto, es algo falso. ____________ [ ]
15. Por esta calle no hay acceso al teatro. ____________ [ ]
16. No vayas a absolver ese líquido, es dañino. ____________ [ ]
17. Ese abseso tiene mucha pus. ____________ [ ]
18. Un aserto es una afirmación de la certeza de algo. ____________ [ ]
19. El juez puede absolber una sentencia. ____________ [ ]
20. Cambiar los muebles fue un asierto. ____________ [ ]
21. No se permite el absceso a personas uniformadas. ____________ [ ]
22. Absorver significa lo mismo que sorber. ____________ [ ]
23. Ser asertivo significa tener muchos acertos. ____________ [ ]

24. En la confesión se absuelven los pecados. ______ [ ]

25. Le salió un acceso en la herida. ______ [ ]

Valor: 4 puntos cada una

Calificación:	Revisó:

6 Caridad, cavidad, calidad; carabela, calavera; casual, causal

Regla

Se les llama **parónimas** a dos o más palabras que se escriben de manera muy parecida (pero no igual), se pronuncian de manera muy parecida (pero no igual) y tienen significados diferentes.

La **caridad** es una virtud, equivalente al amor y opuesta a la envidia. *(Esa viejita me pidió una caridad.)*	Una **cavidad** es un espacio hueco dentro de un cuerpo cualquiera. *(La araña se escondió en esa cavidad.)*
La **calidad** es la propiedad o conjunto de propiedades inherentes a algo, que permiten juzgar su valor. *(Es de buena calidad.)*	
Una **carabela** es una embarcación ligera, larga, estrecha y a velas. *(Colón llegó con sus tres carabelas.)*	La **calavera** es el conjunto de los huesos de la cabeza, mientras permanecen unidos, pero despojados de la carne y de la piel. *(El símbolo de la pandilla es una calavera.)*
El adjetivo **casual** significa que algo sucede por casualidad. También se dice de la ropa no formal. *(Fue un encuentro casual.)* De *casual* proviene *casualidad.*	El adjetivo **causal** indica que algo se refiere a la causa. Indica también la razón o motivo de algo. *(El adulterio es causal de divorcio.)* De *causal* proviene *causalidad.*

Ejercicio

En cada una de las oraciones siguientes se utilizan algunas de las palabras indicadas en la regla. Unas están escritas correctamente, y otras no. Si consideras que están bien escritas, déjalas como están y pon una señal de correcto (paloma) en el espacio de la derecha. Si crees que están mal, escríbelas correctamente en el espacio de la derecha.

Ejemplos

Le di una limosna por caridad. [✓]

La cavidad es el amor a Dios. caridad [✗]

1. La caridad empieza por sí mismo. ______ [ ]
2. Una calavera es un velero antiguo. ______ [ ]
3. Por causalidad encontré el libro que estaba buscando. ______ [ ]

4. En esta empresa tienen un programa de cavidad total. ____________ [ ]
5. Hay que rellenar esa caridad. ____________ [ ]
6. Encontraron una calavera en ese terreno baldío. ____________ [ ]
7. Esta bacteria es el agente casual de la enfermedad. ____________ [ ]
8. No tengo ropa causal para la fiesta. ____________ [ ]
9. ¡Ayúdame, por cavidad! ____________ [ ]
10. Las carabelas son embarcaciones antiguas, de museo. ____________ [ ]
11. A la fiesta hay que ir con ropa causal. ____________ [ ]
12. La calidad se mide por la atención al cliente. ____________ [ ]
13. Esa cavidad es la madriguera del zorro. ____________ [ ]
14. El símbolo de los piratas era una carabela. ____________ [ ]
15. Copiar en los exámenes es casual de expulsión. ____________ [ ]
16. En el hospital tienen una calavera. ____________ [ ]
17. En el Cristianismo, la cavidad es la principal virtud. ____________ [ ]
18. Los comerciantes viajaban en calaveras. ____________ [ ]
19. Juan sí quiso decir eso, no fue algo casual. ____________ [ ]
20. Haz las cosas bien, con calidad. ____________ [ ]
21. La serpiente se escondió en esa caridad. ____________ [ ]
22. En México, las carabelas son poesías sobre la muerte. ____________ [ ]
23. La pobreza es una causal del crimen y la corrupción. ____________ [ ]
24. En la feria te puedes subir a la calavera de Peter Pan. ____________ [ ]
25. En la noche de brujas, se ven muchas calaveras. ____________ [ ]

Valor: 4 puntos cada una

Calificación:	**Revisó:**

7 Célula, cédula; cesto, sexto; cesión, sesión, sección

Regla

Se les llama **parónimas** a dos o más palabras que se escriben de manera muy parecida (pero no igual), se pronuncian de manera muy parecida (pero no igual) y tienen significados diferentes.

La **célula** es la unidad fundamental de los organismos vivos. También se refiere a un grupo reducido de personas que funcionan de manera independiente dentro de una organización. *(Detectamos células cancerosas.)*	La **cédula** es un papel escrito o para escribir en él algo. También es un documento en que se reconoce una deuda u obligación. *(Al titularte, obtienes tu cédula profesional.)*

Un **cesto** es una cesta grande, más alta que ancha, tejida con mimbres, juncos o cañas, que sirve para llevar ropa, frutas u otros objetos. *(Pon la ropa sucia en el cesto.)*	**Sexto** es el número ordinal o partitivo que sigue inmediatamente al quinto. *(Es el sexto examen que presentamos.)*
La **cesión** es la renuncia de una posesión, acción o derecho, que alguien hace a favor de otra persona. *(Es un acto de cesión de derechos.) Cesión* proviene de *ceder*.	Una **sección** es cada una de las partes en que se divide un objeto. Es también el acto de separar un cuerpo sólido en partes. *(No estudié esa sección del libro.)*
Una **sesión** es un espacio de tiempo ocupado por una actividad. *(Es la tercera sesión del comité.)* También es la acción y efecto de sentarse.	

Ejercicio

En cada una de las oraciones siguientes se utilizan algunas de las palabras indicadas en la regla. Unas están escritas correctamente, y otras no. Si consideras que están bien escritas, déjalas como están y pon una señal de correcto (paloma) en el espacio de la derecha. Si crees que están mal, escríbelas correctamente en el espacio de la derecha.

Ejemplos

Ya firmé la cesión de derechos. ✓

Yo no he firmado la sección. cesión ✗

1. Éste es el sesto para la ropa sucia. ________ ☐
2. En esta sección van los libros de filosofía. ________ ☐
3. Esas cédulas son cancerígenas. ________ ☐
4. Juan llegó en cexto lugar. ________ ☐
5. Se trató tu caso en la cesión del comité. ________ ☐
6. Están pidiendo la célula de identidad. ________ ☐
7. Echa esos papeles en el cesto de basura. ________ ☐
8. En este documento se establece la sesión de derechos. ________ ☐
9. Antiguamente, los reyes expedían células y decretos. ________ ☐
10. La oficina está en el sexto piso. ________ ☐
11. Ésta es la cesión de no fumar. ________ ☐
12. Las células del cuerpo humano son maravillosas. ________ ☐
13. Una nasa es como un sesto para atrapar peces. ________ ☐
14. Estoy en tercer año, sexión A. ________ ☐
15. Es una guía para llenar la cédula de información. ________ ☐
16. Es la sesta vez que te lo repito. ________ ☐
17. En una franquicia se da una sesión de concesiones. ________ ☐
18. Ya tengo el título pero me falta la cédula profesional. ________ ☐
19. Voy a jugar balonsesto. ________ ☐
20. Es una carta sesión de la propiedad de los derechos de autor. ________ ☐

21. Con el microscopio se pueden ver las cédulas. ______________

22. Ganaron el campeonato por cexta vez consecutiva. ______________

23. Ésta es la sección de computadoras. ______________

24. Para entrar al club, debes llenar esta célula de registro. ______________

25. El gato se duerme en ese cesto. ______________

Valor: 4 puntos cada una

Calificación:	Revisó:

8 Colisión, coalición; coloración, colocación; compresión, comprensión

Regla

Se les llama **parónimas** a dos o más palabras que se escriben de manera muy parecida (pero no igual), se pronuncian de manera muy parecida (pero no igual) y tienen significados diferentes.

Una **colisión** es un choque de dos cuerpos. *(Los carros quedaron destruidos después de la colisión.)*	Una **coalición** es una confederación, liga o unión entre personas u organismos. *(Estos dos partidos formaron una coalición.)*
La **coloración** es la acción y efecto de colorar, de dar color a algo. *(Aún no queda la coloración exacta.)* Proviene de *colorear.*	La **colocación** es la acción y efecto de colocar algo, de ponerlo en un sitio. (*Ésa no es la colocación* correcta.) Proviene de *colocar.*
Compresión es la acción y efecto de comprimir algo. *(Este programa realiza una compresión de los archivos.)* Proviene de *comprimir.*	**Comprensión** es la acción de comprender, la capacidad para entender las cosas. *(Lo logramos, gracias a su comprensión.)* Proviene de *comprender.*

Ejercicio

En cada una de las oraciones siguientes se utilizan algunas de las palabras indicadas en la regla. Unas están escritas correctamente, y otras no. Si consideras que están bien escritas, déjalas como están y pon una señal de correcto (paloma) en el espacio de la derecha. Si crees que están mal, escríbelas correctamente en el espacio de la derecha.

Ejemplos

Hubo una colisión en la esquina. ✓

Yo no escuché ninguna coalisión. colisión ✗

1. La colocación de la piel es determinada por los pigmentos. ______________

2. En cómputo, hay un programa para la compreción de archivos. ______________

3. Una coalisión entre planetas es casi imposible. ______________

4. Las personas amables muestran comprención hacia los demás. ______ [ ]
5. La colocasión no está en el orden correcto. ______ [ ]
6. Los sindicatos formaron una coalisión para la huelga. ______ [ ]
7. En la fotografía se ve una colorasión fluorescente. ______ [ ]
8. No sé cómo hacer la compresión de archivos y documentos. ______ [ ]
9. Hubo una colición entre dos aviones. ______ [ ]
10. La compresión va más allá del simple entender. ______ [ ]
11. Es una agencia de empleo, de coloraciones en la empresa. ______ [ ]
12. Hay una coalición de ciudadanos por el medio ambiente. ______ [ ]
13. Se cambió la coloración del cabello. ______ [ ]
14. El motor está bajo de comprensión. ______ [ ]
15. En este taller arreglan carros después de una colisión. ______ [ ]
16. Es una prueba de comprensión lectora. ______ [ ]
17. Va a ser la fecha para la colocación de valores. ______ [ ]
18. Los consumidores formaron una colisión contra esa tienda. ______ [ ]
19. Con el WINZIP logré la compreción de imágenes. ______ [ ]
20. La colocación de la llama depende del material que se quema. ______ [ ]
21. Antes de sacar a la venta un carro, le hacen pruebas de coalición. ______ [ ]
22. La comprención y el respeto por la cultura son condiciones para la paz. ______ [ ]
23. Es un examen de colocasión, de ubicación. ______ [ ]
24. Una empresa implica una coalisión de intereses. ______ [ ]
25. Para utilizar esta herramienta, necesitas un motor de comprensión. ______ [ ]

Valor: 4 puntos cada una

Calificación:	Revisó:

9 Compete, compite; contesto, contexto; cotejar, cortejar

Regla

Se les llama **parónimas** a dos o más palabras que se escriben de manera muy parecida (pero no igual), se pronuncian de manera muy parecida (pero no igual) y tienen significados diferentes.

Compete proviene del verbo *competer*, que significa pertenecer, tocar o incumbir a alguien. *(Ese asunto no me compete.)*	**Compite** proviene del verbo **competir**, que significa contender dos o más personas con el fin de aspirar a una misma cosa. *(Juan compite por el primer lugar.)*
Contesto proviene del verbo *contestar*, que significa responder a lo que se pregunta, se habla o se escribe. *(Siempre contesto las preguntas que me hacen.)*	El **contexto** es el entorno (lingüístico, físico o de situación) en el cual se considera un hecho. *(No hay que sacarlo de contexto.)*

Cotejar significa confrontar algo con otra u otras cosas, compararlas teniéndolas a la vista. *(Voy a cotejar esta cita bibliográfica.)*	**Cortejar** significa galantear, asistir, acompañar a alguien, contribuyendo a lo que sea de su agrado. *(Juan corteja a Lupe.)*

Ejercicio

En cada una de las oraciones siguientes se utilizan algunas de las palabras indicadas en la regla. Unas están escritas correctamente, y otras no. Si consideras que están bien escritas, déjalas como están y pon una señal de correcto (paloma) en el espacio de la derecha. Si crees que están mal, escríbelas correctamente en el espacio de la derecha.

Ejemplos

Este asunto no te compete. ✓

Pues yo digo que sí me compite. compete ✗

1. Cortejan los documentos para ver si son auténticos. ____________ ☐
2. Este asunto no me compite, no es de mi incumbencia. ____________ ☐
3. Si no me preguntas, no te contexto. ____________ ☐
4. Luis no compete en la siguiente prueba de natación. ____________ ☐
5. Esta cita está fuera de contesto. ____________ ☐
6. El hombre toma la iniciativa para cotejar a la mujer. ____________ ☐
7. No creo que este asunto te compita, no te metas. ____________ ☐
8. Cuando me preguntan, siempre contesto. ____________ ☐
9. Deben cotejar tu expediente antes de aprobarlo. ____________ ☐
10. Quiero que Luis compita en la competencia. ____________ ☐
11. El contexto actual indica que la economía está repuntando. ____________ ☐
12. Debes cortejar a tu jefe para que no te corra. ____________ ☐
13. El año próximo voy a competer en el concurso. ____________ ☐
14. Yo contexto el teléfono. ____________ ☐
15. Para pagarte el cheque, deben cortejar tu firma. ____________ ☐
16. Yo también, puede ser que compita en el concurso. ____________ ☐
17. El significado de una palabra lo indica el contesto. ____________ ☐
18. Es propio de los políticos cotejar a las autoridades. ____________ ☐
19. El juez dijo que este asunto no le compitía. ____________ ☐
20. Yo siempre contesto rápido los exámenes. ____________ ☐
21. Éstos son los documentos que hay que cortejar. ____________ ☐
22. En las olimpíadas competen muchos atletas. ____________ ☐
23. Para entender un hecho histórico, hay que ubicarlo en su contexto. ____________ ☐
24. El caballo está cotejando a la yegua. ____________ ☐
25. Ellos nunca compiten cuando no pueden ganar. ____________ ☐

Valor: 4 puntos cada una

Calificación:	**Revisó:**

10 Deferencia, diferencia; despensa, dispensa; destornillar, desternillarse

Regla

Se les llama **parónimas** a dos o más palabras que se escriben de manera muy parecida (pero no igual), se pronuncian de manera muy parecida (pero no igual) y tienen significados diferentes.

La **deferencia** es una conducta condescendiente, una muestra de respeto o cortesía. *(Lo trató con gran deferencia.)*	La **diferencia** es la cualidad o accidente por el cual algo se distingue de otra cosa. *(¿Cuál es la diferencia entre un clavo y un tornillo?.)*
La **despensa** es el lugar o sitio en el cual se guardan las cosas comestibles. *(La salsa está en la despensa.)*	Una **dispensa** es un privilegio, una excepción graciosa de lo ordenado por las leyes generales, y más comúnmente el concedido por el papa o por un obispo. *(Por su enfermedad, tiene dispensa del ayuno.)*
Destornillar es lo mismo que desatornillar, que significa sacar un tornillo, dándole vueltas. *(Hay que destornillar ese tornillo para sacar la tapa.)*	**Desternillarse** significa romperse las ternillas (o cartílagos), reírse mucho sin poder contenerse. *(Se desternilló al escuchar ese chiste.)* Decir "desternillarse de risa" es redundancia, ya que la idea de la risa está en la definición de la palabra.

Ejercicio

En cada una de las oraciones siguientes se utilizan algunas de las palabras indicadas en la regla. Unas están escritas correctamente, y otras no. Si consideras que están bien escritas, déjalas como están y pon una señal de correcto (paloma) en el espacio de la derecha. Si crees que están mal, escríbelas correctamente en el espacio de la derecha.

Ejemplos

Se desternilló al escuchar ese chiste. ✓

Pero más se destornilló con el otro. desternilló ✗

1. El chiste está buenísimo, como para desternillarse. ______ ☐
2. Obtuvo la despensa y se volvió a casar. ______ ☐
3. Se atornilla hacia la derecha y se desternilla hacia la izquierda. ______ ☐
4. ¿Cuál es la diferencia entre saltar y brincar? ______ ☐
5. Se ve gracioso cuando ríe hasta destornillarse. ______ ☐
6. A los ancianos hay que tratarlos con diferencia. ______ ☐
7. La despensa de esta cocina está muy chica. ______ ☐
8. Una dispensa papal no es fácil de conseguir. ______ ☐
9. Necesitas más fuerza para destornillar esto. ______ ☐
10. No hay gran deferencia entre un caudillo y un dictador. ______ ☐
11. Guarda la caja de cereal en la dispensa. ______ ☐
12. Las enfermeras aprenden a tratar a los pacientes con diferencia. ______ ☐
13. Es muy serio, nunca lo verás reír hasta desternillarse. ______ ☐

14. Las enfermos tienen despensa del ayuno. ______________ [ ]
15. Luis no sabe usar el desarmador para desternillar. ______________ [ ]
16. Son enormes las deferencias entre los perros y los gatos. ______________ [ ]
17. Esa puerta da a la despensa. ______________ [ ]
18. Con cortesía y diferencia podrás hacer muchos amigos. ______________ [ ]
19. El Viernes Santo todos ayunan, menos los que tienen despensa. ______________ [ ]
20. ¿En qué se deferencia la física de la química? ______________ [ ]
21. Rio y rio hasta destornillarse. ______________ [ ]
22. ¿Cuál es la deferencia entre amar y querer? ______________ [ ]
23. La señora Pérez tiene muy ordenada su dispensa. ______________ [ ]
24. A los inválidos, trátalos con deferencia. ______________ [ ]
25. Ese desarmador está roto, no sirve para destornillar. ______________ [ ]

Valor: 4 puntos cada una

Calificación:	Revisó:

11 Devastar, desbastar; develar, desvelar; efecto, afecto

Regla

Se les llama **parónimas** a dos o más palabras que se escriben de manera muy parecida (pero no igual), se pronuncian de manera muy parecida (pero no igual) y tienen significados diferentes.

Devastar significa destruir un territorio, arrasando sus edificios y asolando sus campos. *(El ciclón devastó la península.)* De *devastar* proviene *devastación*.	**Desbastar** significa quitar las partes más bastas, groseras o toscas, a algo que se va a labrar. *(Hay que desbastar esa madera.)*
Develar significa quitar o descorrer el velo que cubre algo. *(Van a develar la placa conmemorativa.)* Se utiliza como sinónimo de *des-velar* y de *re-velar* cuando se refiere a secretos o cosas ocultas.	**Desvelar** significa quitar o impedir el sueño, no dejar dormir, poner gran cuidado en algo. (*No te vaya a desvelar mucho.*) También significa descubrir o poner de manifiesto. *(Van a desvelar el secreto de la momia.)*
El **efecto** es lo que sigue por virtud de una causa. *(La pobreza es un efecto de los problemas de la economía.)*	El **afecto** es cada una de las pasiones del ánimo, como el amor, la ira, la envidia, etc. Como adjetivo, significa inclinado a algo o a alguien. *(Luis es afecto al vino.)*

Ejercicio

En cada una de las oraciones siguientes se utilizan algunas de las palabras indicadas en la regla. Unas están escritas correctamente, y otras no. Si consideras que están bien escritas, déjalas como están y pon una señal de correcto (paloma) en el espacio de la derecha. Si crees que están mal, escríbelas correctamente en el espacio de la derecha.

Ejemplos

El huracán devastó nuestro territorio. ✓

Pero no desbastó otros países. devastó ✗

1. Nos develamos estudiando para el examen. ________ ☐
2. Al amanecer quedó manifiesta la desvastación causada por el huracán. ________ ☐
3. El crimen es afecto o consecuencia de la pobreza. ________ ☐
4. La placa conmemorativa fue desvelada por el gobernador. ________ ☐
5. Juan es afecto a los videojuegos. ________ ☐
6. Hay unos discos especiales para devastar metales. ________ ☐
7. Se desveló hasta las tres de la mañana. ________ ☐
8. La falta de ozono crea un afecto invernadero. ________ ☐
9. Las drogas pueden desbastar una población. ________ ☐
10. No podemos ver la escultura hasta que el artista la desvele. ________ ☐
11. El efecto es una necesidad primaria en el ser humano. ________ ☐
12. Antes de hacer un mueble, el carpintero debe desvastar la madera que utilizará. ________ ☐
13. Lupita se devela por atender a sus amigos. ________ ☐
14. En la teoría del caos se estudia el afecto mariposa. ________ ☐
15. El huracán Katrina fue el más desbastador de los últimos años. ________ ☐
16. No nos permiten develar el secreto de la fórmula. ________ ☐
17. La psicología estudia los efectos y las emociones. ________ ☐
18. En esta ferretería venden herramientas para desbastar y pulir. ________ ☐
19. Van a develar los secretos de la gran pirámide. ________ ☐
20. El fumar produce efectos nocivos para la salud. ________ ☐
21. Una nueva tormenta amenaza con devastar al Caribe. ________ ☐
22. Al develar la pintura, pudimos admirar sus trazos. ________ ☐
23. Tenemos que hacer un ensayo sobre el afecto, el amor y la amistad. ________ ☐
24. Para devastar un tronco se puede utilizar un hacha. ________ ☐
25. Anoche se desveló cuidando a su tía que está enferma. ________ ☐

Valor: 4 puntos cada una

Calificación:	Revisó:

12 Emigrar, inmigrar; eminente, inminente; embestir, envestir

Regla

Se les llama **parónimas** a dos o más palabras que se escriben de manera muy parecida (pero no igual), se pronuncian de manera muy parecida (pero no igual) y tienen significados diferentes.

Emigrar significa dejar o abandonar su propio país, con el fin de establecerse en otro extranjero. *(Al emigrar, uno deja atrás a todas sus amistades.)*	**Inmigrar** significa llegar a un país extranjero con el fin de establecerse en él. *(En Estados Unidos hay muchos inmigrantes.)*
Eminente significa alto, elevado, que descuella entre los demás. *(Es una persona eminente.)*	**Inminente** significa que amenaza o está por suceder prontamente. *(Se trata de un riesgo inminente.)*
Embestir significa acometer, ir con ímpetu contra algo o alguien. *(El toro embistió al torero.)* De *embestir* proviene *embestida*.	**Envestir** es la forma antigua de **investir**, y significa conferir una dignidad o cargo importante. (*Lo envistieron con los honores del cargo.*) De *envestir* proviene *envestidura* o *investidura*.

Ejercicio

En cada una de las oraciones siguientes se utilizan algunas de las palabras indicadas en la regla. Unas están escritas correctamente, y otras no. Si consideras que están bien escritas, déjalas como están y pon una señal de correcto (paloma) en el espacio de la derecha. Si crees que están mal, escríbelas correctamente en el espacio de la derecha.

Ejemplos

Sus tíos emigraron a Estados Unidos. [✓]

Mis tíos son emigrantes. inmigrantes [✗]

1. Vieron un perro y lo envistieron con el carro. ______ [ ]
2. La sonda espacial fue diseñada por un inminente científico. ______ [ ]
3. Muchos habitantes del pueblo han inmigrado a los Estados Unidos. ______ [ ]
4. Es la historia de la investidura caballeresca. ______ [ ]
5. El huracán presenta una amenaza eminente para nuestro territorio. ______ [ ]
6. Es un estudio sobre los inmigrantes en México. ______ [ ]
7. El rinoceronte enbistió al camarógrafo. ______ [ ]
8. Benito Juárez fue una figura inminente de la historia mexicana. ______ [ ]
9. Si no encuentro trabajo, voy a emigrar a otro país. ______ [ ]
10. Emvistieron al presidente electo y éste dio un discurso. ______ [ ]
11. Es eminente una erupción de este volcán. ______ [ ]
12. Son emigrantes cuando se van, son emigrantes cuando llegan. ______ [ ]
13. El camión embistió a la bicicleta. ______ [ ]
14. Ese político será defendido por eminente abogado. ______ [ ]
15. Juan se desesperó acá y prefirió inmigrar a Estados Unidos. ______ [ ]
16. Lo nombraron e invistieron como Doctor Honoris Causa. ______ [ ]

17. La ejecución del condenado es inminente. ______ [ ]
18. ¡Por favor, no te vayas, no inmigres! ______ [ ]
19. Dos muertos tras envestir el tren a un autobús. ______ [ ]
20. Esa Secretaría será ocupada por un inminente personaje. ______ [ ]
21. Se puede emigrar a otro país de manera legal o ilegal. ______ [ ]
22. El nuevo Papa fue embestido en una impresionante ceremonia. ______ [ ]
23. La aprobación de esa ley es eminente. ______ [ ]
24. También las aves inmigran a lugares más cálidos. ______ [ ]
25. El toro se preparó para enbestir al torero. ______ [ ]

Valor: 4 puntos cada una

Calificación: Revisó:

13 Espirar, expirar; espiar, expiar; estirpe, extirpe

Regla

Se les llama **parónimas** a dos o más palabras que se escriben de manera muy parecida (pero no igual), se pronuncian de manera muy parecida (pero no igual) y tienen significados diferentes.

Espirar significa exhalar, echar fuera el aire, o echar de sí un cuerpo buen o mal olor. *(Ahora espira profundamente.)*	**Expirar** significa morir, fallecer, terminar la vida. *(Su tío expiró ayer.)*
Espiar significa acechar, observar disimuladamente a alguien o algo, intentar conseguir informaciones secretas sobre un país o una empresa. *(La película es sobre un espía de la KGB.)*	**Expiar** significa borrar las culpas, purificarse de ellas por medio de un sacrificio, o sufrir la pena impuesta por los tribunales a un delincuente. *(Los judíos sacrificaban corderos para expiar sus pecados.)*
La **estirpe** es la raíz y tronco de una familia o linaje. Es el conjunto formado por la descendencia de un sujeto a quien ella representa y cuyo lugar toma. *(Es de buena estirpe.)*	**Extirpe** es el presente de subjuntivo del verbo extirpar, que significa arrancar de cuajo o de raíz. *(No quiero que extirpe esta planta.)*

Ejercicio

En cada una de las oraciones siguientes se utilizan algunas de las palabras indicadas en la regla. Unas están escritas correctamente, y otras no. Si consideras que están bien escritas, déjalas como están y pon una señal de correcto (paloma) en el espacio de la derecha. Si crees que están mal, escríbelas correctamente en el espacio de la derecha.

Ejemplos

Su madre acaba de expirar. [✓]
Su padre espiró el año pasado. expiró [ ]

1. Contén la respiración unos segundos, y luego expiras profundamente. ______________ [ ]
2. Mediante la penitencia se espían los pecados. ______________ [ ]
3. No seas chismosa, no expíes a los vecinos. ______________ [ ]
4. Estos grupos indígenas forman una nueva extirpe. ______________ [ ]
5. Mi abuelo expiró antes de que yo naciera. ______________ [ ]
6. Ojalá el jardinero no estirpe mi rosal. ______________ [ ]
7. Mi abuelo espiró el año pasado. ______________ [ ]
8. Se cree mucho, dice que es de estirpe real. ______________ [ ]
9. Al cumplir su condena, los delincuentes expían sus culpas. ______________ [ ]
10. A ese perro lo atropellaron y está a punto de espirar. ______________ [ ]
11. Toma mucho aire y expira lentamente. ______________ [ ]
12. Hay un libro sobre la estirpe secreta de Jesús. ______________ [ ]
13. Un espía se dedica a expiar. ______________ [ ]
14. Voy al doctor para que me estirpe un grano en la espalda. ______________ [ ]
15. Los tibetanos piensan que después de expirar hay reencarnación. ______________ [ ]
16. Respirar implica inspirar y espirar. ______________ [ ]
17. No debes espiar a los demás. ______________ [ ]
18. Necesita que el cirujano le estirpe ese tumor. ______________ [ ]
19. Al espiar tus errores, quedas limpio de nuevo. ______________ [ ]
20. En el árbol genealógico se refleja tu extirpe. ______________ [ ]
21. Expira profundamente para relajarte. ______________ [ ]
22. Esta película se llama *Extirpe indomable*. ______________ [ ]
23. Los agentes secretos están capacitados para expiar. ______________ [ ]
24. La penitencia es necesaria para expiar los pecados. ______________ [ ]
25. Si se enferma mucho, será necesario que le extirpen las amígdalas. ______________ [ ]

Valor: 4 puntos cada una

Calificación:	Revisó:

14 Especia, especie; estática, estética; excusa, escusa, esclusa

Regla

Se les llama **parónimas** a dos o más palabras que se escriben de manera muy parecida (pero no igual), se pronuncian de manera muy parecida (pero no igual) y tienen significados diferentes.

La **especie** es el conjunto de cosas semejantes entre sí por tener uno o varios caracteres comunes. *(¿Sabes de qué especie es este animal?.)*	La **especia** es una sustancia vegetal aromática que sirve de condimento, como el clavo, la pimienta, el azafrán, etc. *(Tiene muchas especias en su cocina.)*

La **estática** es la parte de la mecánica que estudia las leyes del equilibrio. Como adjetivo, significa que algo o alguien se queda parado. (*Se quedó estático por el miedo.*)	La **estética** es la ciencia que trata de la belleza. Como adjetivo, significa algo relativo a la belleza. (*Las peluquerías ahora se llaman estéticas.*)
Una **excusa** es un motivo o pretexto que se invoca para eludir una obligación. (*Juan siempre tiene excusas para no estudiar.*) De excusa proviene excusado. Una **esclusa** es un compartimiento con puertas de entrada y salida, que se construye en un canal de navegación para que los barcos puedan pasar de un tramo a otro de diferente nivel. (*El Canal de Panamá funciona a base de esclusas.*)	La **escusa** es el provecho y ventaja que disfrutan algunas personas por su condición. Es el derecho que el dueño de una finca concede a sus pastores para que puedan apacentar ganado en su propiedad. (*Estos pastores están haciendo uso de su escusa.*) También es la acción y efecto de esconder; de escusa proviene escusado, que es el retrete.

Ejercicio

En cada una de las oraciones siguientes se utilizan algunas de las palabras indicadas en la regla. Unas están escritas correctamente, y otras no. Si consideras que están bien escritas, déjalas como están y pon una señal de correcto (paloma) en el espacio de la derecha. Si crees que están mal, escríbelas correctamente en el espacio de la derecha.

Ejemplos

Especie en peligro de extinción. ✓

La pimienta es una especie. <u>especia</u>

1. Cuando vio al ladrón, se quedó estética. ____________
2. No inventes escusas y ponte a trabajar. ____________
3. Hay muchas especias en peligro de extinción. ____________
4. Voy a la estática para que me corten el cabello. ____________
5. El barco es muy ancho, no pasará por esa exclusa. ____________
6. La pimienta es considerada una especie exótica. ____________
7. La estética y la dinámica son ramas de la física. ____________
8. Por su enfermedad, quedó exento o escusado de presentar el examen. ____________
9. Cada día descubren nuevas especias marinas. ____________
10. Esta revista de arte y estética es muy buena. ____________
11. En el río hay una compuerta tipo esclusa. ____________
12. El azafrán español es una de las especias más cotizadas. ____________
13. El monitor de la computadora produce estática. ____________
14. Desde que se inventaron las esclusas … ____________
15. El clavo es una especie que alivia el dolor de dientes. ____________
16. Te deben hacer una cirugía estática o reconstructiva. ____________
17. Saqué unas fotos de la presa y de la exclusa. ____________
18. La ensalada sabe más rica si le añades especies. ____________
19. El sonido no se escucha bien por la estética. ____________
20. ¿Cuál es tu escusa por llegar tarde? ____________

21. Estos dos perros son de la misma especia. ______ [ ]
22. La estética es la rama de la filosofía que estudia la belleza. ______ [ ]
23. Ésas son ovejas de escusa, están bien alimentadas. ______ [ ]
24. El tigre es una especie en peligro de extinción. ______ [ ]
25. Al rozar una tela de seda, se produce estética. ______ [ ]

Valor: 4 puntos cada una

Calificación:	Revisó:

15 Indolente, insolente; infligir, infringir; inmersión, inversión

Regla

Se les llama **parónimas** a dos o más palabras que se escriben de manera muy parecida (pero no igual), se pronuncian de manera muy parecida (pero no igual) y tienen significados diferentes.

Indolente es una persona insensible, que no se afecta o conmueve, que no siente el dolor. *(Se muestra indolente ante la muerte de su padre.)*	**Insolente** es una persona orgullosa, soberbia, desvergonzada, descarada, atrevida. *(No seas insolente.)*
Infligir significa imponer un castigo o causar daño. *(El castigo que le infligieron fue muy severo.)*	**Infringir** significa quebrantar leyes u órdenes. *(Le pusieron una multa por infringir las leyes de tránsito.)*
Inmersión es la acción de introducirse o introducir algo en un líquido o en un ambiente determinado. *(El submarino realizó una inmersión de 400 metros.)*	**Inversión** es la acción de emplear, gastar o colocar un caudal. También es la acción de cambiar la posición, el orden o el sentido de las cosas, sustituyéndolas por sus contrarios. *(Comprar esa casa fue una buena inversión.)*

Ejercicio

En cada una de las oraciones siguientes se utilizan algunas de las palabras indicadas en la regla. Unas están escritas correctamente, y otras no. Si consideras que están bien escritas, déjalas como están y pon una señal de correcto (paloma) en el espacio de la derecha. Si crees que están mal, escríbelas correctamente en el espacio de la derecha.

Ejemplos

Con sus ahorros realizó una buena inversión. [✓]
En ese clavado, hizo una buena inversión. inmersión [ ]

1. En todos los deportes hay reglas que no se deben infligir. ______ [ ]
2. Dicen que se trata de una inmersión térmica. ______ [ ]
3. Es insolente ante el dolor ajeno. ______ [ ]

4. No creo que comprar esas acciones sea una buena inmersión. ____________ [ ]
5. El verdugo infringe el castigo a los condenados. ____________ [ ]
6. No respondas así, no seas indolente. ____________ [ ]
7. Los pelícanos hacen inversiones asombrosas para agarrar peces. ____________ [ ]
8. Sólo se infringe la pena de muerte en casos extremos. ____________ [ ]
9. La palabra insolente significa no sentir dolor. ____________ [ ]
10. La inversión del clavadista fue perfecta. ____________ [ ]
11. Le infligieron un castigo tan fuerte que casi muere. ____________ [ ]
12. Es una persona insolente, no se inmuta ante nada. ____________ [ ]
13. Realizó una inmersión en aguas profundas. ____________ [ ]
14. Los malhablados son muy insolentes. ____________ [ ]
15. Es una norma que no podemos infligir. ____________ [ ]
16. No te recomiendo comprar esas casa como inmersión. ____________ [ ]
17. Si infliges la ley, te pueden infligir un castigo. ____________ [ ]
18. Es sarcástico, indolente y mal hablado. ____________ [ ]
19. La inversión de ese buzo fue muy peligrosa. ____________ [ ]
20. Ser indolente significa ser descarado. ____________ [ ]
21. Le inflingieron un castigo muy severo. ____________ [ ]
22. Comprar esos bonos es una buena inversión. ____________ [ ]
23. Quien infringe la ley es un infractor. ____________ [ ]
24. Murió de asfixia por inmersión. ____________ [ ]
25. La compasión es lo contrario de la insolencia. ____________ [ ]

Valor: 4 puntos cada una

Calificación:	Revisó:

16 Inerme, inerte; inmunidad, impunidad; intimar, intimidar

Regla

Se les llama **parónimas** a dos o más palabras que se escriben de manera muy parecida (pero no igual), se pronuncian de manera muy parecida (pero no igual) y tienen significados diferentes.

Inerme significa que no tiene armas. *(Los soldados quedaron inermes.)*	**Inerte** significa inactivo, ineficaz, inmóvil, paralizado. *(Al caer, quedó inerte.)*
Inmunidad es la calidad de inmune, de estar exento de ciertos oficios, cargos, gravámenes o penas. *(Tiene inmunidad diplomática.)* También significa el estado de resistencia a determinados organismos patógenos. *(Es inmune a esa enfermedad.)*	**Impunidad** significa la falta de castigo. *(Ese crimen quedará impune.)*

Intimar significa introducirse en el afecto o ánimo de alguien, estrechar amistad con él. *(Luis y su novia han intimado mucho.)* De *intimar* proviene *intimidad.*	**Intimidar** significa causar o infundir miedo. *(No te dejes intimidar.)* De *intimidar* proviene *intimidación.*

Ejercicio

En cada una de las oraciones siguientes se utilizan algunas de las palabras indicadas en la regla. Unas están escritas correctamente, y otras no. Si consideras que están bien escritas, déjalas como están y pon una señal de correcto (paloma) en el espacio de la derecha. Si crees que están mal, escríbelas correctamente en el espacio de la derecha.

Ejemplos

Al desmayarse, quedó inerte. ✓

Por la anestesia, quedó inerme. inerte

1. Algunas veces se abusa de las leyes de impunidad diplomática. ______
2. El psicoanálisis te ayuda a intimidar contigo mismo. ______
3. Al agotar las municiones, el ejército quedó inerte. ______
4. Le concedieron impunidad, a pesar de sus crímenes. ______
5. El artículo te enseña cómo intimar a tus rivales para ganarles. ______
6. Nuestro planeta surgió de materia inerme. ______
7. Cuando te vacunan, quedas impune a esa enfermedad. ______
8. La música ayuda a intimidar con tus amigos. ______
9. La ciudadanía está inerme ante la ola de crímenes. ______
10. Ningún crimen debería quedar inmune. ______
11. Un criminal intima con su sola presencia. ______
12. Es un estudio sobre la materia inerte y los seres vivos. ______
13. Al crear anticuerpos, quedas inmune a esa enfermedad. ______
14. A algunas personas les cuesta mucho intimidar con otros. ______
15. ¿Qué podemos hacer? Estamos inertes. ______
16. Debemos hacer un frente común contra la inmunidad. ______
17. No nos dejemos amenazar ni intimar por ellos. ______
18. Se dice que un gas está inerme cuando no está activo. ______
19. La inmunodeficiencia significa que han disminuido las capacidades para impunizar al organismo. ______
20. Intimar significa compartir con otro lo que somos. ______
21. El Gobierno parece inerte ante el narcotráfico. ______
22. Algunos criminales se consideran inmunes, que no los van a castigar. ______
23. Algunos países no se dejan intimidar por otros más poderosos. ______
24. El cuerpo inmóvil, inerme, parece un cadáver. ______
25. Los diputados y senadores poseen impunidad por sus cargos políticos. ______

Valor: 4 puntos cada una

Calificación:	**Revisó:**

17 Intercesión, intersección; indigente, indulgente; inflación, infracción

Regla

Se les llama **parónimas** a dos o más palabras que se escriben de manera muy parecida (pero no igual), se pronuncian de manera muy parecida (pero no igual) y tienen significados diferentes.

Intercesión es la acción y efecto de interceder, de hablar en favor de alguien para conseguirle un bien o librarlo de un mal. *(Juan va a interceder por mí.)* De *interceder* proviene *intercesor.*	Una **intersección** es el encuentro de dos líneas, dos superficies o dos sólidos que recíprocamente se cortan. *(El pueblo está después de esa intersección.)*
Un **indigente** es una persona a la que le faltan medios para alimentarse o vestirse. *(En esta ciudad hay muchos indigentes en las calles.)* De *indigente* proviene *indigencia.*	Una persona es **indulgente** cuando está inclinada a perdonar y disimular los yerros o a conceder gracias. *(La maestra fue muy indulgente con Arturo.)* De *indulgente* proviene *indulgencia.*
La **inflación** es la elevación notable del nivel de precios, con efectos desfavorables para la economía de un país. *(La inflación se ha mantenido estable.)*	Una **infracción** es la trasgresión o quebrantamiento de una ley, pacto o tratado, o de una norma moral, lógica o doctrinal. *(Le levantaron una infracción.)*

Ejercicio

En cada una de las oraciones siguientes se utilizan algunas de las palabras indicadas en la regla. Unas están escritas correctamente, y otras no. Si consideras que están bien escritas, déjalas como están y pon una señal de correcto (paloma) en el espacio de la derecha. Si crees que están mal, escríbelas correctamente en el espacio de la derecha.

Ejemplos

Toma el camión es esa intersección. ✓

Mejor voy a la otra intersesión. intersección

1. En la calle, un indulgente me pidió una limosna. __________
2. La infracción provoca el aumento de precios. __________
3. Mi padre no quiso interseder por mí ante la maestra. __________
4. Debes ser más indigente y perdonar a los demás. __________
5. Pasarte el semáforo en rojo constituye una inflación. __________
6. Coloca el compás en la intersesión de esas dos líneas y dibuja un círculo. __________
7. Detuvieron a los que mataron al indigente. __________
8. El Banco de México controla los índices de infracción. __________
9. Esta oración es para pedir la intersección de Jesús. __________
10. La maestra fue muy indulgente contigo, te perdonó. __________
11. Toda inflación de tránsito conlleva una multa. __________
12. Cuando dos conjuntos se unen, se denomina intersexión. __________
13. El estado de indulgencia es más drástico que el de pobreza. __________
14. En época de crisis se incrementa la inflación. __________

15. El Departamento se llama de Relaciones Humanas, Raciales e Intersección. ______________ [ ]
16. Hay que ser indigente consigo mismo y perdonar los propios errores. ______________ [ ]
17. Cometí una inflación, y el policía me impuso una multa que debo pagar. ______________ [ ]
18. En esa intersección da vuelta a la derecha. ______________ [ ]
19. En algunos países ricos no hay indigentes. ______________ [ ]
20. La infracción es un reflejo de que el dinero pierde su valor. ______________ [ ]
21. La intercesión de la ONU por ese país impidió que lo atacaran. ______________ [ ]
22. El amor es indigente, todo lo perdona. ______________ [ ]
23. Por inflación del artículo 34, esta asamblea queda anulada. ______________ [ ]
24. Hay que encontrar los puntos de intersección de estos dos círculos. ______________ [ ]
25. Debería haber más programas de apoyo a los indulgentes. ______________ [ ]

Valor: 4 puntos cada una

Calificación:	Revisó:

18 Inicuo, inocuo; infectado, infestado; infraganti, flagrante, fragante

Regla

Se les llama **parónimas** a dos o más palabras que se escriben de manera muy parecida (pero no igual), se pronuncian de manera muy parecida (pero no igual) y tienen significados diferentes.

Inicuo significa malvado, injusto, contrario a la equidad. *(Ese ladrón es una persona inicua.)*	**Inocuo** significa que no hace daño. *(Esta bebida es inocua.)*
Infectado es el participio del verbo **infectar**, que significa resultar invadido por microorganismos patógenos. *(La herida está infectada.)*	**Infestado** es el participio del verbo **infestar**, que significa que ciertos organismos patógenos invaden un ser vivo y se instalan y multiplican en él. *(Está infestada de gusanos.)* También significa estar lleno de algo nocivo.
Infraganti o **in fraganti** es un adverbio que significa "en el mismo momento en que se está realizando o cometiendo un delito o realizando una acción censurable". Es una locución originada por deformación de la expresión latina *in flagranti (delicto.) (Lo aprehendieron infraganti.)* Por la misma deformación, son aceptadas las locuciones adverbiales *en flagrante* y *en fragante*. (RAE, *Diccionario Panihispánico de dudas*, 2005.)	**Flagrante** significa que algo se está ejecutando actualmente, de tal evidencia que no necesita pruebas. *(Lo atraparon en flagrante delito.)* De *flagrante* proviene *flagrancia*. El verbo *flagrar* significa *arder* o *resplandecer como fuego o llama*. **Fragante** significa que algo tiene o despide fragancia. *(Estas rosas son muy fragantes.)* De *fragante* proviene *fragancia*. Por deformación también se utiliza *en fragante delito*.

Ejercicio

En cada una de las oraciones siguientes se utilizan algunas de las palabras indicadas en la regla. Unas están escritas correctamente, y otras no. Si consideras que están bien escritas, déjalas como están y pon una señal de correcto (paloma) en el espacio de la derecha. Si crees que están mal, escríbelas correctamente en el espacio de la derecha.

Ejemplos

La homeopatía es inocua. ✓

También la acupuntura es inicua. inocua

1. Compra unas flores fragantes. __________
2. Mi computadora ha sido infestada por virus. __________
3. Todos los asesinos son personas inocuas. __________
4. Es una fragante violación a los derechos humanos. __________
5. La plaga de langostas ha infectado cuatro millones de hectáreas en África. __________
6. No creo que sea inicuo, me puede hacer daño. __________
7. Estas violetas no son tan flagrantes. __________
8. El virus del SIDA ha infestado a millones de personas. __________
9. En la película sale un asesino inocuo, malvado. __________
10. Lo sorprendieron infraganti. __________
11. El país está infestado de artículos "piratas". __________
12. Si no te alivia, no te preocupes, es inocuo, no te hace daño. __________
13. La flagrancia de estas rosas es asombrosa. __________
14. Este antivirus impide que lleguen archivos infectados a mi computadora. __________
15. Ese delincuente es una persona inocua, malvada. __________
16. Este autor expresa un flagrante desprecio por los derechos humanos. __________
17. El escrito está infectado de errores ortográficos y gramaticales. __________
18. La internet es una herramienta asombrosa, pero no tan inocua, ya que puede causar daño. __________
19. El incienso es muy fragante. __________
20. Un perro infestado de rabia puede infectar a las personas. __________
21. Inicuo significa malvado. __________
22. El asesinato del periodista fue un fragante atentado contra la libertad de expresión. __________
23. Clausuraron un bar porque estaba infectado de cucarachas. __________
24. Asesinar a una persona es algo inocuo. __________
25. El cuento se titula *La secreta flagrancia de las flores*. __________

Valor: 4 puntos cada una

Calificación:	Revisó:

19 Perjuicio, prejuicio; prever, proveer; patrón, padrón

Regla

Se les llama **parónimas** a dos o más palabras que se escriben de manera muy parecida (pero no igual), se pronuncian de manera muy parecida (pero no igual) y tienen significados diferentes.

Perjuicio proviene del verbo *perjudicar*, que significa ocasionar daño o menoscabo material o moral a alguna persona. *(Le causó mucho perjuicio.)*	**Prejuicio** proviene del verbo *prejuzgar*, que significa juzgar de las cosas antes del tiempo oportuno, o sin tener de ellas cabal conocimiento. *(No te dejes llevar por los prejuicios.)*
Prever significa ver por anticipado. *(Si sabes prever, evitarás accidentes.)* De *prever* proviene *previsión*.	**Proveer** significa surtir, traer provisiones. *(Nos van a proveer de todo lo necesario.)* De *proveer* proviene *provisión*.
Patrón es el amo, el hombre que manda y dirige, el dueño de la casa donde alguien se aloja, el defensor o protector, el santo titular de una iglesia o de un pueblo. *(San Francisco es el patrón de este pueblo.)*	**Padrón** es la lista o nómina de los vecinos o moradores de un pueblo o una ciudad. *(Ya está listo el padrón para las elecciones.)*

Ejercicio

En cada una de las oraciones siguientes se utilizan algunas de las palabras indicadas en la regla. Unas están escritas correctamente, y otras no. Si consideras que están bien escritas, déjalas como están y pon una señal de correcto (paloma) en el espacio de la derecha. Si crees que están mal, escríbelas correctamente en el espacio de la derecha.

Ejemplos

Estoy cumpliendo las órdenes del patrón. ✓

¿Qué te ordenó el padrón? patrón

1. Una huelga puede traer graves perjuicios a la empresa. __________
2. El padrón es buena gente, nos ayuda mucho. __________
3. Si no prevees bien las cosas, de seguro te saldrán mal. __________
4. Los prejuicios son los daños que se ocasionan a alguien. __________
5. Ya está listo el patrón electoral. __________
6. Se supone que la escuela nos debe prover lo que necesitamos para las clases. __________
7. El patrón electoral está muy amañado. __________
8. Tiene muchos perjuicios raciales. __________
9. Desde la prepa, debes prever en dónde te gustaría trabajar. __________
10. Si prevés lo que puede pasar, no tendrás accidentes. __________
11. El padrón nacional es enorme. __________
12. Un buen jefe debe proveer a sus empleados de las herramientas que necesitan. __________
13. Un buen patrón ayuda siempre a sus trabajadores. __________
14. Los prejuicios religiosos llevan a las guerras. __________

15. Saber preveer las cosas es una característica del buen administrador. ______________ ☐
16. Tiene un gran perjuicio contra las personas morenas. ______________ ☐
17. Sólo puede votar si están en el patrón. ______________ ☐
18. Lo van a demandar por daños y prejuicios. ______________ ☐
19. Hay que comprar las previsiones en esa tienda. ______________ ☐
20. Es muy difícil vivir en una comunidad llena de perjuicios. ______________ ☐
21. Las escuela proverá lo necesario para las prácticas. ______________ ☐
22. Voy a hablar con el patrón, para que me dé un aumento. ______________ ☐
23. Le causaron grandes perjuicios. ______________ ☐
24. Mi papá me previó de lo necesario para el viaje. ______________ ☐
25. El padrón nos ordenó construir aquí la cerca. ______________ ☐

Valor: 4 puntos cada una

Calificación:	Revisó:

20 Prescribir, proscribir; precedente, procedente; parecer, perecer, padecer

Regla

Se les llama **parónimas** a dos o más palabras que se escriben de manera muy parecida (pero no igual), se pronuncian de manera muy parecida (pero no igual) y tienen significados diferentes.

Prescribir significa preceptuar, ordenar o recetar algo. Dicho de un derecho o responsabilidad, significa terminar o extinguirse. (*Esa ley ya prescribió.*) De *prescribir* proviene *prescripción* y *prescrito.*	**Proscribir** significa echar a alguien del territorio de su patria, generalmente por razones políticas. (*Lo proscribieron o expulsaron en 1997.*) De *proscribir* proviene *proscripción* y *proscrito.*
Precedente es el que precede o es anterior en el orden en el tiempo o en el espacio. También significa antecedente. (*Esa huelga causó precedente.*)	**Procedente** es lo que procede, dimana o trae su origen de alguien o algo. (*Este radio es procedente de China.*) También significa que es algo conforme al derecho, a la práctica o a la conveniencia de alguien.
Parecer significa tener determinada apariencia o aspecto. También significa asemejarse a algo. (*Esa señora se parece a mi tía.*)	**Padecer** significa tener física y corporalmente un daño, dolor, enfermedad, pena o castigo. (*Los enfermos de cáncer padecen muchos dolores.*)
Perecer significa acabar, perecer, morir, dejar de ser. (*Pero mi tía ya pereció.*)	

Ejercicio

En cada una de las oraciones siguientes se utilizan algunas de las palabras indicadas en la regla. Unas están escritas correctamente, y otras no. Si consideras que están bien escritas, déjalas como están y pon una señal de correcto (paloma) en el espacio de la derecha. Si crees que están mal, escríbelas correctamente en el espacio de la derecha.

Ejemplos

El doctor me prescribió estas medicinas. ✓

A mí no me proscribió nada. prescribió ✗

1. En el capítulo procedente ya explicamos ese tema. ______
2. No me padece que eso sea correcto. ______
3. Esa ley ya proscribió, ya no es vigente. ______
4. Nos llegó el frente frío precedente del norte. ______
5. Mi abuelo acaba de parecer y lo entierran mañana. ______
6. Es un prescrito, lo expulsaron de su país. ______
7. Ese caso sirve de procedente para lo que estamos analizando. ______
8. Mi tío también parece de esa enfermedad. ______
9. No me vendieron la medicina porque no traía una proscripción o receta. ______
10. Hay restricción a la importación de carne precedente de ese país. ______
11. Mi perro pareció porque lo atropelló un carro. ______
12. Es un tratado para prescribir las armas nucleares. ______
13. La privatización de empresas es un mal procedente. ______
14. Es horrible parecer hambre y sed. ______
15. Me proscribieron descanso absoluto durante dos semanas. ______
16. Despedir a alguien por expresar su opinión no es procedente. ______
17. ¿A quién se padece este artista? ______
18. Los ateos han prescrito a Dios de sus vidas. ______
19. Ese espectáculo no tiene precedente, es único. ______
20. Adaptarse o morir, cambiar o perecer. ______
21. La Real Academia prescribe las normas ortográficas. ______
22. Ya llegó la delegación precedente de Europa. ______
23. No he dormido bien, porque parezco de insomnio. ______
24. Los dictadores acostumbran proscribir a sus adversarios. ______
25. En la reunión procedente acordaron levantar esa prohibición. ______

Valor: 4 puntos cada una

Calificación:	Revisó:

21 Ratificar, rectificar; revelar, rebelar, relevar; rubro, rublo

Regla

Se les llama **parónimas** a dos o más palabras que se escriben de manera muy parecida (pero no igual), se pronuncian de manera muy parecida (pero no igual) y tienen significados diferentes.

Ratificar significa aprobar o confirmar actos, palabras o escritos, dándolos por valederos y ciertos. (*El Senado acaba de ratificar esa ley.*)	**Rectificar** significa modificar la propia opinión que se expuso antes, corregir las imperfecciones, errores o defectos de algo ya hecho. (*Quiero rectificar lo que dije.*)
Revelar significa descubrir o manifestar lo ignorado o secreto. En fotografía, significa hacer visible la imagen impresa en la película fotográfica. (*Reveló su identidad.*)	**Rebelar** significa oponer resistencia, sublevar, levantar a alguien haciendo que falte a la obediencia debida. (*Los empleados se rebelaron contra su jefe.*) De *rebelar* proviene *rebelión*.
Relevar significa hacer o poner de relieve algo; reemplazar, sustituir a alguien con otra persona. (*Lo relevaron del cargo que tenía.*) De *relevar* proviene *relevo*.	
Un **rubro** es un título o un rótulo. Como adjetivo, significa rojo, encarnado. (*No encontré nada bajo ese rubro.*)	Un **rublo** es una moneda de plata; en Rusia es la unidad monetaria. (*Cambió sus rublos a pesos.*)

Ejercicio

En cada una de las oraciones siguientes se utilizan algunas de las palabras indicadas en la regla. Unas están escritas correctamente, y otras no. Si consideras que están bien escritas, déjalas como están y pon una señal de correcto (paloma) en el espacio de la derecha. Si crees que están mal, escríbelas correctamente en el espacio de la derecha.

Ejemplos

Lo acaban de ratificar en su cargo. ✓

Le dijeron que estaba rectificado. ratificado ✗

1. Ya mandé rebelar mis fotografías. ________ ☐
2. Es una empresa que paga con rubros. ________ ☐
3. El Tratado de Libre Comercio se debe rectificar cada diez años. ________ ☐
4. Te diré un secreto, pero no lo vayas a relevar. ________ ☐
5. La moneda rusa se denomina rubro. ________ ☐
6. Es de sabios cambiar de opinión, ratificarla. ________ ☐
7. Va a ser difícil revelar al anterior presidente, era muy bueno. ________ ☐
8. Bajo este rublo no encontré ninguna referencia a las mariposas. ________ ☐
9. Aún no han ratificado la fecha para la reunión. ________ ☐
10. La gente se empezó a revelar contra la inflación. ________ ☐
11. Un euro equivale a 34.24 rubros rusos. ________ ☐

12. Antes de entregar un examen, hay que revisarlo para ratificar los errores que hubiere. ____________ [ ]
13. Este libro rebela el secreto de la gran pirámide. ____________ [ ]
14. Este listado de empresas está ordenado por rublo. ____________ [ ]
15. Rectificaron la sentencia, por lo que seguirá en la cárcel. ____________ [ ]
16. El adolescente se rebela contra sus padres. ____________ [ ]
17. Dicen que el rublo subió su cotización frente al dólar. ____________ [ ]
18. Antes pensaba de otra manera, pero he rectificado mi opinión. ____________ [ ]
19. Ya llegaron las tropas de revelo. ____________ [ ]
20. La telefonía celular encabeza el rubro de los reclamos. ____________ [ ]
21. Debemos rectificar el cariño que le tenemos a los seres queridos. ____________ [ ]
22. Se niegan a rebelar datos secretos. ____________ [ ]
23. Si viajas a Rusia, debes cambiar tu dinero por rubros. ____________ [ ]
24. Ya es demasiado tarde para ratificar nuestros errores. ____________ [ ]
25. Fuiste elegido para revelar al profesor Rodríguez durante su enfermedad. ____________ [ ]

Valor: 4 puntos cada una

Calificación:	Revisó:

22 Óbolo, óvalo; ordenar, ordeñar; tanda, tunda

Regla

Se les llama **parónimas** a dos o más palabras que se escriben de manera muy parecida (pero no igual), se pronuncian de manera muy parecida (pero no igual) y tienen significados diferentes.

El **óbolo** es una pequeña cantidad con que se contribuye para un fin determinado. También era la moneda de los antiguos griegos y romanos. (*Las iglesias viven de los óbolos de los parroquianos.*)	El **óvalo** es una curva cerrada, parecida a la elipse, simétrica respecto de uno o de dos ejes. (*Me hizo dibujar una plana llena de óvalos.*)
Ordenar significa colocar algo de acuerdo con un plan o de modo conveniente. También significa mandar que se haga algo. (*Te ordeno traer tus cuadernos a clase.*)	**Ordeñar** significa extraer la leche exprimiendo la ubre. (*Se fue a ordeñar las vacas.*)
Tanda significa alternativa, turno, cada uno de los grupos en que se dividen las personas o las bestias empleadas en una operación, una partida de juego, un número indeterminado de ciertas cosas de un mismo género. (*Ganaron en la tanda de penaltis.*)	La **tunda** es la acción y efecto de tundir, que significa castigar con golpes, palos o azotes. (*Le dieron una buena tunda.*)

Ejercicio

En cada una de las oraciones siguientes se utilizan algunas de las palabras indicadas en la regla. Unas están escritas correctamente, y otras no. Si consideras que están bien escritas, déjalas como están y pon una señal de correcto (paloma) en el espacio de la derecha. Si crees que están mal, escríbelas correctamente en el espacio de la derecha.

Ejemplos

Esos óvalos no están redondos. ✓

Yo siempre dibujo óbolos redondos. óvalos ✗

1. Hay que ordeñar los libros por tamaño. ________ ☐
2. En la oficina hicieron una tunda y me la saqué. ________ ☐
3. Para dibujar una cara, primero se traza un óbalo. ________ ☐
4. Esa granja tiene una ordenadora automática y produce mucha lecha. ________ ☐
5. Al equipo le dieron una buena tanda; perdió 6 a 0. ________ ☐
6. El óbalo era una moneda que utilizaban los griegos. ________ ☐
7. Yo cumplo con mis deberes antes de que me los ordeñen. ________ ☐
8. Van a repartir otra tunda de tamales. ________ ☐
9. Me pidieron seis fotografías en forma de óbolo. ________ ☐
10. Cuando voy a la granja, ordeño vacas, alimento las aves y paseo a caballo. ________ ☐
11. A ese boxeador le dieron una buena tanda en la pelea pasada. ________ ☐
12. Muchas iglesias se mantienen a base del óbolo que dan los fieles. ________ ☐
13. En Excel puedes ordeñar los datos de diferente manera. ________ ☐
14. El equipo perdió en la tanda de penaltis. ________ ☐
15. La pista de patinaje tiene forma de óvalo. ________ ☐
16. Aprendí a ordenar vacas y cabras. ________ ☐
17. Si jugamos contra ellos, les vamos a dar una tunda. ________ ☐
18. No sé cuál es la diferencia entre el óbalo y el diezmo. ________ ☐
19. Voy a ordenar mi cuarto. ________ ☐
20. Voy a pedir otra tanda de refrescos. ________ ☐
21. El escudo heráldico tiene forma obalada. ________ ☐
22. A las vacas productoras de leche hay que ordenarlas todos los días. ________ ☐
23. Lo asaltaron en la calle y le dieron una buena tanda. ________ ☐
24. Se llama Óbalo de San Pedro a la cantidad de dinero que aportan los fieles católicos de todo el mundo. ________ ☐
25. Hay muchas formas de ordeñar los libros en una biblioteca. ________ ☐

Valor: 4 puntos cada una

Calificación:	**Revisó:**

Comprueba *tus saberes*

Ha llegado la hora de que demuestres realmente cuánto has aprendido; hemos terminado este bloque y ahora ya conoces muchas cosas nuevas. En esta sección encontrarás una evaluación que abarca todo el conocimiento adquirido en este bloque, contéstalo lo mejor que puedas.

El propósito de toda evaluación es detectar si se han cumplido o no, y en qué medida, los objetivos que se plantearon en el inicio.

En nuestro caso, el propósito de la evaluación es detectar si se han logrado o no, y en qué medida, las competencias que se plantearon como objetivo de cada bloque.

Con el fin de lograr este propósito, la evaluación consta de cuatro momentos:

- Evaluación de los conocimientos alcanzados en el bloque.
- Autoevaluación de cada estudiante, por medio del llenado de una rúbrica de carácter formativo.
- Coevaluación o evaluación coparticipativa, por medio del trabajo en equipos.
- Evaluación por parte del docente, con respecto al logro alcanzado por cada estudiante.

La evaluación obtenida de esta manera se traducirá en una calificación, de acuerdo con los criterios y porcentajes que determine el profesor.

1

Escribe la definición de sinónimo, antónimo, homónimo y parónimo.

1. Sinónimo

____

____

____

2. Antónimo

____

____

____

____

3. Homónimo

____

____

____

____

4. Parónimo

____

____

____

____

2 Escribe un ejemplo de cada uno de los tipos de palabras aquí indicados.

1. Sinónimo

2. Antónimo

3. Homónimo

4. Parónimo

3 Indica y describe brevemente la diferencia entre los homófonos y los homógrafos. Menciona con tres ejemplos la importancia que tiene su uso de forma correcta, clara y precisa como medio de comunicación.

4 Escribe un ejemplo de cada uno de los tipos de palabras aquí indicados.

1. Homófonos

2. Homófonos

COEVALUACIÓN

En equipos de trabajo, se llevarán a cabo las siguientes actividades:

- Exponer y analizar las rúbricas individuales que respondieron en la actividad anterior.
- Detectar los aprendizajes logrados, así como los aprendizajes que no se lograron de la manera esperada.
- Detectar las causas o factores que influyeron, tanto de manera favorable como desfavorablemente al logro de los aprendizajes.
- Definir algunas estrategias que pudieran contribuir al mejor logro de los aprendizajes, para plantearlas ante el grupo.
- Se llevará a cabo una sesión plenaria, en la que un representante de cada equipo exponga las conclusiones a las que llegaron en el momento anterior.

EVALUACIÓN POR PARTE DEL DOCENTE

El profesor evaluará el logro alcanzado por cada estudiante, de acuerdo con los criterios que establezca para eso. Se recomienda tomar en cuenta por lo menos los siguientes elementos:

- La participación activa en las actividades grupales y de equipo.
- El portafolio de evidencias que presente el estudiante, en el que se incluyan los siguientes productos:
- Producto en equipo: respuesta fundamentada a la pregunta que se planteó en la situación didáctica.
- Producto individual: Las respuestas de los ejercicios que hayan hecho en clase.

Bibliografía

ACACIA PAREDES, E. (2002), *Método integrado de ejercicios de lectura y redacción,* México, Limusa.

ACEVEDO, A. (2002), *Aprender jugando I, Dinámicas vivenciales para capacitación, docencia y consultoría,* México, Limusa.

ALONSO, M. (1995), *ciencia del lenguaje y arte del estilo,* España, Aguilar.

BAENA PAZ, G. (1990), *Redacción práctica,* México, Ed. Mexicanos Unidos.

BASULTO, H. (2002), *Curso de redacción dinámica,* México, Trillas.

BATJÍN, M. M. (1989), *Teoría y estética de la novela,* (trad. Helena Kriúscova), España, Taurus.

BATJÍN, M. M. (1990), *Estética de la creación verbal,* (trad. Tatiana Bubnova), México, Siglo XXI.

BERISTÁIN, H. (1983), *diccionario de retórica y poética,* México, Porrúa.

BJÖRK, L. y BLOMSTRAND, I. (2000), *La escritura en la enseñanza secundaria. Los procesos del pensar y del escribir,* España, Graó.

CAROZZI DE ROJO, M. y SOMOZA, P. (1989), *Para escribirte mejor. Textos, pretextos y contextos,* México, Paidós.

CASSANY, D. (2000), *La cocina de la escritura,* España, Anagrama.

CASSANY, D. (20001), *Describir el escribir, cómo se aprende a escribir,* España, Paidós.

CHEHÁYBAR Y KURI, E. (1996), *Técnicas para el aprendizaje grupal (grupos numerosos),* México, UNAM/CISE.

DEL RÍO MARTÍNEZ, M. A. (2000), *Taller de redacción 2,* 2a. ed., México, McGraw-Hill.

ELÍAS, A. (2005), *taller de lectura y redacción I,* México, Siena.

FOUCAULT, M. (1997), *Las palabras y las cosas,* México, Siglo XXI.

GARCÍA HENARES, L.; GÓMEZ GÓMEZ, E. y **GONZÁLEZ MORALES, A. (2001),** *Mucho cuento. Narraciones breves del siglo XII al XX,* España, Tilde.

GÓMEZ PALACIO, M. (1995), *La producción de textos en la escuela,* México, SEP. (Biblioteca para la actualización del maestro).

GÓMEZ PALACIO, M. *et al.*, (1995), *La lectura en la escuela,* México, SEP. (Biblioteca para la actualización del maestro).

GRACIDA JUÁREZ, Y. y GALINDO, A. (coord.), (2001), *Comprensión y producción de textos. Un acto comunicativo,* México, UNAM/ CCH.

JOHNSON, D.; JOHNSON, W.; ROGER, T. y **HOLUBEC EDYTHE, J. (1999),** *El aprendizaje cooperativo,* Argentina, Paidós educador.

KRAUZE, E. (1992), *Cómo acercarse a la poesía,* México, CNCA.

LÁZARO CARRETER, F. y **CORREA CALDERÓN, E. (1999),** *Cómo se comenta un texto literario,* México, Publicaciones cultural.

LOMAS, C. (1999), *Cómo enseñar a hacer cosas con las palabras. Teoría y práctica de la educación lingüística,* vol. I, España, Paidós.

LÓPEZ AMAYA, A. Y LINARES URENDA, M. (2005), *taller de lectura y redacción I,* México, ST Editorial,

MARTÍN VIVALDI, G. (1993), *Curso de redacción. Teoría y práctica de la composición y del estilo,* España, Paraninfo.

MARTÍNEZ MORALES, T.G.; LÓPEZ, V.; y GRACIDA, J. (2002), *Del texto y sus contextos,* México, Edere.

MC ENTEE, E. (1998), Comunicación Oral, para el liderazgo en el mundo moderno, México, McGraw Hill.

MOLINER, M. (1999), *Diccionario de uso del español,* tomos I y II, España, Gredos.

OLEA FRANCO, P. y SÁNCHEZ DEL CARPIO, (1973), *Manual de técnicas de investigación documental para la enseñanza media,* México, Esfinge.

OROPEZA MARTÍNEZ, R. (2002), *Taller de lectura y redacción,* México, Esfinge.

PAREDES CAVARÍA, E. A. (2000), *Prontuario de lectura, lingüística, redacción, comunicación oral y nociones de literatura,* 2a. edición, México, Limusa.

PENNAC, D. (2001), *Como una novela,* España, Anagrama.

PETIT, M. (2001), *Nuevos acercamientos a los jóvenes y a la lectura,* México, Paidós.

PINTADO GARCÍA, M. L. (2005), *Taller de Lectura y Redacción II,* México, ST Editorial.

RAE-REAL ACADEMIA ESPAÑOLA, (1999), *Ortografía de la lengua española,* Madrid, Autor.

RODARI, G. (1999), *Gramática de la fantasía,* Argentina, Colihue/Biblioser.

RODRÍGUEZ, E. M. (1995), Manual de creatividad, México, Trillas.

ROMÁN CALVO, N. (2001), *Para leer un texto dramático. Del texto a la puesta en escena,* México, Árbol Ediciones.

RUELAS VÁZQUEZ, C. (1990), *Comunicación oral y escrita. Redacción y exposición de temas,* México, Edición.

SAAD, A. M. (2001), *Redacción. Desde cuestiones gramaticales hasta el informe formal extenso,* México, Patria Cultural.

SÁNCHEZ MIGUEL, E. (1999), *Los textos expositivos,* Estrategias para mejorar su comprensión, España, Santillana.

SERAFINI, M.T. (2001), *Cómo redactar un tema,* México, Paidós.

____________, *Cómo redactar un tema,* México, Paidós.

____________, *Cómo se escribe,* México, Paidós.

SERRANO SERRANO, J. (2002), *Cómo redactar tus exámenes y otros escritos de clase,* España, Anaya.

VAN DIJIK, T. A. (1983), *La ciencia del texto,* España, Paidós.

VÁZQUEZ FUENTES, A. (1989), *En busca de la enseñanza perdida. Un modelo didáctico para la educación superior,* México, Paidós.

ZACAULA, F. et al. (1998), *Lectura y redacción de textos,* Bachillerato, México, Santillana.

ZARZAR CHARUR, C. (2006), *Fundamentos de la cognición,* México, Publicaciones Cultural.

ZARZAR CHARUR, C. (2004), *Comprensión y razonamiento verbal,* México, Publicaciones Cultural.

ZARZAR CHARUR, C. (2004), *Taller de lectura y redacción I y II,* México, Publicaciones Cultural.

Páginas de internet

http://buscon.rae.es/draeI/ En esta dirección se puede consultar el Diccionario de la Real Academia Española.

http://buscon.rae.es/dpdI/ En esta dirección se puede consultar el Diccionario Panhispánico de dudas de la Real Academia Española.

http://www.rae.es/rae/gestores/gespub000015.nsf/(voanexos)/arch7E8694F9D6446133C12571640039A189/$FILE/Ortografia.pdf. En este sitio se puede consultar la Ortografía de la Lengua Española publicada por la Real Academia en Junio de 1999.

http://es.wiktionary.org/wiki/. Es una especie de diccionario en línea que incluye un gran número de definiciones.

http://es.wikipedia.org/wiki. Es una especie de enciclopedia en línea que incluye un gran número de definiciones.

http://amnesia.eljuego.free.fr/Fichas_gramatica/FG_palabras_compuestas.htm. Incluye un gran número de palabras compuestas.

http://www.europarl.europa.eu/transl_es/plataforma/pagina/guia/apend1.htm. Se presenta una guía sobre el uso de mayúsculas y minúsculas.

http://buscon.rae.es/dpdI/SrvltConsulta?lema=cardinales. La Real Academia presenta indicaciones sobre la manera de escribir los números cardinales.

http://buscon.rae.es/dpdI/SrvltConsulta?lema=ordinales. La Real Academia presenta indicaciones sobre la manera de escribir los números ordinales,

http://www.juegosdepalabras.com/signos.htm. Presenta varios acertijos en los que intervienen las reglas de puntuación.

http://www.lenguayliteratura.org/mb/index.php?option=com_content&view=article&id=323:tema-6-el-proceso-de-comunicacion&catid=219&Itemid=180. Explica el proceso de la comunicación.

http://luciar.garcia.googlepages.com/textospersonalesMododecompatibilidad.pdf. Presenta una explicación sobre los textos personales.

http://luciar.garcia.googlepages.com/LostextosexpositivosMododecompatibil.pdf. Presenta una explicación sobre los textos expositivos.

Esta obra se terminó de imprimir en
Julio del 2009 en los talleres de
Gráficas Monte Albán, S.A. de C.V.
Fracc. Agro Industrial La Cruz,
El Márques Querétaro, México